Jan Rothkamm
Talio esto

# Beihefte zur Zeitschrift für die alttestamentliche Wissenschaft

Herausgegeben von
John Barton · F. W. Dobbs-Allsopp
Reinhard G. Kratz · Markus Witte

Band 426

De Gruyter

Jan Rothkamm

# Talio esto

## Recherches sur les origines de la formule ‹œil pour œil, dent pour dent› dans les droits du Proche-Orient ancien, et sur son devenir dans le monde gréco-romain



De Gruyter

ISBN 978-3-11-026450-0
e-ISBN 978-3-11-026451-7
ISSN 0934-2575

*Library of Congress Cataloging-in-Publication Data*

Rothkamm, Jan.
Talio esto : recherches sur les origines de la formule 'œil pour œil, dent pour dent' dans les droits du Proche-Orient ancien, et sur son devenir dans le monde gréco-romain / Jan Rothkamm.
p. cm. – (Beihefte zur Zeitschrift fuer die alttestamentliche Wissenschaft ; Bd. 426)
Includes bibliographical references and index.
ISBN 978-3-11-026450-0 (hardcover 23 × 15,5 : alk. paper)
1. Lex talionis – Middle East – History. 2. Punishment – Middle East – History. I. Title.
K5103.R68 2011
345.56'077 – dc23

2011022771

*Bibliografische Information der Deutschen Nationalbibliothek*

Die Deutsche Nationalbibliothek verzeichnet diese Publikation in der Deutschen Nationalbibliografie; detaillierte bibliografische Daten sind im Internet über http://dnb.d-nb.de abrufbar.



Druck und Bindung: Hubert & Co. GmbH & Co. KG, Göttingen
∞ Gedruckt auf säurefreiem Papier

Printed in Germany

www.degruyter.com

# Table des matières

Abréviations ........ VII

Introduction ........ XI

I. « Tête pour tête » ........ 1

*1.1 Code de Lipit-Ištar § 12sq.* 2 *1.2 Code de Hammourabi § 231, 219, 245, 263* 4 *1.3 Lois d'Ešnunna § 23, 49, 35* 11 *1.4 Lois hittites § 172, 200b, 1-4* 16

II. « Vie pour vie » ........ 23

*2.1 Code d'Ur-Nammu § 23sq.* 24 *2.2 Code de Hammourabi § 209-214* 27 *2.3 Lois médio-assyriennes § 21, 50-52* 31 *2.4 Exode **21** 22sq.* 39

III. « Œil pour œil » ........ 45

*3.1 Lois d'Ešnunna § 42-45* 46 *3.2 Code de Hammourabi § 196-205* 49 *3.3 Lois hittites § 7sq., 11-16* 54 *3.4 Exode **21** 24-27* 58

IV. Le talion dans la Méditerranée au premier millénaire ........ 63

*4.1 Démosthène, orat. 24, § 140sq.* 64 *4.2 Lévitique **24** 17-21* 67 *4.3 Douze Tables I, § 13-15* 69 *4.4 Magna Moralia, chap. 33, § 13sq.* 74 *4.5 Matthieu **5** 38sq.* 77 *4.6 Stèle votive, dédiée à Saturne* 80

Conclusion ........ 83

Notes philologiques ........ 89

Bibliographie ........ 121

Index locorum ........ 131

Planches ........ 137

# Abréviations

| | |
|---|---|
| AASOR | Annual of the American Schools of Oriental Research |
| aBZL | Altbabylonische Zeichenliste (Mittermayer) |
| AfP | Archiv für Papyrusforschung |
| AHw | Akkadisches Handwörterbuch (von Soden) |
| AJA | American Journal of Archaeology |
| ANET | Ancient Near Eastern Texts relating to the Old Testament (Pritchard) |
| AnOr | Analecta orientalia |
| BA | Biblical Archaeologist |
| Bailly | Dictionnaire grec-français |
| BZAW | Beihefte zur Zeitschrift für die Alttestamentliche Wissenschaft |
| BDAG | Greek-English Lexicon of the New Testament (Bauer, Danker, Arndt, Gingrich) |
| BDB | Brown-Driver-Briggs Hebrew English Lexicon |
| BIN | Babylonian Inscriptions in the Collection of James B. Nies |
| BM | British Museum |
| BZ | Biblische Zeitschrift |
| CAD | Assyrian Dictionary of the Oriental Institute of the University of Chicago |
| CBS | Collection of the Babylonian Section, University of Pennsylvania Museum |
| CDLI | Cuneiform Digital Library Initiative |
| CHD | Hittite Dictionary of the Oriental Institute of the University of Chicago |
| CIL | Corpus Inscriptionum Latinarum |
| CIS | Corpus Inscriptionum Semiticarum |
| CPJ | Corpus Papyrorum Judaicarum (Tcherikover) |
| CRAI | Comptes rendus de l'Académie des Inscriptions et des Belles Lettres |
| CT | Cuneiform Texts from Babylonian Tablets in the British Museum |
| DÉLG | Dictionnaire étymologique de la langue grecque (Chantraine) |
| DÉLL | Dictionnaire étymologique de la langue latine (Ernout, Meillet) |
| EA | El-Amarna correspondance |
| EDHIL | Etymological Dictionary of the Hittite Inherited Lexicon (Kloekhorst) |
| ÉLS | Éléments de linguistique sumérienne (Attinger) |
| ETCSL | Electronic Text Corpus of Sumerian Literature |
| GAG | Grundriß der akkadischen Grammatik (von Soden) |
| HAL | Hebräisch-Aramäisches Lexikon zum Alten Testament (Koehler, Baumgartner) |
| Hof.-Sz. | Lateinische Syntax und Stilistik (Hofmann, Szantyr) |

| | |
|---|---|
| HW | Hethitisches Wörterbuch (Friedrich) |
| HZL | Hethitisches Zeichenlexikon (Rüster, Neu) |
| IC | Inscriptiones Creticae (Guarducci) |
| IEJ | Israel Exploration Journal |
| IM | Iraq Museum |
| JA | Journal asiatique |
| JBL | Journal of Biblical Literature |
| JCS | Journal of Cuneiform Studies |
| JEOL | Jaarbericht 'Ex Oriente Lux' |
| JNES | Journal of Near Eastern Studies |
| Joüon | Grammaire de l'hébreu biblique |
| JSOT | Journal for the Study of the Old Testament, Suppl. for 'Supplement Series' |
| JTS | Journal of Theological Studies |
| KAV | Keilschrifttexte aus Assur verschiedenen Inhalts (Schroeder) |
| KBo | Keilschrifttexte aus Bogazköi |
| KUB | Keilschrifturkunden aus Bogazköi |
| LÄ | Lexikon der Ägyptologie |
| Lampe | Patristic Greek Lexicon |
| LAPO | Littératures anciennes du Proche-Orient |
| Leumann | Lateinische Laut- und Formenlehre |
| LSJ | Greek-English Lexicon (Liddell, Scott, Jones) |
| MDP | Mémoires de la Délégation en Perse |
| MesZL | Mesopotamisches Zeichenlexikon (Borger) |
| MSL | Materialien zu einem Sumerischen Lexikon |
| MVAG | Mitteilungen der Vorderasiatisch(-aegytisch)en Gesellschaft |
| OA | Oriens Antiquus |
| OAD | Oxford American Dictionaries |
| OCD | Oxford Classical Dictionary |
| OCT | Oxford Classical Texts |
| OLD | Oxford Latin Dictionary (Glare) |
| Or | Orientalia |
| PhPG | Phönizisch-punische Grammatik (Friedrich) |
| PRU | Palais Royal d'Ugarit |
| PSD | Pennsylvania Sumerian Dictionary |
| RHR | Revue de l'histoire des religions |
| RIDA | Revue internationale des droits de l'antiquité – Troisième série |
| Schwyz. | Griechische Grammatik (Schwyzer) |
| SG | Sumerian Grammar (Edzard) |

| | |
|---|---|
| SL | Sumerian Language (Thomsen) |
| SLex | Sumerian Lexicon (Halloran) |
| StBoT | Studien zu den Boğazköy-Texten |
| StSem | Studi Semitici |
| SZett | Sumerischer Zettelkasten (Sallaberger) |
| T | Bibliotheca Teubneriana |
| TCS | Texts from Cuneiform Sources |
| TGL | Thesaurus Graecae Linguae (Estienne) |
| TTKY | Türk Tarih Kurumu Yayınları |
| TUAT | Texte aus der Umwelt des Alten Testaments |
| VAB | Vorderasiatische Bibliothek |
| VAT | Vorderasiatisches Museum Berlin |
| WO | Welt des Orients |
| WVDOG | Wissenschaftliche Veröffentlichungen der Deutschen Orient-Gesellschaft |
| YOS | Yale Oriental Series |
| ZA | Zeitschrift für Assyriologie und verwandte Gebiete |
| ZAR | Zeitschrift für Altorientalische und Biblische Rechtsgeschichte |
| ZAW | Zeitschrift für die Alttestamentliche Wissenschaft |
| ZNW | Zeitschrift für die Neutestamentliche Wissenschaft |
| ZSS | Zeitschrift der Savigny-Stiftung für Rechtsgeschichte – Romanist. Abteilung |

Pour les ouvrages classiques, *v.* les abréviations dans le LSJ et le OLD.

Abréviations courantes : *add.* = *addidit* ; approx. = approximativement ; *c.* = *circa* ; *cf.* = *confer* ; col. = colonne ; *ead.* = *eadem* ; *e.g.* = *exempli gratia* ; f. = féminin ; FS = Festschrift ; *i.e.* = *id est* ; *ibid.* = *ibidem* ; *id.* = *īdem* ; l. = ligne(s) ; litt. = littéralement ; Mél. = Mélanges ; NP = nom de personne ; *om.* = *omittit* ; *orat.* = *oratio* ; p. = page(s) ; *P.* = *Papyrus* ; § = paragraphe(s) ; pl. = planche(s) ; *sc.* = *scilicet* ; *sq.* = (page ou paragraphe) suivant(e) ; t. = tome ; v. = vers *ou* verset(s) ; *v.* = *vide*.

# Introduction

La présente étude cherche à éclaircir le principe du talion à partir de ses premières attestations dans les droits du Proche-Orient ancien. Ces passages sont tous antérieurs à l'exemple le plus connu, la formule 'œil pour œil, dent pour dent', qui se trouve à plusieurs reprises dans la Bible. Rédigés en cunéiforme et dans un style casuistique, ils se présentent de manière légèrement différente : l'expression est normalement plus longue, comme dans le Code de Hammourabi (« Si quelqu'un blesse l'œil de quelqu'un, ils blesseront *son* œil »), elle peut avoir un autre sens – « tête pour tête » dans le Code de Lipit-Ištar, par exemple, ne se réfère pas à une peine corporelle –, ou les deux en même temps (*cf.* la clause *napšāte umalla* dans les Lois médio-assyriennes). Toutefois, le rapport avec la formule biblique n'a jamais été sérieusement mis en question[1]. De plus, les exemples concrets se rencontrent souvent accompagnés d'une reformulation abstraite, comme par exemple dans le Lévitique : « comme il a fait, ainsi on fera à lui »[2]. C'est d'une reformulation encore plus courte, celle du rédacteur des XII Tables, que le terme moderne pour désigner le talion est dérivé (*talio esto*).

La découverte successive des lois écrites en cunéiforme a fait revivre la question sur la signification exacte des différentes formules talioniques, auparavant le domaine quasiment exclusif des biblistes. Même si aucune grande découverte archéologique n'a été faite en la matière depuis la moitié du dernier

---

1 Selon les passages à comparer et le commentateur, le rapport est décrit soit comme indirect soit comme direct : Alt ZAW 52, p. 304, par exemple, établit le lien entre les formules de *Nicivibus* et celles de l'Ancien Testament de façon plutôt hésitante : „Sollte da kein Zusammenhang bestehen, natürlich nicht so, daß die eine Formel genealogisch von der anderen abzuleiten wäre, wohl aber im Sinne eines Erwachsenseins beider aus dem besonderen Wesen des gleichen Lebensbereichs ?" ; Paul, *Studies*, p. 71 n. 1, en revanche, parle à propos du cas de la femme qui avorte de "literary dependence of one corpus upon another" ; Westbrook, ZSS 105, p. 90 distingue trois niveaux (présents simultanément) : (*a*) "verbatim copies" (*b*) "the same rule ... expressed in a somewhat different manner" (*c*) "the same problem ... either with a somewhat different solution or with attention paid to different aspects of the problem". L'hypothèse d'une correspondance *essentielle* (*cf.* Klíma, *Studi Pietro De Francisci III*, p. 6 sur les § 42-45 Lois d'Ešnunna : "Questo complesso di paragrafi contiene dunque una materia che corrisponde, essenzialmente, al complesso che nel CH") est sans doute ce à quoi la majorité des chercheurs pourraient souscrire.

2 Pour la distinction entre une "abstract formulation" et "an ancient concrete wording", *v.* Loewenstamm, VT 27, p. 356 ; mais voir aussi la critique (en partie justifiée) de Jackson, *Wisdom-Laws*, p. 201 n. 159 : "The *ka'asher* formula is certainly more general (semantically, if not contextually) than the *taḥat* formula; that does not necessarily make it more 'abstract'."

siècle[3], le débat n'est pas clos et il est même devenu, dans la mesure où les outils d'analyse et de comparaison n'ont cessé d'avancer, de plus en plus complexe et pluridisciplinaire.

On s'est beaucoup intéressé au début à l'origine ethnique et géographique du talion, partant de l'idée que le talion faisait partie d'un « vieux fonds sémitique »[4]. La découverte du Code de Hammourabi pouvait temporairement confirmer et préciser cette hypothèse : à une certaine époque, la plupart des commentateurs étaient persuadés que le talion avait été introduit au début du IIe millénaire par les Amorrites comme un élément ouest-sémitique en Mésopotamie[5]. Mais la découverte subséquente des Lois d'Ešnunna, qui appartiennent à la même aire culturelle et à la même époque, sans pourtant contenir de réponse talionique, a remis cette hypothèse en question[6].

Le déchiffrement des fragments de lois écrites en sumérien, qui, comme celles d'Ešnunna, prévoient des montants d'argent pour les atteintes corporelles[7], a inspiré l'autre grand débat, sur la place du talion dans l'évolution du droit. Le talion a été longtemps considéré par les assyriologues comme la réponse la plus primitive, voire barbare[8], nonobstant l'existence d'une théorie (principalement défendue par des biblistes), selon laquelle le principe représente un progrès dans la mesure où il impose des limites d'équivalence à la vengeance : seulement « (*un*) œil pour (un) œil »[9]. Diamond a renversé toute cette argumentation en soulignant que la logique à l'œuvre dans les amendes,

3 La dernière « petite » découverte, le fragment de Ḫaddad, un témoin libre des Lois d'Ešnunna, date des années quatre-vingts, *v.* al-Rawi, *Sumer* 38.

4 Cazelles, *Études*, p. 153 ; l'opinion est partagée par des hellénistes comme Mühl, *Untersuchungen*, p. 46 : „ursemitischer Rechtsvorstellung entsprungen".

5 *V.*, *e.g.*, Loewenstamm, IEJ 7, p. 194 ; Lambert, JTS 16, p. 289 ; Paul, *Studies*, p. 77 n. 4 ; Frymer-Kenski, BA 43, p. 233 (incluant "the idea of talionic retribution for the false witness / accuser" dans les concepts transférés) ; Otto, *Kontinuum und Proprium*, p. 244.

6 *V.* Klíma, *Studi Pietro De Francisci III*, p. 12*sq*. Klíma proposait alors *ibid.* d'aller regarder du côté de l'est : "esaminare altri ordinamenti, per es., quello degli Elaminiti".

7 Les Codes d'Ur-Nammu et de Lipit-Ištar sont certainement antérieurs aux lois écrites en akkadien ; il est plus difficile de savoir jusqu'à quel point ils représentent des documents authentiques de la pensée normative sumérienne (et non le résultat d'une rétroprojection culturelle, plus ou moins consciente).

8 *V.*, *e.g.*, Driver *et* Miles, *Babylonian Laws I*, p. 152 ("a fundamental principle of the early law and gradually replaced by a system of fixed compensation") ; Goetze, AASOR 31, p. 122 ; Kraus, *Edikt des Ammiṣaduqa*, p. 149 („eine altertümliche, rein ‚moralische' Satisfaktion barbarischer Art").

9 *V.*, *e.g.*, Furrer (*apud* Mühl, *Untersuchungen*, p. 45 : „Die Talion bedeutet einen großen Sieg menschlicher Selbstbeherrschung") ; Paul, *Studies*, p. 76 ("talion comes to curb unlimited retribution, personal vendetta and excessive retaliation") ; Jackson, *Wisdom-Laws*, p. 190 ("The talionic formula is commonly seen as a restriction upon such unlimited revenge as we find it in the case of Lamech : only one eye for an eye, etc.").

celle du don[10], est globalement la solution la plus ancienne, alors que le talion est une première étape vers le droit comme institution qui défend les intérêts publics en plus de ceux des individus. La thèse de Diamond a été en général bien reçue[11], mais son ambition de fournir une explication universelle[12] a rencontré plus de réserve, sans doute à cause de l'existence de plusieurs contre-exemples[13]. Finalement, la discussion sur l'ancienneté du talion, comme déjà celle sur son origine ethnique et / ou géographique, fut abandonnée plutôt que résolue[14].

D'autres questions ont été posées quant à l'origine, le contexte et la fin du talion, *e.g.*, si le concept provient d'un domaine autre que le droit, comme la religion[15] ; si sa formulation appartient vraiment à la sphère écrite et non à la

10 "[T]he community is satisfied if the wrongdoer has made his peace with the individual or group aggrieved, which he usually does by gifts" (Diamond, *Iraq* 19, p. 154).

11 *V.* Finkelstein, JCS 15, p. 98 ; Paul, *Studies*, p. 76 ("actually an important advance in the history of jurisprudence") ; Jackson, VT 23, p. 297*sq.* ; Cardascia, *Mél. Dauvilliers*, p. 179 (« Le progrès consiste à développer le talion, puis les peines publiques, au détriment des compositions légales »).

12 Diamond, *Iraq* 19, p. 153 : "we find a progression in law [towards civilisation] that is in outline universal" ; *cf.* Otto, *Kontinuum und Proprium*, p. 230 à propos de Diamond : „universalhistorische ... Entwicklungslogik".

13 *Cf.* la coexistence des peines corporelles et des compensations § 202*sq.* Code de Hammourabi (discutée *infra* 3.3), la tendance du législateur hittite à remplacer "in a few instances" une peine corporelle par une amende (Hoffner, *Laws of the Hittites*, p. 6) ou l'interprétation métaphorique du talion comme la demande d'un paiement, certainement tardive (Daube, *Studies*, p. 107 ; Piatelli, *Israel Law Review* 29, p. 68 ; Jackson, *Wisdom-Laws*, p. 193 n. 114).

14 *V.* la critique générale de Crüsemann, EvTh 47, p. 414 : „Nun sind solche allgemeinen Überlegungen darüber, was wohl primitiver und urtümlicher sei, stets mit großer Vorsicht zu betrachten." *Cf.* la conclusion de Daube, *Studies*, p. 103 : "The most probable inference is that criminal law notions and civil law notions, the principle of punishment and that of compensation, are of equal age." Jackson, *Wisdom-Laws*, p. 190 se (re)tourne vers une explication sociologique : "Self-help preceded institutional dispute resolution – in my view, a far more appropriate focus for any attempt to locate the history of talion within evolutionary schemes, rather than claims for the priority of financial or physical remedies as such".

15 Partant des formules talioniques des stèles (juste) découvertes en Algérie, Alt, ZAW 52, p. 304*sq.* proposait une origine dans le culte (punique). Après la guerre, l'hypothèse d'un lien si direct à travers plusieurs siècles et milliers de kilomètres n'était plus prise au sérieux ("no longer tenable" Paul, *Studies*, p. 77 n. 4 ; Otto, *Kontinuum und Proprium*, p. 244). Sur un plan plus abstrait, en revanche, le talion continue d'être compris comme une tentative d'installer la justice divine sur terre, *cf.* Jackson, VT, p. 299 (ou, pour l'inverse, l'interprétation de Juges **1** 6*sq.* par Piatelli, *Israel Law Review* 29, p. 68 : "transferred to divine justice a punishment of already human application"). – Quant à la question de la primauté de la religion ou du droit, il est toujours possible (*pace* mes réflexions sur un "sacral-legal overlap" *Ratio Juris* 21, p. 301*sq.*) qu'elle soit similaire à ce qu'a décrit Robson, p. 263-268 pour les *Mathematics in Ancient Iraq* ("numerate apprenticeship" suivie par "metrological justice" suivie par "divine quantification") : on passe d'une époque de quantification (les poids, mesures et prix) à une époque de qualification (le souci du législateur de proposer des

sphère orale[16] ; si le talion est, contrairement à ce que semble suggérer la restriction aux *awīlū* dans le Code de Hammourabi[17], le résultat d'un mouvement populaire[18] ; et si les cas concrets auxquels il est régulièrement associé ne sont pas, plutôt que le reflet des réalités historiques, une invention des juristes[19].

---

solutions justes et symétriques), et ce n'est que par la suite que les croyances commencent à usurper ces concepts développés dans une autre discipline.

16 Le raccourcissement d'un côté et la répétitivité d'autre part pencheraient, pour ce qui est de la formule abrégée, clairement en faveur de l'oral, *cf.* Schwienhorst-Schönberger, BZAW 188, p. 125 : „Ihr ‚Schlagwort-Charakter' läßt sich aus der Situation der mündlichen Rechtsbelehrung gut verstehen". Dans ce cas, il reste à expliquer pourquoi les rédacteurs respectent toujours l'ordre des éléments des premier et deuxième champs, alors qu'ils s'étendent parfois, *e.g.* § 7-16 Lois hittites, sur plusieurs paragraphes. Les discussions sur la formule et son "independent, oral existence" (Jackson, *Wisdom-Laws*, p. 188) devraient peut-être davantage tenir compte de l'art qui assure historiquement la transmission orale des idées avant qu'elles ne soient confiées à l'écrit, *i.e.* la poésie, *cf.*, *e.g.*, dans l'épopée d'Erra IV l'énumération v. 131-135 *tâmti tâmti* [écrit avec *-tì*, *cf.* van Soldt, AbB 12, p. 108 n. b à n° 133] *Subarta Subartu Aššurâ Aššurû Elamâ Elamû Kaššâ Kaššû Sutâ Sutû Gutâ Gutû Lullubâ Lullubû māti* [écrit avec *-ti* ; L : *māta* ; B : *mātu*] *māta* (uru uru *add.* A) e₂ e₂ lu₂ lu₂ šeš šeš *lā igammilū* [écrit *i*-BAD-*mi-lu*, *v.* MesZL n° 113 et 576 et *cf.* AHw, p. 275*sq.* pour la vocalisation] (version du témoin « I », copie par Cagni, StS 34, fig. 7*sq.*), *v.* la note explicative *ibid.* p. 241*sq.* : "Come nemici di Akkad sono dati un nome generico – 'il mare' che certamente indica una potenza politica – e sette nomi di popoli noti. ... Le indicazione dei vv. 134b-135 sono generiche."

17 *V.* 3.3 *infra.* – Pour Jackson, VT 23, p. 300-303, l'hypothèse que le "talion developed in aristocratic circles" est également "highly likely" dans le contexte biblique : elle expliquerait entre autres le caractère différent de Exode **21** 25 ("less aristocratic") par rapport aux éléments plus traditionnels, *i.e.* aristocratiques, du v. 24. *Cf.* Westbrook, ZSS 105, p. 76-78 (sur l'esprit plébéien des XII Tables, ou plutôt son absence) et Piatelli, *Israel Law Review* 23, p. 68*sq.* sur la critique « noble » des Sadducéens, représentée par Philon, de la réinterprétation métaphorique du talion par les Pharisiens (Flavius Josèphe).

18 Dans ce sens Crüsemann, EvTh 47, p. 426 (reprenant, selon Paul, *Studies*, p. 77, une idée déjà défendue par Albright, *History, Archaeology and Christianism*, 1964, p. 74) : „Das Sklavenrecht und die finanzielle Ausgleichszahlung, also genau die beiden Hauptpunkte, gegen die die Talionsformel sich in ihrem Kontext wendet, sind nachweislich zu Instrumenten in der Hand der ökonomisch und gesellschaftlich Mächtigen geworden. Gegen eine solche Pervertierung des Rechts erhebt die Talionsformel Protest." Pour Piatelli, *Israel Law Review*, p. 78, en revanche, le talion n'opère en faveur de personne : "the will to achieve a concept of justice based on absolute balance, which does not fluctuate, even to favour the less wealthy in the society". *Cf.* Fon *et* Parisi, *Journal of Bioeconomics* 7, p. 66 sur le "success and diffusion of retaliation among homogeneous groups and the gradual abandonment of such retaliatory regimes when differences between groups and individuals become more sizeable over time".

19 On a caractérisé les codes de lois comme appartenant au genre "legal textbook" (Westbrook, ZSS 105, p. 89) et parlé à propos de l'avortement de la femme d'un "schoolbook-exercise" (Jackson, *Wisdom-Laws*, p. 235 ; sans doute à cause de YOS I.28, où il n'y a pourtant pas de complication « si cette femme meurt », comme dans les lois professionnelles). Toutefois, la documentation papyrologique contient suffisamment d'exemples de cette atteinte, décrits dans les mêmes termes – ἔκτρωμα du παιδίον ou βρέφος, suivi par la crainte pour la survie de la mère (CPJ 133 ; *P. Mich.* 228 ; *P. Ryl.* 68) –, qui confirment l'intuition de Schwien-

Dans le cadre de la présente étude, nous ne pourrons répondre à toutes ces questions, ni étudier toutes leurs implications théologiques, philosophiques et sociologiques. L'objectif de notre travail est plus modeste, et se situe principalement sur le plan philologique : il s'agit d'établir l'ensemble des textes (pour la plupart connus, mais géographiquement et historiquement dispersés) de manière plus équilibrée et sans prédilection pour une certaine langue ou culture. Il est évident que la tendance à prendre le premier exemple biblique pour point de départ a causé beaucoup de confusions sur la portée exacte des formules du talion. Toutes les spéculations ne sont pas nécessaires[20], si on étudie les attestations dans leur ordre chronologique (pour autant qu'il nous soit connu), si on suit l'avis désintéressé des grammairiens et lexicographes plutôt que de l'avis souvent intéressé des auteurs de la littérature secondaire, et si on se garde de projeter les catégories du droit moderne sur les textes anciens.

Toute la documentation a été en conséquence mise sur un plan égal et répartie dans des sections, qui se limitent à l'étude d'un seul texte afin d'éviter des comparaisons trop hâtives. Pour ce qui est de la documentation du IIe millénaire, le choix se limite, suivant la tradition, aux sources normatives qui s'adressent à une collectivité (et non aux particuliers), *i.e.* aux extraits des codes et collections de lois[21]. Les lois ont été sélectionnées indépendamment du fait que le talion y apparaisse sous une forme complète, abrégée ou intermédiaire[22]. Certaines dispositions qui ne contiennent pas de réponse talionique sont également incluses dans la mesure où elles peuvent aider à suivre le raisonnement des législateurs face aux situations typiques. Plus spécifiquement, nous nous sommes gardé de confondre les formules talioniques ayant pour

---

horst-Schönberger, BZAW 188, p. 114 : „Da Frauen im alten Israel relativ häufig schwanger waren, dürfte auch ein solcher Fall nicht überaus ungewöhnlich sein.“ Dans le cadre de la présente étude, l'avortement de la femme est en conséquence considéré comme un cas aussi 'exemplaire' que la blessure de l'œil ou la fuite d'un esclave. Le fait qu'une protase soit plus compliquée ne signifie pas qu'elle soit moins réaliste.

20 L'idée que le talion ne serait que le reflet des contes et légendes qui l'entourent dans le texte biblique, par exemple, mène Carmichael, *Spirit of Biblical law*, p. 117 à la conclusion (ouvertement absurde) que la formule parle de la "mutilation of the dead ... as an aggravated form of capital punishment".

21 À la différence des documents de la pratique, qui dépendent toujours du contexte, ce qui rend les comparaisons directes plus difficiles, les exemples des codes sont *synthétiques* et s'éclaircissent mutuellement, *cf.* la remarque méthodologique de Westbrook, ZSS 105, p. 93 : "It is in fact by assembling the parallel and not-quite-parallel provisions of the different codes that we are able to reconstruct the full problem and to identify differences in approach between the codes, if any."

22 L'approche de Doron, JANES 1, p. 25*sq.*, qui n'accepte que la forme abrégée (pour en déduire un sens métaphorique du talion), est plutôt exceptionnelle.

sujet un autre '*x* (pour *x*)' concret, *e.g.* la « vie » et l' « œil », ce qui nous a mené à répartir le premier passage biblique sur deux chapitres différents[23].

En ce qui concerne les prémisses théoriques, nous avons suivi l'hypothèse de Daube selon laquelle les notions du droit civil et celles du droit pénal se superposent dans la notion ancienne du talion[24]. Cet aspect central de sa contribution de 1947 n'a été malheureusement que peu étudié par les historiens du droit[25], apparemment inquiets des conséquences d'une approche anthropologique et holiste pour la systématique du droit. Mais il n'est pas nécessaire d'aller jusqu'à l'idée, certainement difficile à accepter pour un esprit éclairé, selon laquelle la victime croit acquérir, *i.e.* récupérer, la vue, la force ou la mobilité de l'agresseur, si ce dernier perd son œil, sa main ou son pied à la suite de l'agression[26]. Nous proposons une autre démarche, qui se heurte moins au sens commun et qui est plus facile à réconcilier avec les catégories du droit (dans un sens historique) : l'idée qu'un *awīlum* considérait les membres de son propre corps et les membres de sa propre maison comme une part de sa propriété.

Selon cette approche, la propriété vivante se constitue de deux grandes catégories, bien distinctes selon leur nature : d'un côté, des membres de la maison, qui, malgré leur définition comme une extension du corps de leur maître[27], demeurent toutefois autonomes et transférables, soit de façon volontaire – on peut divorcer de sa femme, repousser son enfant ou vendre son esclave –

---

23 Cette division était depuis longtemps suggérée, au début pour des raisons purement logiques, *v.* Budde, ZAW 11, p. 112 ; Daube, *Studies*, p. 115 ("There are indications that it [life for life] may at some date have stood alone") ; Loewenstamm, VT 27, p. 357 ; Jackson, *Wisdom-Laws*, p. 206 et p. 193 n. 119 ("We should not assume, however, either that *Exod.* 21:24 [an eye for an eye] always circulated together with *nefesh taḥat nefesh*, or that, once attached, they require the same interpretation") ; Eichler *in* : *Studies Shalom M. Paul*, p. 24*sq.*

24 *V.* Daube, *Studies*, p. 102 sur un "civil law feature (compensation)" dans un "criminal law context", sur l'identité entre restitution et peine dans la logique des législateurs (p. 121) et sur "both the ideas of punishment and of reparation underl[ying] the sentence of Zeus [dans une fable de La Fontaine]" (p. 147). L'hypothèse que le talion représente une sorte de substitution négative – "retaliation ... restores the original relation in a negative way, by depriving the wrongdoer of the same thing of which he has deprived the person wronged" (*ibid.* p. 128) – était déjà formulée par Weismann (1913) *in* : *Um das Prinzip der Vergeltung*, p. 354 : „Ausgleichung bezweckt auch die reine Talion, aber sie bleibt hier sozusagen im negativen Stadium; die Talion ist Ausgleichung nur im Verlust."

25 *V.* Otto, *Kontinuum und Proprium*, p. 227 : „Schließlich führt die Interpretation der Talion als negative Kompensation in der Sache nicht weiter. Sie ist bei den Rechtshistorikern [Otto cite Kaser et Völkl] bislang auf einhellige Ablehnung gestoßen."

26 *V.* Daube, *Studies*, p. 122-125 pour une description détaillée de ce transfert surnaturel des facultés.

27 Pour des traces de ce concept dans les langues modernes, *cf.* des expressions comme « mon bras droit » „meine rechte Hand" pour désigner un assistant particulièrement fidèle ou „meine bessere Hälfte" « mon autre moitié » pour désigner l'épouse.

soit de façon involontaire, *i.e.* par l'action d'un « ennemi » ou agresseur ; il s'agit alors de la propriété aliénable[28]. De l'autre, des membres immédiats du corps physique, qui ne possèdent pas cet avantage : si je perds ma main, elle est simplement perdue – et ne peut être remplacée par une autre main ni servir de main à quelqu'un d'autre[29] ; mon corps m'appartient alors de façon non-aliénable.

Les contraintes concernant l'aliénabilité de la propriété vivante ont été respectées de manière assez fidèle par les législateurs anciens : si l'agresseur est responsable de la perte d'un membre aliénable, ils prévoient généralement qu'il le remplace par un élément équivalent à celui qu'il vient de faire perdre. Rien n'empêche de parler ici d'une variante réparatrice du talion, puisque le terme « talion » n'exprime intrinsèquement que l'idée de l'équivalence[30] et puisque l'adjectif « réparatrice » souligne suffisamment que cette idée est réalisée dans le présent cas par une inversion de l'action (on *donne* un élément pour en avoir *détruit* un autre, on n'en détruit pas un autre). – Si la victime perd en revanche un membre de son propre corps, *i.e.* un membre non-aliénable, le législateur est obligé de demander, s'il veut garder la logique de l'équivalence, l'infliction d'une peine égale à l'attaque[31]. On a coutume d'appeler cette dernière peine « talion » tout court, mais il vaut mieux employer, dans un contexte théorique et de comparaison – si l'on veut tenir compte de la possibilité de remplir le critère de l'équivalence alternativement par une substitution – la désignation (légèrement tautologique) de talion pénal.

Il n'est pas exclu d'appliquer le talion pénal également à la perte des membres aliénables, comme le fait le rédacteur du Code de Hammourabi § 116, 210 et 230[32]. On arrive ainsi à une forme de talion pénal symétrique, contrastant avec la solution attendue, *i.e.* la variante réparatrice du talion, qui a pour résultat, à cause de l'inversion de l'action, une *asymétrie* entre la

---

28 Nous employons « aliénable » selon la définition du *Dictionnaire de l'Académie française* (9ème édition) : « DROIT. Dont la propriété peut être transférée ». Historiquement, c'était bien entendu le droit positif, *i.e.* l'homme, et non la nature, comme dans le modèle proposé ici, qui décidait quelle part de la propriété « pouvait » ou « ne pouvait » être transférée.

29 *Cf.* Daube, *Studies*, p. 120 : "in none of these ... cases can there ever have been a system of real substitution of a sound organ for the lost one".

30 *V.* 4.3, dernière note philologique au § 13.

31 Pour qu'au moins la peine soit égale (non nécessairement les traces qu'elle laisse), il faut un minimum d'égalité entre les parties qui s'opposent. Le § 8 Lois médio-assyriennes (A) (dans la reconstruction, pourtant incertaine, de Driver *et* Miles, *Assyrian laws*, p. 384*sq.*) ou Deutéronome **25** 11*sq.* (dans l'interprétation de Eslinger, favorisée par Jackson, *Wisdom-Laws*, p. 237) ne sont alors pas de bons exemples de cette forme du talion.

32 Pour inclure le § 210 dans cette liste, le terme *mārat-* est à interpréter comme „(Bürgers)tochter" ou « fille (noble) » d'après son occurrence au début du paragraphe, *v.* la discussion 2.2.

maison de l'agresseur (qui perd un élément, en le donnant) et la maison de la victime (qui ne perd pas d'élément, en le recevant)[33]. À première vue, cette solution semble être raisonnable et représenter le refus (assez moderne) de l'idée selon laquelle tous les membres de la maison sont également remplaçables, *e.g.* une bête ou un esclave comme le premier fils ou la femme. Excepté cet aspect, le talion pénal symétrique est toutefois peu satisfaisant : il n'est pas seulement une solution délibérément violente, mais profondément injuste[34] et presque aussi absurde que si la victime, ayant reçu un substitut pour la perte d'un membre aliénable selon la variante réparatrice du talion, décide de le détruire aussitôt pour « punir » l'agresseur (au lieu d'en profiter).

Selon le modèle de la propriété vivante et les modalités de perte et de substitution, le talion se présente alors sous trois formes : (*a*) la forme classique, le talion pénal, une solution sans véritable alternative pour répondre à la perte d'un membre non-aliénable, (*b*) la variante réparatrice du talion, la forme civile, préférée comme réponse à la perte des membres aliénables, et (*c*) une forme exceptionnelle et excessive, le talion pénal symétrique, comme alternative pénale au talion de substitution. – D'autres formes de peines et de compensations ont été rapprochées du talion ou subsumées sous ce terme, sans pourtant répondre au critère le plus important de ce principe de justice, celle de l'équivalence substantielle :

1. Les demandes d'une indemnisation en argent représentent historiquement une alternative importante au talion, comme il ressort du résumé *supra* des théories sur la place du talion dans l'évolution du droit. Méthodologiquement, l'étude des systèmes de tarifs pour compenser certaines agressions est en outre assez précieuse, parce qu'elle permet (ce que le talion ne permet pas) d'inférer les proportions qui ont existé, selon l'avis du législateur, entre la valeur des différentes membres du corps et de la maison, comme *e.g.* celle d'un œil par rapport à une dent ou d'un esclave par rapport à une servante[35]. Toutefois, les compensations en

33 On a appelé le talion pénal symétrique "vicarious talion" (Paul, *Studies*, p. 73 n. 2) ou « talion par personne interposée » (Cardascia, *Mél. Dauvilliers*, p. 175), mais cette désignation est imprécise et prête à confusion : la peine du § 55 Lois médio-assyriennes (A), par exemple, vise certainement une personne interposée, mais celle-ci n'occupe pas la même place dans la maison de l'agresseur que celle ayant subi l'attaque dans la maison de la victime (une épouse n'est normalement plus une vierge) ; il ne s'agit alors pas du talion à strictement parler (*contra* Mühl, *Untersuchungen*, p. 46).

34 Une personne subit une peine pour une agression qu'elle n'a pas commise. Néanmoins, il ne faut pas oublier que la variante réparatrice du talion implique également le mouvement forcé d'une personne n'ayant aucun lien avec l'attaque.

35 Toutefois, l'information se limite normalement à un ensemble des lois. Des comparaisons pour toute une collection (*cf.* Hoffner, *Laws of the Hittites*, p. 10*sq.*) ou à travers les codes ne font que rarement autant de sens, *cf.* la critique de Finkelstein, JCS 15, p. 98 : "it constitutes something of a misreading of the value of the Babylonian Laws in general to even suggest that there was any logical consistency intended among the various tariffs and awards fixed

argent n'expriment qu'une *relation*, *i.e.* un montant de métal précieux *par rapport* à l'acte défini dans la protase. L'échange n'est pas, comme le requiert le critère du talion, substantiel ou équivalent d'un point de vue qualitatif, même (et surtout) si le montant d'argent excède la somme attendue et contient ainsi une composante pénale. La victime est toujours libre d'employer la somme reçue pour l'agression à d'autres fins que la réparation du dommage encouru. Les compensations en argent ne font donc pas partie du talion, même si elles appartiennent, à la différence des achats, aux solutions normatives, imposées par le législateur (et non seulement *pro*posés par un vendeur)[36].

2. Les peines réfléchissantes[37], qui visent la partie du corps avec laquelle l'agression a été commise, se rencontrent régulièrement dans la législation antique[38]. Elles sont fréquemment comparées, et parfois même confondues, avec le talion (pénal)[39]. Ce rapprochement est toutefois largement arbitraire (et l'identification erronée)[40], parce que le rapport établi par de telles peines, même s'il est substantiel, ne concerne pas l'idée d'équivalence (sauf par hasard)[41], mais le « contact » entre l'endroit agressé et l' « endroit » qui a agressé. L'ablation de la

---

for invasions and injuries in the different rules (even apart from considering what actually happened in practice)."

36 Le seul achat conforme au talion – pour lequel la Bible emploie d'ailleurs la racine שׁלם pi., normalement réservée aux restitutions *in kind* (Daube, *Biblical Studies*, p. 143) – est l'offre d'une certaine quantité d'argent contre exactement la même quantité d'argent, une transaction évidemment dépourvue d'intérêt économique (sauf si elle est réalisée de manière frauduleuse).

37 Pour le terme français, *v.* Cardascia *in* : *Mél. Jean Dauvilliers*, p. 171. Il s'agit d'une traduction de l'allemand „spiegelnde Strafen", proposé par Heinrich Brunner, ZSS Germ. Abth. 11, p. 236 pour décrire – „in Anlehnung an einen verwandten Ausdruck der österreichischen Gerichtsordnung von 1781" – „die Tendenz des germanischen Rechtes ..., das begangene Verbrechen in der Strafart zu sinnlichem Ausdruck zu bringen". L'équivalent anglais est "mirroring penalty" (Jackson *passim*), même si Diamond, *Iraq* 19, p. 151 préfère "sympathetic sanctions".

38 Dans le corpus hittite, il existe encore une autre forme de 'peine réfléchissante' : au lieu de priver le coupable de l'*instrument* de l'attaque, le législateur essaie de le punir avec l'*objet* de l'attaque, *i.e.* par l'un des ses aspects offensifs, comme *e.g.* au § 92 qui expose le voleur de « deux ou trois » ruches aux piqûres des abeilles ; il s'agit des dispositions *karū* « précédemment (on faisait ainsi) », *v.* aussi le § 121.

39 Pour la comparaison, *v. e.g.* Mühl, *Untersuchungen*, p. 47 ; Diamond, *Iraq* 19, p. 151 ; Troianus *in* : *Summa*, p. 569 ; Jackson, *Wisdom-Laws*, p. 191 n. 100 ; pour la confusion *v.* Klíma qui parle pour le § 9 Lois médio-assyriennes (A) d'une solution "sulla base del principio del taglione" (*Studi Pietro De Francisci*, p. 10).

40 Dans le même sens déjà Brunner, ZSS Germ. Abth. 11, p. 236 : „Die Strafe soll selbst sagen, warum sie verhängt wurde. Die Durchführung dieser Tendenz mag in einzelnen Fällen eine Annäherung an den Talionsgedanken bewirken. Von Haus aus steht sie ihm durchaus fremd gegenüber."

41 Il est possible que le critère de l'équivalence soit rempli par hasard : si quelqu'un est si furieux (et fort) qu'il casse la main de son adversaire avec sa propre main, peine réfléchissante et talion pénal se confondent.

main, par exemple[42], ne relève de la logique talionique que si l'agresseur a causé auparavant la perte de la main de la victime de la même façon; s'il a causé la perte d'un œil ou d'une dent *avec sa main*, la peine réfléchissante est dirigée contre la main, alors que la logique talionique demande qu'un œil ou une dent soit détruit[43]. L'aspect pénal est alors le seul aspect qui puisse réunir les deux formes, et il n'est pas suffisant pour justifier une inclusion. Les peines réfléchissantes ne font donc pas partie du talion.

3. Dans le Deutéronome **19** 21, le rédacteur biblique présente une version (modifiée) de la formule talionique abrégée pour illustrer l'idée selon laquelle un faux accusateur est à punir par la peine que son « confrère » (*i.e.* la personne qu'il a accusée à tort) aurait subi en cas de condamnation. La reformulation abstraite montre clairement les faiblesses logiques de cette construction : à la place de la phrase « comme il a fait, ainsi on fera à lui » (le résumé du rédacteur du Lévitique cité *supra*), on lit maintenant « vous avez fait à lui, comme *il a voulu* faire à son confrère ». L'ajout « il a voulu », en hébreu זָמַם "consider, purpose, device"[44], d'après lequel on a baptisé cette forme „Talion der Absicht"[45], fait ressortir toute la différence[46] : l'attaque (par l'intermédiaire du législateur, mais sans qu'il s'en rende compte) n'a en réalité jamais eu lieu[47]. Elle était seulement envisagée par l'agresseur, et il est en conséquence impossible pour le législateur de rétablir une balance entre les deux parties de façon substantielle[48]. Le « talion de la fausse accusation » ne fait en conséquence pas partie du talion[49].

---

42 C'est l'exemple le plus ancien et le plus répandu, *v.* déjà dans le Code de Hammourabi § 195, 218 et 253.

43 *Cf.* la Novelle 92 περὶ τοῦ ἐκτυφλώσαντος ἑκοντί de Léon VI le Sage, où l'empereur byzantin se demande si le responsable d'une blessure des yeux ne devrait pas, en plus de son propre œil, perdre également la main avec laquelle il a commis l'agression (ἐπεὶ δὲ καὶ χειρὸς ὀφείλει [*sc.* l'agresseur] τῆς ἀνοσίου τὴν ἐκτομὴν κτλ. p. 304 l. 3*sq.* éd. Noailles).

44 BDB, p. 273.

45 Mühl, *Untersuchungen*, p. 50.

46 *Contra* Frymer-Kenski, BA 43, p. 232, qui refuse de distinguer sur le plan théorique entre intention et réalisation et pour qui *Talion der Absicht* et talion tout court sont en conséquence "philosophically the same".

47 *Cf.* Petschow, ZSS 90, p. 16 : „Obwohl der Beschuldigte gar nicht wegen des vom Anschuldiger oder Zeugen behaupteten ... Sachverhalts verurteilt wird, wird letzteren trotzdem dasjenige Übel angedroht und zugefügt, das den Beschuldigten im Falle der Beweisbarkeit der Behauptung getroffen hätte."

48 La seule réponse talionique à une attaque fictive serait de faire subir au faux accusateur une *menace* équivalente à celle qu'il a prononcée, mais cette possibilité n'est pas thématisée par le rédacteur du passage.

49 De manière assez surprenante, Otto, *Kontinuum*, p. 240 continue de parler à propos de Deutéronome **19** 16-21 de „talionisches Prinzip", bien qu'il ait auparavant exclu les „spiegelnde Strafen" et „die Regelungen, die einen falschen Ankläger die Strafen erleiden lassen, die für das behauptete Verbrechen vorgesehen sind" de sa discussion du talion (p. 288 n. 33).

4. La question de savoir si la peine de mort pour l'homicide relève ou non du talion demeure parmi les plus débattues[50]. L'hésitation à exclure également cette forme de la notion du talion s'explique probablement par un conflit entre la volonté des commentateurs de comprendre le talion théoriquement et leur volonté de le comprendre pratiquement : puisqu'au moins deux des trois passages bibliques suggèrent, par le contexte, que l'application du talion pénal se limite à partir d'une certaine époque à l'homicide, il était évidemment difficile de ne pas reconnaître cette « dernière » forme encore « en vigueur » comme une forme du talion[51]. – Mais une fois de plus, il faut avoir l'audace d'ignorer le contexte biblique (ou de le considérer comme tardif) pour voir plus clair : l'histoire du IIe millénaire montre suffisamment que ni le blasphème ni la fausse accusation n'étaient associés à l'idée du talion. Et le modèle de la propriété vivante aide à résoudre les contradictions apparentes : une atteinte à la vie prive quelqu'un de la totalité de ses membres non-aliénables et aliénables, autrement dit : « libère » les derniers de l'emprise de leur « maître »[52]. Elle a alors pour résultat une situation qui n'est pas prévue par le modèle et assez embarrassante pour le législateur : une « propriété sans propriétaire »[53]. Créer le même vide juridique chez l'agresseur ne restaurerait pas une balance substantielle, *i.e.* relative aux deux propriétaires (ou au moins à la victime, comme le fait la solution réparatrice), mais mènerait seulement à un équilibre mécanique et dépourvu de contenu[54]. Certes, le législateur peut se contenter de produire le même *résultat* : une fracture du crâne, par exemple, rend automatiquement les yeux inopérables, même si l'agresseur ne les a jamais attaquées. Mais il ne saurait jamais répondre avec un acte de la même qualité, *i.e.* un *talio esto*, parce qu'une telle réponse, bien distincte et délimitée, nécessite une agression qui, elle aussi, doit être définissable. Or la mort ne possède pas cette

---

50 Pour une fois, Klíma (pour le reste plutôt « généreux » en ce qui concerne la définition du talion) avait exprimé des doutes *Studi Pietro De Francisci III*, p. 8 : "questa pena [la peine de mort § 24 Lois d'Ešnunna] ha un carattere di taglione, naturalmente non identico alla pena statuita per le lesioni personali, sopra menzionate". Une exclusion explicite se trouve chez Jackson, VT 23, p. 281 n. 1 (suivi par Piatelli, *Israel Law Review* 23, p. 66). Lafont, *Femmes, Droit et Justice*, p. 367 ne semble pas avoir vu que l'argument de Jackson se cache dans la description ("the same *injury*").

51 *V.* la critique de l'opinion de Jackson par Cardascia *in* : Mél. Dauvilliers, p. 181 n. 12 dans le cadre de sa conclusion p. 175 : « Tout conduisait à ce que le talion fût réduit au meurtre et aux crimes assimilables au meurtre (par exemple, l'accusation calomnieuse en matière criminelle). » La même approche se trouve encore chez Otto, *Kontinuum und Proprium*, p. 238-243.

52 L'attaque libère également les membres non-aliénables, mais de telle sorte qu'ils n'y survivent pas.

53 Pour une illustration de ce concept, *cf.* l'idée (aujourd'hui abandonnée) que l'apodose sag̃.du *pāi* § 1-4 Lois hittites pourrait trouver son explication dans la coutume d'enterrer certains esclaves avec leur maître, *v.* Hoffner, *Laws of the Hittites*, p. 168 : "I agree with Imparati [*Le leggi hittite*, 1964] (p. 187 n. 4) who saw no reason to assume such slaves [*sc.* ceux qui sont du même sexe que la victime] were killed in the tomb of the victim".

54 Pour parler en images : le législateur, frustré de ne pas avoir trouvé de solution normative vraiment satisfaisante, décide de couper le deuxième plateau de la balance après que le premier a été coupé par l'agresseur.

elle aussi, doit être définissable. Or la mort ne possède pas cette qualité et demeure un événement largement mystérieux pour l'esprit humain.

Abstraction faite du talion pénal symétrique qui est une forme rare, le talion se rencontre donc principalement sous deux formes, le talion pénal et la variante réparatrice du talion. Les législateurs reprennent ces solutions régulièrement pour répondre à certains cas concrets, l'une bien distincte de l'autre[55]. Il est en conséquence possible d'arranger les lois appartenant à la même situation en « séries » et de baptiser chaque série d'après un élément typique et caractéristique de l'ensemble des protases attestées.

La série « tête pour tête » sera le sujet du premier chapitre. Elle porte sur la perte d'un ou plusieurs membres aliénables. Son nom vient du terme technique des législateurs pour désigner l'élément de la propriété vivante par excellence, *i.e.* l'esclave (mais d'autres membres aliénables, comme l'enfant ou le bétail, y sont également discutés). – La série « vie pour vie » du deuxième chapitre est par contre une série intermédiaire ou « mixte » à cause de la complexité de sa protase (toujours la même) : il y est question d'une attaque dirigée contre une femme enceinte (aliénable de son mari) et son enfant non encore né (non-aliénable du corps de sa mère). Face à l'ambiguïté de cette situation et aux différentes classifications qui se superposent[56], les réponses des législateurs deviennent imprévisibles et oscillent entre la variante réparatrice du talion, les compensations en argent, le talion pénal, le talion pénal symétrique ou la peine de mort pour l'agresseur. – La série discutée dans le troisième chapitre porte sur le cas classique du talion pénal, une attaque directe contre une partie du corps, *i.e.* contre un membre non-aliénable, dans le cadre d'un affrontement qui se limite à deux hommes et qui est alors direct. L'exemple le plus discuté est l'œil, suivi par la dent et les extrémités.

Un dernier chapitre est consacré à la suite de l'histoire du talion dans la Méditerranée au premier millénaire. Si on admet une correspondance *essentielle* à l'intérieur des droits du Proche-Orient[57], il devient difficile de la nier pour les lois casuistiques de la Méditerranée par rapport à celles du Proche-Orient[58],

---

55 Jackson, *Wisdom-Laws*, p. 194 parle de "typical situations" à la place de "legal categories" comme la base du raisonnement. *Cf.* également Westbrook, ZSS 105, p. 86 sur l'absence d'une "division into abstract legal categories", illustrée *ibid.* n. 50 par l'exemple le plus sophistiqué (et non le plus primitif, comme on pouvait l'attendre), *i.e.* les Lois médio-assyriennes : "the division is material, not legal".

56 *Cf.* Lafont, *Femmes, Justice et Droit*, p. 381 sur les complications que pose la classification de l'enfant (seul) : « Pour les juristes du Proche-Orient, l'embryon est tout à la fois une partie du corps de la mère et une composante de la propriété du père. »

57 *V. supra*, début de l'introduction.

58 Il ne faut pas aller si loin que Westbrook, ZSS 105, p. 109 et faire croire au lecteur que "Mesopotamian science" était encore *au milieu* du premier millénaire, *i.e.* longtemps après l'*orientalisierende Epoche*, "the dominant intellectual force in the Near Eastern and Mediterranean basin" (*sic*). Les ressemblances s'expliquent plus probablement par une *inertie* intel-

étant donné l'existence de correspondances *littérales* entre des textes si éloignés que le Code de Hammourabi et les XII Tables (qui reprennent un terme abstrait employé pour la première fois au § 197) ou le Code de Hammourabi et un discours démosthénien (qui contient une traduction mot à mot du § 196). – Le prolongement de l'histoire du talion aide aussi à comprendre la disparition de la variante réparatrice du talion[59]. Elle s'éteint apparemment avec les pratiques cultuelles phéniciennes exportées au Nord de l'Afrique, où elle est encore longtemps présente dans le sacrifice d'enfants (dans la pratique : des agneaux à la place des enfants), dissimulé des autorités romaines (4.6). Quand le grammarien Festus se demande pourquoi sa source Verrius ne fournit pas de définition du terme *talio – neque id quid significet indicat* –, il aurait peut-être dû y regarder de plus près avant de conclure que le sens découle directement de la protase[60]. Son raisonnement à partir d'une seule attestation concrète a contribué à ce que la dimension « civile » du talion fût largement oubliée dans la pensée occidentale[61].

---

lectuelle : on ne voyait pas encore à l'époque les raisons de *changer* ce qui avait bien servi auparavant et ailleurs pendant des siècles, *cf.* l'argument d'Isocrate dans *Sur l'échange* (*orat.* 15), § 83 : τοῖς μὲν τοὺς νόμους τιθέναι προαιρουμένοις προὔργου γέγονεν τὸ πλῆθος τῶν κειμένων, – οὐδὲν γὰρ αὐτοὺς δεῖ ζητεῖν ἑτέρους, ἀλλὰ τοὺς παρὰ τοῖς ἄλλοις εὐδοκιμοῦντας πειραθῆναι συναγαγεῖν.

59 Bien entendu, ce n'est que l'association de la notion avec le talion qui disparaît et non l' "idea of replaceability" en tant que telle, même si son importance est peut-être moins ouvertement avouée à l'époque contemporaine (qui se croit plus individualiste que les Anciens), *cf.* Daube, *Studies*, p. 116 : "It should be remembered that, strange as these laws may seem to us, they are based on a notion, the notion of man as a 'fungible' being, which is perfectly natural and in many connections even prevalent in our day."

60 *puto quia notum est*: *permittit enim lex parem vindictam* (p. 496 éd. Lindsay) ; sur le fait que "the early text [*sc.* des XII Tables] was obscure to the Romans themselves", *v.* Westbrook, ZSS 105, p. 80.

61 *V.* pourtant Isid. *Orig.* V.xxvii.24, qui est parmi les premiers à relier explicitement le terme abstrait des XII Tables à la législation biblique, sans oublier d'en souligner la portée positive : *Talio est similitudo vindictae, ut taliter quis patiatur ut fecit. Hoc enim et natura et lege est institutum, ut* '*laedentem similis vindicta sequatur.*' *unde et illud est legis*: '*oculum pro oculo, dentem pro dente.*' *Talio autem non solum ad iniuriam referendam, sed etiam pro beneficio reddendo ponitur. Est enim communis sermo et iniuriae et beneficientiae.* Quant au talion de « rendre des bénéfices », Isidore pense sans doute à des échanges socio-économiques, *i.e.* à ce que Fon *et* Parisi, *Journal of Bioeconomics* 7, p. 45 nomment "positive reciprocity". Afin d'éviter la confusion entre cette forme « économique » (et idéalement libre) du talion positif et son pendant juridique (une obligation *imposée* par le législateur), nous parlons de la « variante réparatrice du talion (pénal) », en prenant « talion », de façon consciemment contradictoire, au sens réduit qu'il a acquis dans nos langues.

# I. « Tête pour tête »

Les formules discutées dans ce chapitre suivent la variante réparatrice du talion, selon laquelle un élément perdu définitivement (ou unilatéralement, *i.e.* pour la partie qui en était auparavant le propriétaire) doit être remplacé par la partie responsable de la perte (et / ou actuellement en possession de l'élément) par un équivalent appartenant au même genre. Il s'agit toujours d'êtres vivants, *e.g.* d'esclaves, de bétail, d'enfants et même, dans un dernier cas, d'un membre adulte de la famille, c'est-à-dire d'éléments qui sont, contrairement aux cas qui déclenchent le talion pénal comme solution normative, aliénables, malgré leur lien étroit avec les acteurs.

# 1.1 Code de Lipit-Ištar

## 1.1 Fuite d'un esclave dans une autre maison : Code de Lipit-Ištar § 12*sq.*

Tablette à deux colonnes en provenance de Nippur (fouilles américaines 1889-1900), conservée au *Museum of the University of Pennsylvania* (Babylonian Section) sous le n° 8284. — Datation : ca. 1930 (selon la chronologie moyenne), Isin. — Sigle : D. — Photographie chez Steele, AJA 52, pl. XLII ; copie par Lutz, TTKY VI/13, pl. CVIII (= texte 101). — Pour les l. 14*sq.* et l. 1*sq.*, un autre témoin (sigle « E ») sur la tablette 13647+13632 de la même collection, *recto*, col. ii, l. 16-18[1]. — Éditions consultées : Steele, AJA 52, p. 437*sq.* ; Roth, *Law Collections*, p. 28.

CBS 8284, *recto*, col. ii

14 tukum.bi
15 geme$_2$.arad.lu$_2$.u$_3$
16 ša$_3$.uru.ka ba.zah$_2$
17 e$_2$.lu$_2$.ka
18 aš.itud.am$_3$
19 i$_3$.tuš.a
20 ba.an.ge.en
21 saĝ saĝ.gin$_7$
22 ba.ab.sum.mu
23 tukum.bi
24 saĝ nu.tuku
*verso*, col. i (= iii)
1 15 gin$_2$ ku$_3$.babbar
2 i$_3$.la$_2$.e [Notes philologiques p. 89]

[14]Si [15]la servante ou l'esclave de quelqu'un [16]s'échappe à l'intérieur de la ville et [20]qu'il (*sc.* le « quelqu'un ») prouve [19]qu'il (*sc.* l'esclave) réside [18]depuis un mois [17]dans la maison de quelqu'un (d'autre), [22]il (*sc.* l'autre) donnera [21]tête pour tête. [23]Si [24]il n'a pas une (telle) tête, [2]il paiera [1]15 sicles d'argent.

Le Code de Lipit-Ištar est rédigé – comme la plupart des codes anciens – selon le point de vue de l'homme libre, et les droits et devoirs discutés dans les paragraphes ci-dessus sont ceux des deux propriétaires de l'esclave, non ceux de l'esclave. Rien n'est dit du motif pour lequel l'esclave s'est enfui[2]. Mais la

1 Photographie chez Steele, AJA 52, pl. XLIII ; copie par Lutz, TTKY VI/13, pl. CVII (= texte 100).

2 Il est possible que l'esclave ait été maltraité, *cf.* la reconstitution que propose Roth pour la lacune « s » du Code de Hammourabi : "if he beats (?) him, they will not return him to his master" (*Law Collections*, p. 97).

forme verbale ba.zah$_2$ indique que l'affaire n'était initiée par aucun des deux lu$_2$ : l'ancien propriétaire a subi la perte ou la disparition d'un membre de sa maison. Le nouveau propriétaire, habitant de la même ville, profite de cette situation en employant l'esclave fugitif chez lui. Pour rétablir un rapport d'égalité entre les deux hommes libres, le nouveau propriétaire doit fournir une compensation à l'ancien propriétaire.

La précision ša$_3$.uru.ka « à l'intérieur de la ville » est importante pour distinguer le cas d'avec son alternative principale, une fuite de l'esclave au-delà des confins de la ville[3], dont les implications normatives sont évidemment très différentes[4]. Le délai d'un mois est connu d'autres collections de lois en tant que durée validant juridiquement l'appartenance d'un esclave à un autre foyer et s'y rencontre dans des contextes similaires[5].

Le remplacement de geme$_2$ et arad par le terme saĝ dans l'apodose est connu du rédacteur du Code d'Ur-Nammu[6]. Le choix de ce terme plus général et technique (également employé pour le bétail) soulève la question de savoir si l'équivalence exigée par la formule talionique saĝ saĝ.gin$_7$ se limite au sexe de l'esclave ou si l'équatif GIM comprend d'autres critères comme *e.g.* l'âge, la taille, la force ou les compétences éventuelles de la personne en question. Une définition plus précise serait essentielle pour déterminer sous quelles circonstances la partie accusée peut se référer à la clause supplémentaire « s'il

3 *V.* le Code d'Ur-Nammu § 17 pour la /geme/ ou le /arad/ qui « traverse les confins de sa ville » ki.sur.ra iri.na.ka ib$_2$.te.bala (TTKY VI/13, pl. CXXIX, col. iii, l. 3' et 4') et le Code de Hammourabi § 17 pour l'esclave saisi *ina ṣērim* « à la campagne » (éd. Bergmann, p. 6 l. 52). Le corpus hittite distingue jusqu'à cinq « zones » différentes, apparemment en réponse à l'expansion de l'empire, à savoir « proche » (§ 22*a*), « du côté proche » (= à l'intérieur) du fleuve (Halys) (§ 22*b*), « du côté loin » du fleuve (§ 22*c*), dans la province Louwiya (§ 23*a*) et à l'étranger (§ 23*b*), *v.* Hoffner, *Law of the Hittites*, p. 31-33.

4 La personne qui rapporte l'esclave reçoit normalement une petite somme d'argent comme récompense, fixée à deux sicles dans le § 17 Code d'Ur-Nammu, § 17 Code de Hammourabi et § 22*b* Lois hittites.

5 Dans les Lois d'Ešnunna § 50 – si on suit la correction de von Soden *ūmī eli* itud.1.kam *uššetiq=ma* „die Tage über einen Monat ... verstreichen l[äßt]" (AHw, p. 262) –, un mois est la durée maximale pour rendre un esclave fugitif avant de risquer une accusation de vol par le Palais. Dans le Code de Hammourabi § 278, l'expression itud-*šu lā imla=ma* « (avant que) son mois ne soit rempli » (éd. Bergmann, p. 32 l. 60) renvoie à une garantie contre les vices cachés après l'achat d'un esclave, très probablement contre l'épilepsie. Dans les Lois hittites § 24, *kuššan* itud.1.kam « le salaire d'un mois » – dans la version plus récente mu.1.kam « d'une année » – est le montant à payer par le foyer qui héberge un esclave fugitif (Hoffner, *Law of the Hittites*, p. 32*sq.*). *Cf.* également la précision ἐν ταῖς τριάκοντ' ἀμέραις dans une loi de Gortyne (IC IV.41, col. vii l. 16*sq.*) antérieure au Grand Code (qui lui-même prévoit col. vii l. 12*sq.* un délai de soixante jours : τᾶν ϝεκσέκοντ' ἀμερᾶν) et l'estimation du prix d'un esclave *in eo anno* et *in diebus triginta proximis* dans la *lex Aquilia*, discutée *infra* 4.3.

6 *V.* lugal saĝ.ĝa$_2$.ke$_4$ dans l'apodose du § 17 (TTKY VI/13, pl. CXXIX, col. iii l. 6').

n'a pas une (telle) tête » l. 23*sq.* et payer une somme d'argent au lieu de remplir l'obligation de sag̃ ... sum[7].

Le rédacteur de la loi ne précise pas non plus si le nouveau propriétaire doit rendre également, c'est-à-dire en plus de la « tête à donner », l'esclave qui s'est réfugié chez lui[8]. Si une telle obligation était contenue implicitement dans l'apodose, la disposition ne ferait plus partie des solutions talioniques à strictement parler : au lieu d'être le *gentlemen's agreement* de deux propriétaires d'esclaves, elle se rapprocherait quant à son message normatif de la référence au principe du talion dans le Deutéronome **19** 16-21, selon laquelle un accusateur mensonger est puni de la même peine que celle que sa victime aurait subie en cas de condamnation[9]. Mais une telle complication nous semble improbable dans un contexte qui est centré sur l'équatif .gin$_7$ et qui met l'accent sur la coopération et non la punition.

## 1.2. Code de Hammourabi

### 1.2.1 Esclave victime d'une maison mal construite : § 231

Stèle en provenance de Suse (fouilles françaises 1901-1902), conservée au Musée du Louvre sous le sigle Sb 8. — Datation : fin du règne de Hammourabi (1792-1750), Babylone. — Photographie chez Scheil, MDP 4, pl. XII (entre les p. 96 et 97). — Copie par Bergmann, *Codex Ḫammurabi*, p. 28. — Éditions consultées : Driver *et* Miles, *Babylonian Laws* II, p. 82 ; Roth, *Law collections*, p. 125.

Le paragraphe en question fait partie d'une suite de trois lois § 229-231 sur la responsabilité de l'architecte qui a construit une maison pour quelqu'un d'autre (*ana awīlim* e$_2$ *īpuš=ma*), sans la rendre assez solide (*šipiršu lā udannin=ma*) : la maison s'écroule[10]. Le § 229 précise la sanction dans le cas où la victime de l'accident est le propriétaire de la maison : l'architecte lui-même doit mourir. Le paragraphe suivant décrit la peine prévue si la victime est le fils du propriétaire : le fils de l'architecte doit mourir[11]. Le dernier paragraphe

7 Cette somme de 15 (ou 25) sicles est-elle avantageuse (un prix moyen) ou désavantageuse, *i.e.* un prix maximum qui *garantit* l'acquisition d'un esclave d'une valeur (au moins) égale (*cf.* la discussion de la *lex Aquilia infra* 4.3) ?

8 Dans ce sens *e.g.* Petschow, ZSS 90, p. 34*sq.* n. 66, suivant apparemment Goetze (*cf. infra* 1.3.2 sur le § 49 Lois d'Ešnunna).

9 Pour une analyse plus détaillée de ce passage, *v.* l'introduction et *infra* 3.4.

10 e$_2$ *īpušu imqut=ma* (écrit sur la stèle par erreur *im*-LU-*ut-ma*).

11 Sur cet exemple du talion pénal symétrique, limité au Code de Hammourabi et à ne pas confondre avec les formes non-talioniques de *vicarious punishment*, *v.* l'introduction.

concerne une autre catégorie des personnes dépendant du propriétaire de la maison :

Sb 8, *verso*, col. xix

77 *šum-ma* arad$_2$ *be-el* e$_2$
78 *uš-ta-mi-it*
79 arad$_2$ *ki-ma* arad$_2$
80 *a-na be-el* e$_2$
81 *i-na-ad-di-in* [Notes philologiques p. 90*sq*.]

[77]Si [78]il fait mourir [77]un esclave du propriétaire de la maison, [81]il donnera [79]esclave pour esclave [80]au propriétaire de la maison.

Bien que l'apodose l. 79-81 de ce paragraphe se lise presque comme une traduction en akkadien de la loi précédemment discutée, la situation est différente, et elle est moins difficile à interpréter : la perte de l'esclave est cette fois définitive (*uštamīt*), et le destinataire de l'esclave « à donner » est nommé explicitement dans une ligne à part – *ana bēl bītim* (l. 80) –, ce qui permet de relier l'apodose à la protase. La rédaction se montre également plus rigoureuse sur le plan terminologique, le sujet de la formule talionique « esclave pour esclave » renvoyant littéralement au sujet de la protase, arad$_2$.

Le contraste, surprenant à première vue, entre le talion pénal symétrique du paragraphe précédent et la variation réparatrice du talion dans le présent paragraphe s'explique par la différence qui existe entre la classe des hommes libres, père et fils, et celle des esclaves : dans le cas du § 230 *šumma* dumu *bēl* e$_2$ *uštamīt*, un remplacement du fils du propriétaire par le fils d'une autre famille libre, *e.g.* celle de l'architecte, causerait une confusion dans l'organisation « verticale » de la famille qui sert, entre autres, de garant à l'autorité familiale du père vis-à-vis ses fils et à la transmission contrôlée des biens après la mort du père.

La situation du § 231 est différente parce qu'un esclave se définit non à partir de son père naturel[12], mais principalement à partir de son service et son maître, ce qui le rend, contrairement au fils, immédiatement et facilement remplaçable. Une solution réparatrice est d'ailleurs non seulement dans l'intérêt du *bēl bītim*, qui reçoit le même service par un autre esclave, mais aussi dans l'intérêt de l'architecte, dans la mesure où tous les membres de la classe des hommes libres ont un intérêt commun à conserver (et non à réduire)

12 La principale référence généalogique pour l'esclave n'est pas le père, qui restait sans doute souvent inconnu, mais la mère, *v.* Mendelsohn, *Slavery*, p. 52 pour des servantes "promiscuously mated with the male slaves" et Helk sur „eigene Sklavinnenhäuser … in denen Nachwuchs ‚produziert' wurde" (LÄ, col. 985).

le nombre des personnes qui sont à leur service. Le « sacrifice » du fils de l'architecte au § 230, en revanche, présente l'avantage de donner aux parties qui s'opposent une chance égale de remplacer leurs fils par eux-mêmes à l'avenir (*i.e.* en les procréant)[13].

Le choix du terme arad$_2$ peut donner l'impression que la disposition renvoie exclusivement à l'esclave masculin, ce qui serait un indice sûr de ce que l'équivalence exigée par *kīma* comprend d'autres critères que le sexe. Néanmoins, il est très probable que la forme masculine couvre implicitement aussi la geme$_2$ selon un modèle inclusif[14]. La présence de *kīma* semble en revanche exclure que le propriétaire reçoive une geme$_2$ pour son arad (ou *vice versa*).

On aimerait également savoir si l'absence d'une clause supplémentaire d'après le modèle de tukum.bi saĝ nu.tuku Code de Lipit-Ištar signifie que le législateur hammurabien veut interdire catégoriquement l'alternative d'une compensation en argent ou si l'architecte peut acheter un esclave jugé équivalent sur le marché et le donner par la suite au propriétaire de la maison en tant que remplacement : le rédacteur ne précise pas qu' « il donnera l'un de *ses* esclaves », peut-être soucieux de garder la balance qui existe entre les deux éléments de la formule talionique arad$_2$ *kīma* arad$_2$.

### 1.2.2 Esclave victime d'une intervention médicale : § 219

Même source que le paragraphe précédent. — Copie par Bergmann, *Codex Ḫammurabi*, p. 27. — Éditions consultées : Driver *et* Miles, *Babylonian Laws* II, p. 80 ; Roth, *Law collections*, p. 123.

Sb 8, *verso*, col. xviii

84 *šum-ma* a.zu *sí-ma-am kab-tam*
85 arad$_2$ maš.ka$_{15}$:en
86 *i-na* gir$_2$.zal zabar
87 *i-pu-uš-ma uš-ta-mi-it*
88 arad$_2$ *ki-ma* arad$_2$ *i-ri-ab* [Notes philologiques p. 91*sq.*]

[84]Si un médecin [87]fait [84]une plaie profonde [85]à l'esclave d'un *muškēnum* [86]avec une lancette de bronze [87]et cause (sa) mort, [88]il compensera esclave pour esclave.

---

13 Il faut faire abstraction de l'idée (moderne) qu'un enfant est irremplaçable pour comprendre ce raisonnement, *cf.* la conclusion.

14 Le législateur sous-entend-il également une inclusion de dumu.munus dans dumu au paragraphe précédent § 230 ?

La situation décrite par la loi est très semblable à celle du § 231, et non seulement le deuxième, mais également le premier verbe de la protase (*epēšum*) sont identiques, bien qu'il s'agisse cette fois de la responsabilité professionnelle d'un médecin et non de la construction d'une maison[15]. Malgré la difficulté de préciser le rôle et la place d'un *muškēnum* dans la société babylonienne par rapport à un *awīlum*, il devrait être clair que ses attentes en tant que maître d'esclaves ne sont pas différentes de celles du propriétaire de la maison du § 231[16].

La différence la plus intéressante est probablement le choix du verbe *riābum* à la place de *nadānum* à la fin de l'apodose. Une entrée comme ba.an.sum ≈ *i-ri-ib* dans le vocabulaire juridique de la série *ḪAR-ra* >> *ḫubullu*[17] peut donner l'impression que les deux termes sont quasiment synonymes ; néanmoins, il faut tenir compte du fait que le sens « donner » de *nadānum* est en quelque sorte compris dans *riābum* – un peu comme "to pay" est compris dans "to repay"[18] – et que *riābum* contient en plus l'idée de la *re*stitution (d'où la traduction plus fidèle par $sug_6$)[19], qui renvoie dans le contexte de l'apodose à la deuxième partie de la formule talionique $arad_2$ *kīma* $arad_2$ et accentue son sens *pre*scriptif « donner un esclave *pour* un esclave perdu » à côté de son sens *de*scriptif « donner un esclave *comme* (valait) l'esclave perdu ». La notion de *riābum* semble ainsi particulièrement bien correspondre (et mieux que *nadānum*) à l'idée normative, *i.e.* celle d'une restitution à l'identique, que le législateur essaie d'exprimer[20].

---

15 L'emploi de *epēšum* dans *simmam … īpuš* « il a fait une plaie » § 219 est plus attendu que dans *bītam īpuš* « il a fait une maison » § 231, parce que d'autres expressions, plus positives, existent pour « construire une maison », au moins en babylonien, *e.g.* *bânum* (AHw, p. 103).

16 Selon le peu qu'on en sait, les *muškēnū* ne sont pas des inférieurs au sens d'esclaves. *Cf.* la description de l'équivalent dans le Code de Gortyne (les ἀπέταιροι) par Willetts, *Laws of Gortyn*, p. 12 : "They were politically inferior since they did not enjoy the full status of free citizens, but they must have enjoyed a relatively free economic status, to the extent at least that they were neither bondsmen nor chattel slaves."

17 Première tablette n° 375 (MSL V, p. 41).

18 Sur "to repay", *v.* la note philologique à la l. 88 ; sur "to pay" comme une traduction de SUM ≈ *nadānum* ≈ *pāi*, *v.* EDHIL, p. 614-616 (avec un rapprochement de *pāi* et l'allemand „geb[en]" *in fine*). À noter que les verbes "to pay" et « payer », en revanche, ne dérivent pas de *pāi*, mais de *pacare* « pacifier » (*sc.* le créancier, en le payant ; *cf. infra* 4.3, note philologique à *pacto* § 13).

19 SU $sug_6$ ≈ *riābum* ou *apālum* « répondre » (litt. „später tun" AHw, p. 56) : "to repay a loan, to replace" (PSD).

20 Contrairement à ce que pourrait suggérer la comparaison avec ריב "strife, quarrel" (BDB, p. 936), l'idée du « retournement » décrite par *riābum* n'est pas prédéterminée quant à sa source (donner du bien ou du mal) ni quant à sa réponse (rendre du bien ou du mal) : il est parfaitement possible, par exemple, de « répondre » à la méchanceté des autres avec de la gentillesse, *v.* les exemples CAD R, p. 54*sq.* "2." et AHw, p. 978.

### 1.2.3 Bœuf mal gardé : Code de Hammourabi § 245

Même source que les paragraphes précédents. — Photographie chez Scheil, MDP 4, pl. XIII. — Copie par Bergmann, *Codex Ḫammurabi*, p. 29*sq.* — Éditions consultées : Driver *et* Miles, *Babylonian Laws* II, p. 86 ; Roth, *Law collections*, p. 127.

Sb 8, *verso*, col. xxi

6 *šum-ma a-wi-lum*
7 gu$_4$ *i-gur-ma*
8 *i-na me-gu-tim*
9 *ù lu i-na ma-ḫa-*
*-ṣí-im*
10 *uš-ta-mi-it*
11 gu$_4$ *ki-ma* gu$_4$
12 *a-na be-el* gu$_4$
13 *i-ri-a-ab*

[Notes philologiques p. 92]

[6]Si quelqu'un [7]loue un bœuf et [10]cause (sa) mort [8]par le fait de (l')exploiter (trop) [9]ou par des coups, [13]il compensera [11]bœuf pour bœuf [12]au propriétaire du bœuf.

La situation a légèrement changé par rapport aux § 219 (médecin) et § 231 (architecte). La relation entre la partie qui est responsable de la perte et l'élément perdu s'est encore intensifiée : pour la première fois, ce n'est plus le propriétaire du bien en question qui donne de l'argent (pour se faire construire une maison, pour faire soigner son esclave), mais la partie qui voulait profiter du bien sans en être le propriétaire[21]. L'obligation de restituer l'élément s'en trouve par conséquent encore renforcée.

Dans la logique des codes, le changement du sujet de la formule talionique au « bœuf » gu$_4$ *kīma* gu$_4$ – auparavant arad$_2$ *kīma* arad$_2$ – n'est pas exceptionnel ni même surprenant, étant donné que les esclaves et le bétail se trouvent fréquemment cités côte à côte dans les listes de biens[22]. La différence qui compte d'un point de vue juridique est non celle qui existe entre homme et bête, mais celle qui existe entre les acteurs qui sont supposés servir (l'esclave et le bœuf) et ceux qui sont supposés être servis (le maître et le propriétaire).

---

21 En théorie, on assume une certaine primauté du bien loué sur le montant du loyer (en particulier s'il s'agit d'un être vivant), même s'il est en pratique fort possible que le *bēl* du bien profite de l'*awīlum* (et non l'inverse) quand il reçoit une valeur moins « périssable » et plus facile à échanger contre d'autres biens que le bœuf (*i.e.* de l'argent).

22 *Cf.* pour des biens exemplaires et leur hiérarchie (relative) la protase du § 7 (éd. Bergmann, p. 4 l. 42-47) : *lū* ku$_3$.babbar *lū* ku$_3$.sig$_{17}$ *lū* geme$_2$ *lū* arad$_2$ *lū* gu$_4$ *lū* udu *lū* anše *ū lū mimma šumšu* (pour le signe ANŠE l. 46, *v.* Mittermayer, *Entwicklung der Tierkopfzeichen*, p. 35).

Le verbe *riābum* est de nouveau choisi comme verbe de l'apodose. De plus, le rédacteur a décidé – comme au § 231, où le verbe employé pour compléter la formule talionique était encore *nadānum* – d'ajouter, dans une ligne à part, une référence explicite au destinataire de la bête jugée équivalente pour créer un lien explicite avec la protase : le « bœuf » de *ana bēl* gu$_4$ l. 12 est non seulement littéralement, mais *substantiellement* identique au *alpum* de la l. 7. Sous cette forme, l'apodose donne l'impression de représenter déjà de manière complète et assez précise la variante réparatrice du talion.

### 1.2.4 Bœuf ou mouton mal gardé : Code de Hammourabi § 263

Même source que les paragraphes précédents. — Photographie chez Scheil, MDP 4, pl. XV (entre les p. 128 et 129). — Copie par Bergmann, *Codex Ḫammurabi*, p. 31. — Éditions consultées : Driver *et* Miles, *Babylonian Laws* II, p. 90 ; Roth, *Law collections*, p. 129.

Sb 8, *verso*, col. xxii [PLANCHE I]

37 *šum-m*[*a* gu$_4$]
*ù lu* [udu]
38 *ša in-na-ad-nu-*[*šum*]
39 *úḫ-ta-al-li-*[*iq*]
40 gu$_4$ *ki-m*[*a* gu$_4$]
41 udu *ki-ma* [udu]
42 *a-na be-lí-*[*šu*]
43 *i-ri-a-*[*ab*] [Notes philologiques p. 92*sq.*]

[37]Si [39]il laisse échapper [37]un bœuf ou un mouton [38]qui lui avait été donné, [43]il compensera [40]bœuf pour bœuf, [41]mouton pour mouton, [42]à son propriétaire.

Malgré le mauvais état de la stèle et la nécessité de reconstituer plusieurs signes d'après le contexte, le paragraphe ci-dessus est suffisamment clair pour servir de conclusion à la discussion de la variante réparatrice du talion dans le Code de Hammourabi. La logique de *nadānum* entre les parties opposées s'est maintenant renversée : le terme n'est plus employé pour décrire l'action de la partie accusée dans l'apodose comme au § 231, mais se réfère au contraire, dans une clause subordonnée de la protase, avec le sens différent de « confier », à l'action libre du *bēl* du bien en question, qui est à l'origine de la dispute. En tant que verbes principaux de la protase et de l'apodose, on trouve les racines *ḫlq* et *r'b*, dont la juxtaposition crée une symétrie quasiment parfaite sur le plan terminologique, si l'on adopte les traductions proposées par von Soden „Verlust verschulden“ et „Verlust ersetzen“[23].

Une entrée de la série *ana ittišu*, reprise en grande partie dans la série *ḪAR-ra >> ḫubullu*, montre que l'accident mortel décrit dans les § 219, 231 et 245 par *uštamīt* et la perte exprimée dans le présent paragraphe par *uḫtalliq* sont en réalité deux variantes d'un seul et même cas, où le concept de /zah/, connu du Code de Lipit-Ištar § 12, sert de terme intermédiaire et doublement synonyme afin de lier l'option la plus grave, la perte définitive par la mort (ba.uš$_2$), à une option moins grave, une perte temporaire par la fuite, qui s'exprime également, et de façon moins ambiguë, par u$_2$.gu$_3$—de$_2$ ou la forme N *nābutum*[24]. Le fait que cet exemple porte non sur le bétail mais sur l'esclave souligne en outre que les deux êtres animés sont plus ou moins interchangeables comme objet d'une formule de réparation selon le principe du talion – à la fois quant à la possibilité de les « confier » ou « louer » à une autre personne afin d'en tirer un profit[25] et quant à leur tendance à « s'enfuir ».

Comme dans les paragraphes du Code de Hammourabi précédemment discutés, mais à la différence du Code de Lipit-Ištar § 12, la formule talionique gu$_4$ *kīm[a* gu$_4$] udu *kīma* [udu] renvoie littéralement aux deux éléments de la protase au lieu de les abréger sous un terme plus général. Bien entendu, l'absence d'un élément de disjonction entre la fin de la l. 40 et le début de la l. 41 ne signifie pas que le berger doive compenser un bœuf *et* un mouton dans le cas où il a causé la perte d'un bœuf *ou* d'un mouton. Par contre, un pluriel sur le plan quantitatif, comme *e.g.* 'deux moutons pour deux moutons', ou sur le plan qualitatif, 'un grand et un petit moutons pour un grand et un petit moutons', est non seulement possible, mais implicitement requis, si on veut appliquer strictement la préposition *kīma*. Dans cette perspective, on pourrait se demander si la formule ne se réfère pas en réalité à un concept plus large $x_1 : x_1, x_2 : x_2 \ldots x_z : x_z$ avec deux espèces d'animaux représentatives $x_1$ et $x_2$[26]. L'apodose se rapprocherait ainsi de l'expression biblique « œil pour œil, dent pour dent », dont elle serait une première manifestation écrite[27], même si le

---

23 *V.* AHw, p. 310 (pour *ḫllq*) et p. 978 (pour *r'b*).

24 *Cf.* MSL I, p. 103 (tablette n° 7, col. iv, l. 16-22) avec MSL V, p. 39 (n° 364-366) : « s'il » (1) ba.uš$_2$ (2) ba.an.zah$_2$ (3) u$_2$.gu$_3$ ba.an.de$_2$.e [*var. ana ittišu* : ugu bi.an.de$_2$.e] ≈ « s'il » (1') *im-tu-ut* (2') *iḫ-ta-li-iq* [*var. -liq*] (3') *it-ta-bi-it* [*var. -ba-ta*]. Les deux séries partagent encore comme quatrième option une forme de *naparkûm* (« s'il arrête de travailler »), *ana ittišu* ajoute une forme de *marāṣum* (« s'il tombe malade »).

25 *Cf.* la formulation parallèle *šumma awīlum arda īgur=ma* MSL I, p. 103 l. 13-15 et *šumma awīlum* gu$_4$ *īgur=ma* § 245 Code de Hammourabi ; pour lu$_2$~huĝ~a, le „Mietling“, *cf.* Lautner, *Personenmiete*, p. 43.

26 Le candidat pour $x_3$ serait l'âne, *cf. lū* gu$_4$ *lū* udu *lū* anše § 7 (cité dans la section précédente 1.2.3).

27 Contrairement à ce que semble suggérer Alt, ZAW 52, p. 303 – „und vor allem unterbleibt da [*sc.* Exode **21** 36 שׁוֹר תַּחַת הַשּׁוֹר, le parallèle biblique du § 263 Code de Hammourabi] auch

cadre thématique est le bétail confié à un berger et la solution normative proposée par le législateur la variante réparatrice du talion.

## 1.3. Lois d'Ešnunna

### 1.3.1 Servante illégalement retenue : § 23

Tablette à deux colonnes en provenance de Tell Ḫarmal dans la banlieue de Bagdad (ancienne Šaduppum), trouvée "as early as the first season in 1945" (Goetze, *Sumer* 4, p. 65) et conservée à l'*Iraq Museum* sous le n° 51059. — Datation : plus vieux que l'autre témoin (« B ») qui date du règne de Daduša, roi d'Ešnunna jusqu'à 1779[28]. — Photographie chez Goetze, *Laws of Ešnunna*, pl. I. — Copie par Goetze, *Sumer* 4, p. 98 (reprise dans Goetze, *Laws of Ešnunna*, p. 189). — Sigle : A. — Éditions consultées : Goetze, *Laws of Ešnunna*, p. 68 ; Yaron, *Laws of Ešnunna*, p. 56 ; Roth, *Law collections*, p. 62.

IM 51059, *recto*, col. ii

19 *šum-ma* lu$_2$ *e-li* lu$_2$ *[m]i-im-ma la i-šu-ma*
20 geme$_2$ lu$_2$ *it-t[e-p]é ni-pu-tam i-na* e$_2$*-šu ik-la-ma*
21 *uš-ta-mi-it* 2 geme$_2$ *a-na be-el* geme$_2$ *i-ri-ab* [Notes p. 93*sq.*]

[19]Si un homme n'a aucune créance sur un (autre) homme mais [20]prend comme garantie la servante de celui-ci, retient le gage dans sa maison et [20](la) fait mourir, [21]il compensera deux servantes au propriétaire de la servante.

La pratique de prendre temporairement[29] en gage la servante d'un débiteur comme moyen de pression pour que les dettes soient payées est bien connue. Ce qui surprend dans la protase du paragraphe est plutôt l'ordre des événements : si *nepûm* désigne vraiment l'action d' « amener la servante du débiteur chez soi », l'infixe *-ta-* devrait exprimer ici – et dans la protase du § 114 Code de Hammourabi qui suit le même modèle –, de façon plutôt surprenante, l'idée de l'*antériorité* par rapport à *išûm*, puisqu'on ne voit pas comment le créancier pourrait encore réclamer une servante comme garantie, s'il a déjà été intégralement remboursé par le débiteur. Le sens précis de *ikla* serait alors « (s')il *continue de* retenir la garantie », et le tournant décisif *uštamīt* s'appliquerait

die Bildung einer ganzen Reihe gleichartiger Glieder nach Analogie der Talionsformel" –, une formule complète du talion (*i.e.* avec un verbe) n'est donc pas incompatible avec une multiplication, en théorie illimitée, des objets *x*.

28 *V.* van Koppen *et* Lacambre, JEOL 41, p. 175.

29 Pour une indication de la durée (entre cinq jours et cinq mois) et le fait que la garantie est presque toujours une femme, *v.* Goetze, *Laws of Ešnunna*, p. 71*sq.*

exclusivement à la période « illégale » de la détention, *i.e.* lorsque débiteur et créancier sont déjà quittes.

Comme dans la majorité des cas discutés dans le Code de Hammourabi, l'apodose est construite à partir du verbe *riābum*, et elle contient également un rappel explicite du destinataire *ana bēl* geme$_2$, qui devient, strictement dit, obsolète au moment de son application, puisque le débiteur cesse d'être le « maître de la servante », au moins de la servante en question. À la place d'une formule talionique comme geme$_2$ *kīma* geme$_2$, on trouve l'expression « 2 geme$_2$» comme objet direct de *riābum* ; cette façon de s'exprimer au moyen d'un chiffre reflète peut-être la pratique de commander « 2 » servantes sur le marché des esclaves et laisse peu de doute sur le fait que le créancier doit rendre deux « autres » servantes, vivantes et différentes de la servante décédée[30].

Malgré la focalisation du texte sur les calculs, le principe du talion est implicitement présent dans la mesure où la geme$_2$ de la protase reste la référence principale pour l'obligation exprimée dans l'apodose : si l'on essayait de retraduire l'expression « 2 geme$_2$ » dans le langage du talion, elle équivaudrait à la formule *geme$_2$ *kīma* geme$_2$ *kīma* geme$_2$ avec le sens « deux servantes, une servante *comme* l'autre, *pour* la servante en question ». Une composante pénale[31], la première geme$_2$, s'ajouterait à une composante réparatrice, la deuxième geme$_2$, mais toutes les deux se réfèreraient de manière talionique à la geme$_2$ de base (la troisième), la deuxième selon le principe de la variante réparatrice du talion (geme$_2$ *kīma* geme$_2$) et la première selon une simple équivalence avec la deuxième (ainsi que la troisième) geme$_2$. Le législateur n'envisage ni la possibilité de restituer un arad qui ait la valeur d'une (ou de deux ou d'une demi) geme$_2$, ni le paiement d'une somme d'argent.

### 1.3.2 Découverte d'un esclave ou d'une servante volé(e) : § 49

Tablette à deux colonnes découverte "during the third season at Harmal in 1947" (Goetze, *Sumer* 4, p. 64), conservée à l'*Iraq Museum* sous le n° 52614. — Sur la datation, *v.* 1.3.1. — Photographie chez Goetze, *Laws of Ešnunna*, pl. IV. — Copie par Goetze, *Sumer* 4, p. 95 (reprise dans Goetze, *Laws of Ešnunna*, p. 197). — Sigle : B. —

30 Au vu de la formule *apūn arnuzi* dans le corpus hittite, on peut se demander si le créancier n'est pas obligé de rendre *en plus* de « 2 servantes » la servante dont il vient de causer la mort, *v. infra* 1.4.3.

31 Cette composante ne doit pas être confondue avec le talion pénal symétrique, selon lequel une geme$_2$ du créancier est à tuer (et non à rendre au débiteur en plus de la geme$_2$ de substitution), *cf.* Daube, *Studies*, p. 132 sur le caractère civil d'une restitution multiple : "Even there, however, while admitting the presence, or even predominance, of the idea of punishment, I do not think that we are entitled to infer that the purpose of compensation is entirely absent."

Éditions consultées : Goetze, *Laws of Ešnunna*, p. 124 ; Yaron, *Laws of Ešnunna*, p. 72 ; Roth, *Law collections*, p. 66.

IM 52614, *verso*, col. ii (= iv)

4 *šum-ma* lu$_2$ *i-na* saĝ.ir$_3$ *šar-qí-im* geme$_2$ *ša-ri-iq-tim*
5 *it-ta-aṣ-ba-at* saĝ.ir$_3$ saĝ.ir$_3$ geme$_2$ geme$_2$ *i-re-ed-de*

[4]Si un homme [5]est saisi [4]en possession d'un esclave volé (ou) d'une esclave volée, [5]il rendra esclave (plus) esclave (ou) servante (plus) servante.

La situation décrite dans le présent paragraphe évoque celle du § 12 Code de Lipit-Ištar qui porte sur la fuite d'un esclave dans une autre maison. Toutefois, l'esclave n'est plus le sujet qui a lui-même initié sa fuite, mais l'objet d'un « vol » ; même si on ne voit pas comment ce « vol » peut avoir lieu sans la collaboration de l'esclave, l'accent est mis dès le début – par la formulation *šumma* lu$_2$ – sur la responsabilité du propriétaire et son devoir d'établir l'origine légitime de tous ses esclaves.

Le contenu de l'apodose, en ce qui concerne la disjonction selon le sexe entre l'esclave et la servante et la demande d'une double restitution, est relativement clair : le propriétaire doit rendre la personne qui ne lui appartient pas chez son ancien maître et livrer en plus – comme au § 23 précédemment discuté – une deuxième « tête » qui équivaut (au moins selon le sexe) à l'esclave en question[32]. La difficulté consiste plutôt dans l'interprétation du redoublement des logogrammes : la tentative par Goetze de rapprocher l'expression saĝ.ir$_3$ saĝ.ir$_3$ de la formule saĝ saĝ.gin$_7$ du Code de Lipit-Ištar § 12[33] est problématique dans la mesure où la postposition .gin$_7$ (ou son équivalent en akkadien) n'est pas présente dans le texte et – si elle était présente – n'aurait pas le même sens : dans une reformulation théorique *saĝ *kīma* saĝ *kīma* saĝ, le *kīma* restitué prendrait la place du premier *kīma*, alors que le .gin$_7$ construit avec sum du Code de Lipit-Ištar prend celle du deuxième.

L'interprétation alternative des logogrammes selon l'expression paléo-assyrienne *ana kār kār=ma*, une autre hypothèse de Goetze proposée dans son

32 La demande d'une simple restitution serait en tout cas une réponse inadéquate à un « vol » (et inconnue du droit ancien), *cf.* Piatelli, *Israel Law Review* 29, p. 65.

33 Goetze, *Laws of Ešnunna*, p. 131 n. 21 : "sag.sag-gim seems to correspond to our sag.ìr sag.ìr gemé gemé" ; à noter que Goetze interprétait la loi du Code de Lipit-Ištar encore dans le même sens que le § 49 Lois d'Ešnunna – "The contexts make it clear that the owner of the run-away slave receives, in addition to his own, another slave" (*ibid.* p. 130*sq.*) –, ce qui est pourtant exclu par la grammaire : gin$_7$(.nam) exprime l'idée de "just as" seulement "after a finite verb" et dans un sens temporel, *v.* SL § 218.

édition de 1956[34], n'est pas non plus entièrement satisfaisante : outre l'absence inexpliquée de =*ma* (deux fois) et la construction différente avec *qabûm* (auquel *kārum* se réfère seulement indirectement) à la place de *redûm* (dont saĝ.ir$_3$ est l'objet direct)[35], une application conséquente de ce modèle impliquerait que la dualité explicite $x_1$ $x_2$=*ma* « esclave (par) esclave » se réfère implicitement à une pluralité $x_1$ $x_2$ ... $x_z$=*ma* « esclave (par) esclave (par) esclave ... » au sens de « chaque esclave ». Selon ce modèle, le propriétaire devrait rendre seulement *un* esclave pour « chaque » esclave volé.

Il est vrai que la lecture intuitive, un double accusatif *wardam wardam*, suprend, si on compare le § 23, où la même sanction est déjà exprimée de manière différente et plus économique avec deux clous à la place de deux logogrammes. Néanmoins, le choix de saĝ.ir$_3$ saĝ.ir$_3$ au lieu de « 2 saĝ.ir$_3$ » pourrait s'expliquer par la complexité du cas dans le présent contexte. Si l'interprétation de l'apodose présentée ci-dessus est correcte, le rédacteur était obligé de codifier simultanément la disjonction entre saĝ.ir$_3$ et geme$_2$ et l'idée que l'esclave volé(e) est inclus(e) dans les « deux » esclaves à donner. Pour réussir cette tâche difficile, il aurait opté – au lieu d'une quantification par un chiffre, potentiellement ambiguë – pour la solution la plus sûre, une réduplication des logogrammes.

### 1.3.3 Adoption d'un enfant appartenant au Palais : § 35 Lois d'Ešnunna

Même témoin (« A ») que pour le § 23 discuté *supra* 1.3.1. — Photographie chez Goetze, *Laws of Ešnunna*, pl. I. — Copie par Goetze, *Sumer* 4, p. 99 (= *id.*, *Laws of Ešnunna*, p. 190). — Un deuxième témoin sur la tablette du § 49 discuté *supra* 1.3.2 (« B »), *recto,* col. ii l. 22*sq.* (copie par Goetze, *Laws of Ešnunna*, p. 195). — Éditions consultées : Goetze, *Laws of Ešnunna*, p. 91 ; Yaron, *Laws of Ešnunna*, p. 64 ; Roth, *Law collections*, p. 64.

Le paragraphe ci-dessous vient à la suite d'une loi (§ 34) sur le droit du Palais à réclamer un enfant, fils ou fille, qui a été donné par une servante appartenant au Palais à un *muškēnum ana tarbītim* « afin de (l')élever »[36] :

---

34 Goetze évoque ici (p. 127) sa thèse, nouvelle par rapport à la première édition, selon laquelle les logogrammes se trouvent en réalité "in the absolute state" *warad warad amat amat* "much like, *e.g.* in the Old Assyrian [a-na] kà-ar kà-ar-ma 'to *kārum* by *kārum*; every single *kārum*'" (se référant à BIN VI.120 l. 4).

35 *Cf.* BIN VI.8 l. 3-6 : *ana kār kār=ma ali Ikuppāša takaššadāni qibi=ma* « Dis à chaque comptoir où vous rencontrez I. ».

36 *Nomen actionis* sur le modèle *taprīst* à partir de la forme D de *rabûm* au sens de „Kinder großziehen" (AHw, p. 939) „vergegenständlichte Bedeutung nur vereinzelt" (GAG § 56*l*) : à traduire avec *ana* alors de façon abstraite « pour (son) éducation » plutôt que de façon

IM 51059, *verso*, col. i (= iii)

12 … *ù le-[q]ú-ú ša* dum[u g]eme$_2$ e$_2$.gal-*lim*
13 [*i*]*l-qú-ú me-ḫe-er-šu a-na* e$_2$.gal-*lim i-ri-a-*[*a*]*b* [Notes p. 95]

[12]… et celui qui [13]adopte [12]l'enfant d'une servante du Palais [13]compensera son équivalent au Palais.

Dans ce petit ajout au § 34[37], le législateur d'Ešnunna propose pour la première (et la dernière) fois explicitement la variante réparatrice du talion comme solution normative : contrairement aux parents auxquels un enfant était confié seulement *ana tarbītim* « afin de le rendre grand »[38], les parents qui ont officiellement adopté un enfant appartenant auparavant à une mère-*amtum* du Palais[39] peuvent le garder à condition de fournir un remplacement. L'idée de l'équivalence est clairement exprimée par le substantif *meḫrum*, et le lien avec le sujet de la protase (dumu) est établi par le pronom enclitique *-šu*, qui joue ici le rôle d'un *kīma* sous-entendu, comme l'avait déjà remarqué Goetze[40].

On ne voit pas tout de suite pourquoi le rédacteur préfère la tournure abstraite « son équivalent » pour exprimer la variante réparatrice du talion, au lieu de choisir une formule plus longue et traditionnelle comme dumu *kīma* dumu, qui est attestée avec *irīab* et avec une annonce explicite du destinataire par *ana* (comme ici *ana* e$_2$.gal-*lim*). Outre qu'une telle formule aurait pu créer des confusions quant à l'appartenance de l'enfant – les parents ne donne-

concrète « en tant que fils adopté » ; *cf.* l'emploi § 188 l. 55 et § 189 l. 62 Code de Hammourabi (éd. Bergmann, p. 25).

37 Pour bien marquer le changement du sujet, Roth traduit *u* par "however", *v. ead.*, *Law collections*, p. 69 n. 13 sur ses raisons pour favoriser cette interprétation sur le plan juridique. Mais cette solution est aussi la seule qui convainc grammaticalement, puisque la conjonction *u* n'est pas si ambiguë que Roth la présente *ibid.*, *cf.* CDA, p. 417 pour *u* "between clauses, with nuance 'moreover'" et surtout GAG § 117*b* : *u* „stell[e] ... zwischen den durch es verbundenen Sätzen keinen logischen Zusammenhang her". Il est en conséquence exclu que le § 35 fasse partie intégrante du § 34 (*contra* San Nicolò, *Or* 18, p. 261 et Yaron, *Laws of Ešnunna*, p. 168*sq.*).

38 Vu l'étymologie du$_2$ « donner naissance » + mu$_2$ « pousser » (proposée, de façon spéculative, par Halloran, SLex, p. 50), il serait assez naturel qu'un dumu soit à rendre au plus tard quand il a arrêté de /mu/ « grandir ».

39 L'hypothèse de Goetze, *Laws of Ešnunna*, p. 96 d'une adoption *bona fide* "granted only when the adoptant … was unaware of the fact that the child's mother disposed of a child" est intéressante, mais elle relève peut-être d'une approche trop moderne et positiviste qui néglige l'importance de la 'situation typique' en faveur d'une catégorie abstraite du droit comme l'intention (*cf. infra* 2.4, note sur *mḫṣ* et נגף).

40 "With the added pronominal suffix *-šu* [*meḫrum*] then means 'a person/thing like him/it'" (Goetze, *Laws of Ešnunna*, p. 66). Toutefois, le suffixe masculin n'exclut pas forcément que l'expression se réfère aussi à la « fille » dumu(.munus) comme au paragraphe précédent.

ront certainement pas l'un de leurs propres enfants pour pouvoir garder le « nouvel » enfant –, il semble que le Palais n'ait pas intérêt à mettre trop l'accent sur l'idée de l'équivalence : il est évident que l'institution préfère recevoir non le nourrisson que le dumu était au moment de son adoption, mais une personne qui ressemble à l'adolescent ou l'adulte que l'enfant est devenu au moment de l'application de la loi[41]. Cette interprétation pourrait également expliquer pourquoi la disposition s'ajoute au paragraphe précédent avec un simple *u* au lieu de *šumma* : il s'agit en réalité de deux variations qui mènent au même résultat, au moins du point de vue du Palais.

## 1.4. Lois hittites

### 1.4.1 Homme libre nourri pendant une « année de faim » : § 172

Tablette à deux colonnes provenant des fouilles allemandes à Boğazköy (Bo 2015), mais seulement conservée sous forme d'une photographie gardée au *Vorderasiatisches Museum* à Berlin, reproduite chez Hoffner, *Laws of the Hittites*, pl. 7. — Écriture *New Hittite*. — Copie par Hrozný, KBo VI.26, p. 58 („nach einer Photographie"). — Sigle : p (« j » selon la nomenclature ancienne). — Éditions consultées : Friedrich, *Hethitische Gesetze*, p. 76 ; Hoffner, *Laws of the Hittites*, p. 137*sq.*

KBo VI.26, *recto*, col. ii

9 *ták-ku* lu$_2$ *el-lam ki-iš-du-wa-an-ti* mu.kam-*ti ku-iš-ki*
10 *hu-iš-nu-zi ta pu-uḫ-šu pa-a-i* [Notes p. 96]

[9]Si quelqu'un [10]sauve la vie d' [9]un homme libre pendant une année de faim, [10]qu'il donne son équivalent.

Dans ce court paragraphe de la deuxième série de la collection hittite, la variante réparatrice du talion est exprimée de façon abstraite comme au § 35 Lois d'Ešnunna précédemment discuté ; mais à la place de *meḫeršu* et *riābum*, on rencontre maintenant l'équivalent hittite de *nadānum* combiné avec *pūḫšu* comme choix terminologique du législateur. Même si la formulation ešnunnéenne semble être plus élégante et plus précise que la simple demande de « donner quelqu'un en échange de soi-même », les deux expressions semblent

41 *Cf.* Goetze, *Laws of Ešnunna*, p. 96 pour la même approche : "The palace is obviously not interested in the individual child; it is interested only in maintaining its reserve of manpower".

être plus ou moins synonymes[42]. L'idée de Friedrich, selon laquelle l'apodose se réfère seulement à l'obligation de restituer la totalité des denrées consommées pendant l'« année de faim »[43], a été abandonnée par la plupart des commentateurs en faveur d'une interprétation de *pūḫum* comme une référence à une personne selon le principe lu$_2$ *kīma* lu$_2$ : l'homme libre devenu temporairement dépendant d'un autre l'homme libre doit fournir un « substitut » qui le remplace dans le foyer d'accueil pour regagner sa liberté[44].

Cette interprétation convient aussi mieux à la suite de la loi *takku* arad-*ša* 10 gin$_2$ ku$_3$.babbar *pāi* « s'il s'agit d'un esclave, il donne 10 sicles d'argent », selon laquelle un maître est obligé de racheter son personnel, s'il était incapable de l'entretenir pendant la période difficile. Les dix sicles ne peuvent se référer, si l'on compare le § 176*b*, où cette somme est le montant pour acheter un artisan[45], aux dépenses pour la nourriture de l'esclave – même si cette dernière est plus coûteuse pendant une « année de faim » –, mais correspondent à la valeur totale de esclave, comme *pūḫum* correspond au « total » de l'homme libre[46]. L'existence d'une clause séparée indique en outre que le législateur hittite tente de garder la variante réparatrice du talion, en tant que solution normative pour la classe des libres[47], soigneusement distincte de compensations en argent, comme solution qui s'applique aux classes inférieures ou dépendantes[48]. Dans cette perspective, il ne semble pas admis, comme l'avait

42 Il faut noter que *meḫrum* est principalement employé dans les textes de Boğazköy pour désigner la copie d'un document écrit, *v.* CAD M/2, p. 56. – La combinaison de *meḫrum* avec *nadānum* se rencontre dans les Lois d'Ešnunna § 19 sur la copie B, col. i l. 21 (Goetze, *Sumer* 4, p. 92), mais il est probable, étant donné le contexte (il est question des prêts du grain), que *ana meḫrīšu* ne s'y réfère pas à une personne, mais à une "corresponding commodity?" (Roth, *Law collections*, p. 62) ; *cf.* encore la proposition de Delitzsch (*apud* Driver *et* Miles, *Assyrian Laws*, p. 507) de restituer le § 2 Lois médio-assyriennes (C) [*me-*]*ḫér-šu a-na* en *min-mu-u id-d*[*an*] (*sc.* du gage « accidentellement » vendu) (KAV 6, *recto*, l. 12 ; copie par Schroeder, WVDOG 35, p. 20).

43 „Der Unterstützte muss seinem Versorger später die Lebensmittel in vollem Umfang ersetzen" (Friedrich, *Hethitische Gesetze*, p. 77 n. 13) ; plusieurs commentateurs (dont Neufeld, Klíma, Haase) ont suivi cette interprétation, *v.* Yaron, RIDA 10, p. 138 pour les références.

44 Dans ce sens Goetze, ANET$^2$, p. 195 ; Yaron, RIDA 10, p. 145 ; Hoffner, *Laws of the Hittites*, p. 138.

45 *V.* Hoffner, *Law of the Hittites*, p. 140*sq.* et n. 488.

46 *Cf.* Hoffner, *Law of the Hittites*, p. 217 : "for a slave ten shekels is indeed equivalent to Akk. *pūḫšu* … for a free man".

47 Le Code de Hammourabi ne parle jamais des esclaves (arad$_2$), mais toujours des *Mietlinge* (lu$_2$.hun.ĝa$_2$), quand il est question de la pratique (sanctionnée) d'envoyer une personne « en échange de soi-même » (*pu-úḫ-šu*) aux campagnes militaires du Roi, *v.* § 26 l. 5 et § 33 l. 45 (éd. Bergmann, p. 2 et 8).

48 Même tendance, encore plus visible, dans le Code de Hammourabi quant à l'application du talion pénal (3.2).

suggéré Yaron[49], qu'un lu$_2$ *ellum* puisse fournir, en mêlant les deux dispositions, un esclave comme son *pūḫum* pour regagner la liberté, au moins en théorie.

### 1.4.2 L'apprenti devenu expert : § 200*b* Lois des Hittites

Même tablette (« p ») qu'au paragraphe précédent 1.4.1. — Photographie chez Hoffner, *Laws of the Hittites*, pl. 8. — Copie par Hrozný, KBo VI.26, p. 63. — Un autre témoin sur le joint $x_{3+4}$ de Bo 743+10276 (ancien « m ») ; copie par Ehelolf, KUB XIII.14, *verso*, l. 7*sq.* et n$^o$ 16 l. « 4*sq.* » (p. 31). — Éditions consultées : Friedrich, *Hethitische Gesetze*, p. 86 ; Hoffner, *Laws of the Hittites*, p. 158*sq.*

KBo VI.26, *verso*, col. iv (à gauche)

30 *táк-ku-an ... wa-al-ki-iš-ša-ra-*
31 *nu-uš-ši* 1 saĝ.du *pa-a-i*

| | | | | | |
|---|---|---|---|---|---|
| KUB XIII.16, *recto* | | + | KUB XIII.14, *verso* | | |
| « 4 » | *ták-ku-an wa-al-ki- ...* | | *[-r]a-ah-hi* | 7 | |
| « 5 » | [1 sa]ĝ.du | | *pa-a[-i]* | 8 | [Notes p. 97] |

[30 / « 4 »+7]S'il le fait maître d'un métier, [31 / « 5 »+8]qu'il lui donne une tête.

L'interprétation de cette loi, la dernière conservée de la collection hittite, est particulièrement difficile à cause du mauvais état des témoins et de la tendance du rédacteur à ne se référer aux acteurs que de façon implicite. Dans le contexte du paragraphe, qui mentionne d'abord six sicles comme la somme à payer par un dumu qui veut apprendre un métier, on s'attend plutôt à une récompense de la part des parents à la destination de l' um.me.a qui s'est chargé d'éduquer l'adolescent. Mais la comparaison avec un fragment de la *Palastchronik*, qui parle également de la pratique de *walkiššarahh-*, suggère que le maître veut garder son apprenti dans l'atelier au terme de l'apprentissage[50] : ce

---

49 "[T]he person handed over instead of the free maintainee would probably be himself a slave, and as such not the maintainee's 'full equivalent'" (Yaron, RIDA 10, p. 145).

50 *V.* KBo III.34 l. 32 (dans la copie de Figulla, p. 60) *šuš ulkeššarahher* „und sie machten sie geschickt", avec „speziellen, wohl besonders erfahrenen Kommandeuren, die [die] endgültige Ausbildung übernehmen" comme sujet (Klinger, TUAT *Ergänzungslieferung*, p. 64 et n. a), et Hoffner, *Laws of the Hittites*, p. 227 : "And since they [*sc.* les *Kommandeure*] then retain the person in their service, does this mean that the $^{LÚ}$*UMMEĀN* pays the young man's parents in order to keep the trainee?"

serait alors lui qui fournirait à son père (*-ši*) 1 sag̃.du. Si cette interprétation est juste, il s'agit d'une perte unilatérale similaire à celle suivant une adoption, dont la solution normative proposée par le législateur serait la variante réparatrice du talion sur le modèle dumu *kīma* dumu.

Il est même possible d'établir un lien plus étroit avec les versions abstraites *pūḫšu pāi* § 172 Lois hittites et *meḫeršu irīab* § 35 Lois d'Ešnunna : au § 42 de la collection hittite, il est question d'un *Mietling*[51] qui ne peut plus être rendu à son foyer d'origine, parce qu'il s'est engagé entre-temps dans une campagne militaire où il a trouvé la mort. L'apodose est, outre le fait qu'elle suit la protase de façon asyndétique (*i.e.* sans *nušši*), identique à celle du paragraphe en question (1 sag̃.du *pāi*) ; mais le témoin le plus récent, « C », fournit la variante intéressante 1 sag̃.du-*sú pāi* avec le suffixe *-šu*[52]. Ce suffixe, s'il ne se réfère déjà au « fournisseur » (au sens de l' « une de *ses* têtes »)[53], ce qui est peu intuitif dans l'ordre logique de la phrase, est probablement une référence à l'idée de l'équivalence « *sa* = *comme* la tête perdue » ; dans ce cas, sag̃.du est simplement la réalisation concrète de la formule *x-šu pāi*, dont *pūḫ-* est la réalisation abstraite.

On rencontre également un équivalent des apodoses geme$_2$ geme$_2$ et 2 geme$_2$ § 23 et 49 Lois d'Ešnunna dans le corpus hittite : selon le § 149, le vendeur qui *prétend* que la personne[54] qu'il vient de vendre est soudainement décédée – apparemment pour garder à la fois la personne et les sommes déjà versées par l'acheteur – doit donner deux têtes : 2 sag̃.du *pāi*[55]. À la différence des Lois d'Ešnunna, il est clair que ces deux « têtes » sont à donner *an-da-e-še* « en plus »[56] de la personne en question, et il n'est pas précisé dans quel

---

51 Plus précisément, il s'agit d'un lu$_2$.u$_{19}$.lu-*an* (A) *alias antuhšan* (B) *alias* ug̃$_3$-*an* (C) qui est « payé » pour travailler : *kuššaniyezzi*, de *kuššan-* "pay, wage(s), salary, fee, hire, rent(al) price" (HED K, p. 292).

52 KBo VI.5 col. ii (= iv) l. 9 (copie par Hrozný, p. 40) ; sur C "exhibit[ing] the latest orthography and writing of all exemplars of the Laws" et le signe ZU, *v.* Hoffner, *Laws of the Hittites*, p. 161 n. 578 et p. 238. – Le rédacteur respecte la règle *-ss-* après dentale non seulement dans la lecture de *qaqqad-* (§ 9, XI, 42, 173*a*), mais en général, *cf. aššat-* (§ 27, 192*sq.*, 198), *awāt-* (§ 68, 84), *bīt-* (§ 51, 164), *kišad-* (§ 166), *qāt-* (§ 4, 11, X, 12, XI), *ṣubat-* (§ 171) et *warad-* (§ 21).

53 *Cf.* les interprétations de la formule *parnaššea suwayezzi* (1.4.3, note philologique à la l. 3).

54 Compte tenu du contexte (le § 148 parle des animaux) et de la traduction „gezähmt?, abgerichtet?" par Friedrich (HW, p. 21), une majorité de commentateurs (dont Hrozný, Neufeld, Haase) ont d'abord pensé qu'il est question d'un animal ; mais *annanuhha-* "trained" et *annanu(want)-* "trained, cultured" sont des termes très proches l'un de l'autre (*cf.* HED A, p. 60*sq.*) et il est alors tout à fait possible que la loi parle d'une personne « dressée » (*i.e.* ayant des compétences particulières ; dans ce sens Goetze, Souček, Imparati, Hoffner), même si sag̃.du, il est vrai, se dit également „v. Tieren p[assim]" (AHw, p. 899).

55 KBo VI.10 col. i (= iii) l. 31 (copie par Hrozný, p. 48).

56 *Ibid.* l. 30 : *anda-*, litt. „darin" (*cf.* en vieux latin *endo* pour *in*), ici au sens de „dazu" (HW, p. 23) + *-ya-* « et » (dans le "host 'slot'", *v.* GHL § 30.17) + *-še* « à » ou « de lui », ici « de »

sens elles doivent correspondre – séparément, prises ensemble – à la personne vendue selon le critère d'équivalence[57]. Mais ces comparaisons montrent que le principe du talion de réparation non seulement se décline pour le législateur hittite, comme pour le législateur ešnunnéen, selon un contenu concret (1 saĝ.du) ou abstrait (*pūḫšu*), mais rentre également dans le schéma d'une restitution multiple, *i.e.* partiellement pénale, qui remplace, afin de répondre aux circonstances particulières d'un cas, 1 saĝ.du par 2 saĝ.du *etc.*

### 1.4.3 Homicide : § 1-4 Lois hittites

Tablette d'écriture *New Hittite*, trouvée dans le "Temple I" (Hoffner, *Laws of the Hittites*, p. 161) et conservée au *Vorderasiatisches Museum* de Berlin sous le n° 12889. — Copie par Hrozný, KBo VI.3, p. 14. — Photographie chez Hoffner, *Laws of the Hittites*, pl. 4a. — Sigle B. — Pour les l. 4-8, un autre témoin, Bo 69/633, plus ancien (« A »), écriture et langue *Old Hittite* ; copie par Otten, KBo XXII.61, col. i, l. (x+1)-7' (p. 13) ; photographie chez Hoffner, pl. 10. — Éditions consultées : Friedrich, *Hethitische Gesetze*, p. 1 ; Hoffner, *Laws of the Hittites*, p. 17*sq.*

KBo VI.3, *recto*, col. i

1 [*ták-ku* lu$_2$-*an na*]-*aš-ma* munus-*an* [*šu-ul-la-a*]*n-n*[*a*]-*a*[*z k*]*u-iš-ki*
*ku-en-zi*
2 [*a-pu-u-un ar-nu-z*]*i ù* 4 saĝ.du *pa-a-i* l[u$_2$-]*na-ku* munus-*na-ku*
3 [*pár-na-aš-še-a*] *šu*[-*w*]*a-a-ez-zi*
4 [*ták-ku* arad-*an na-a*]*š-ma* geme$_2$-*an šu-ul-la-an-na-az ku-iš-ki*
*ku-en-zi a-pu-u-un ar-nu-zi*
5 [*ù* 2 saĝ.du] *pa-a*[-*i*] lu$_2$-*na-ku* munus-*na-ku pár-na-aš-še-a*
*šu-wa-a-ez-zi*
6 [*ták-ku* lu$_2$-*a*]*n na-aš-ma* munus-*an el-lam wa-al-ah-zi ku-iš-*[*ki*]
*na-aš a-ki ke-e*[*š-šar-š*]*i-iš*
7 [*wa-aš-ta*]-*i a-pu-u-un ar-nu-zi ù* 2 saĝ.du *pa-a-i p*[*á*]*r-na-aš-še-a*
*š*[*u*]-*w*[*a*]-*a-ez-zi*
8 [*ták-k*]*u* arad-*an na-aš-ma* geme$_2$-*an ku-iš-ki wa-al-ah-zi na-aš*
[*a-k*]*i qa-as-sú wa-aš-ta-i*
9 [*a-p*]*u-u-un ar-nu-zi ù* 1 saĝ.du *pa-a-i pár-na-aš-še-e-*[*a*]
*šu-wa-a-ez-zi* [Notes philologiques p. 97-99]

---

(suivant Imparati *apud* Hoffner, *Laws of the Hittites*, p. 123 n. 397), *i.e.* « en plus de lui », et non « à lui (... il donne) », la solution ancienne.

57 Un saĝ.du est-il par définition *dampupin* "unskilled" (HED A, p. 60) comme le lu$_2$.u$_{19}$.lu-*an* § 147 (KBo VI.10 col. i = iii, l. 22 dans la copie de Hrozný, p. 47) ou est-il dans le paragraphe en question, à cause de la protase, *annanuhhan* ?

[1]Si quelqu'un s'en prend à un homme, ou une femme, et le frappe à mort, [2]il l'apporte, et il donne quatre têtes, soit homme soit femme, [3]et se tourne vers la maison pour le(s fournir) ; [4]si quelqu'un s'en prend à un esclave, ou une esclave, et le frappe à mort, il l'apporte [5]et donne deux têtes, soit homme soit femme, et se tourne vers la maison pour le(s fournir). [6]Si quelqu'un frappe un homme, ou une femme, libre et qu'il meurt (mais) sa main [7]pèche, il l'apporte, et il donne deux têtes et se tourne vers la maison pour le(s fournir) ; [8]si quelqu'un frappe un esclave ou une esclave et qu'il meurt (mais) sa main pèche, [9]il l'apporte, et il donne une tête et se tourne vers la maison pour la (fournir).

Les quatre lois en tête de la collection hittite représentent, malgré leur style un peu lourd et l'emploi d'expressions métaphoriques comme « sa main pèche »[58], un ensemble normatif cohérent dont il n'est pas très difficile de percevoir les lignes principales : le fait que la victime soit une personne libre compte pour un facteur aggravant, alors que le fait que l'homicide n'ait pas été commis volontairement joue le rôle d'un facteur atténuant[59]. Néanmoins, la base du raisonnement demeure le talion de réparation, comme le montre le dernier paragraphe (§ 4) qui prévoit pour l'esclave involontairement tué la sanction 1 saĝ.du *pāi* et non *1/2 saĝ.du *pāi* ou le paiement d'une somme d'argent. Suivant l'idée d'un redoublement comme au § 149 discuté à la fin de la section précédente[60], le nombre des « têtes à donner » est multiplié par deux

---

58 Pour cette façon de décrire l'homicide involontaire, *cf.* Exode **21** 13 וְהָאֱלֹהִים אִנָּה לְיָדוֹ « mais (si) le Dieu fait fortuitement rencontrer à sa main (*sc.* la victime) », comme le souligne déjà Friedrich, *Hethitische Gesetze*, p. 90, en commentant „die Tötung erfolgte ohne Vorsatz, es ist daran gewissermaßen nur die Hand und nicht auch der Kopf als Sitz der Überlegung beteiligt" ; *cf.* dans le même sens Puhvel, HED K, p. 160, qui renvoie au "Norse Hödr as Baldr's unwitting *handbani*, unlike a premeditated killer, *rāðbani*". *V.* également le cas du παῖς ... ἐν γυμνασίῳ ἀκοντισθεὶς διὰ τῶν πλευρῶν discuté dans la deuxième *Tétralogie* d'Antiphon (éd. Gernet, p. 72), qui se rencontre dans les XII Tables sous la forme *si telum manu fugit* « si le javelot s'échappe de la main [plutôt qu'il n'est lancé] » (Crawford, *Roman Statutes* II, p. 692-694).

59 On peut se demander si *šullanaz kuiški kuēnzi* renvoie vraiment à une "intentional, but unpremeditated and impulsive action", comme le voyait Hoffner, *Laws of the Hittites*, p. 166 (à cause de l'absence de *šullanaz* du § 5 portant sur l'attaque d'un marchand ?, *cf.* Goetze, *Kleinasien*, p. 115: „Mord wird auffälligerweise nur im Zusammenhang mit Kaufleuten in Betracht gezogen"), et ce non seulement en vue de la nouvelle interprétation de *šullatar* (*v.* les notes philologiques) : au § 174, le législateur choisit une autre formulation (et une autre solution normative) pour décrire un homicide « impulsif » : *takku* $lu_2$.meš *zahhanda* [un moyen de *zahh(iya)-* "fight each other", *v.* GHL § 21.7 et § 14.5] *ta* [M]A-*aš aki* ["*ta* 1?-*aš aki*" Hoffner, *Laws of the Hittites*, p. 139 et n. 477] 1 saĝ.du *pāi* (KBo VI.26, col. ii l. 14). Même si cette loi n'est pas directement comparable ou (venant d'une autre source ?) en contradiction « fructueuse » avec les § 1 et 2 (*cf.* Otto, *Kontinuum und Proprium*, p. 237 sur la „Zusammenordnung sich widersprechender Rechtssätze [als] ein produktives Prinzip"), il vaut mieux se garder de projeter des distinctions trop sophistiquées sur un texte qui ne parle que d'une attaque simple *vs.* une attaque « accidentelle ».

60 Sur le problème de considérer "multiple restitution" comme une réponse purement pénale, *cf.* la critique de Daube, *Biblical Studies*, p. 132 (citée *supra* 1.3.1) et la remarque de Goetze,

si la partie qui accuse peut invoquer l'un de deux facteurs en sa faveur (§ 3 et 2) et par quatre si les deux facteurs sont présents simultanément en défaveur de l'agresseur (§ 1).

Le raisonnement à partir du principe du talion est d'ailleurs présent dès le début, mais de façon implicite et inhabituelle : en ajoutant aux apodoses des deux premiers paragraphes la formule $lu_2$-*na-ku* munus-*na-ku*, le législateur retraduit en effet le concept abstrait sumérien saĝ saĝ.$gin_7$ dans un langage plus concret et choisit parmi les divers critères d'équivalence celui qui est le plus important d'un point de vue pratique, la différence sexuelle. L'apodose « il donne quatre têtes, soit homme soit femme » contient en réalité un équatif implicite « quatre personnes *comme* la personne qui vient de mourir ». – Il se peut que cette idée se prolonge dans la formule de conclusion *parnaššeya šuwayezzi*, non encore entièrement comprise : si l'on compare les différentes interprétations qui ont été proposées[61], il s'agit le plus probablement d'une condition supplémentaire (ou d'une limitation ?), selon laquelle les têtes à donner doivent provenir du foyer du fournisseur et non du « marché », *i.e.* d'une source anonyme, ce qui serait *de facto* identique à une compensation en argent. Cette approche contraste visiblement avec l'opinion, plus « laxiste », qui est exprimée dans le Code de Lipit-Ištar par la clause tukum.bi saĝ nu.tuku 15 $gin_2$ $ku_3$.babbar $i_3$.$la_2$.e, mais elle serait analogue à l'autre forme du talion, *i.e.* le talion pénal, où la partie accusée est également obligée de « payer » pour les résultats de son agression avec les membres de son propre corps.

*Kleinasien*, p. 117 sur l'esprit des Lois hittites : „Die Idee der Strafe steht ganz in zweiter Linie; sie äußert sich vor allem darin, daß der Ersatz je nach Umständen mehrfach geleistet werden muß."

61 *V.* la note philologique à la l. 3.

# II. « Vie pour vie »

Les lois discutées dans cette partie concernent exclusivement le cas de la femme enceinte qui avorte après avoir été frappée par un homme. D'un point de vue typologique, il s'agit d'un cas intermédiaire entre les exemples de la série « tête pour tête », discutés dans le premier chapitre, et ceux de la série « œil pour œil », discutés dans le chapitre suivant : même si l'enfant est potentiellement aliénable du corps de sa mère (comme l'esclave l'est de son maître ou le mouton de son berger), il en est non-aliénable (comme un œil ou une dent) au moment de l'attaque[1]. Une complication supplémentaire vient de ce que l'avortement peut entraîner de plus le décès de la mère[2]. – La réponse des législateurs à cet ensemble de questions est variée et largement imprévisible : à côté des compensations en argent, qui représentent la solution la plus répandue si l'enfant seul est perdu, on rencontre la variation réparatrice du talion ainsi que le talion pénal, parfois au sein de la même suite de dispositions.

---

1 Dans les années soixante-dix, certains commentateurs ont de nouveau envisagé, en raison de l'ambiguïté du terme אָסוֹן dans le passage de la Bible et de sa traduction par la Septante (discutées en détail *infra*, 2.4), la possibilité d'une naissance prématurée (à laquelle survit l'enfant), *v.* Jackson, VT 23, p. 292 (avec les références à la littérature du XIXe siècle dans ce sens) ; Prévost, *Mél. Jacques Teneur*, p. 625 ; Cardascia, *Mél. Jean Dauvilliers*, p. 171. Toutefois, aucun indice d'une telle éventualité ne se trouve dans les codes proche-orientaux (*cf.* Loewenstamm, VT 27, p. 354 : "None of them occupies itself with premature birth"), ni plus tard dans la documentation papyrologique (*cf.* Adam, *Anagennesis* 3, p. 16 : « Dans tous ces papyrus nous constatons que ... la vie de l'enfant à naître n'a jamais été mise en question » ; *v.* CPJ 133 l. 30*sq.* παιδίον ... μεταλλάξαν τ̣[ὸ]ν βίον ou *P. Mich.* 228 l. 22*sq.* τῶι [pour τὸ] βρέφος νεκρόν pour une formulation explicite). Le législateur hittite contredit même ouvertement cette idée, en choisissant un montant plus (et non moins) élevé quand les chances de survie sont plus grandes ("clearly, the closer the woman is to term, the more likely the child will survive" Jackson, *Wisdom-Laws*, p. 219), contrairement à ce qu'on attendrait (*cf.* Cardascia, *Studi Sanfilippo* 6, p. 190 sur la « peine … réduite … si les chances de survie de l'enfant étaient faibles » ; pour un résumé plus détaillé du § 17 Lois hittites, *v.* note à la discussion 2.1). Dans le cadre de la présente discussion, l'enfant est en conséquence considéré comme non-aliénable jusqu'au terme naturel de la grossesse.

2 La période qui suit l'avortement et pendant laquelle la femme est obligée de garder le lit ainsi que l'incertitude pesant sur sa survie sont décrites en des termes explicites *P. Mich.* 228 l. 22*sq.* – ὥσται [pour ὥστε] αὐτὴν κατακλεινῆ{ν} εἶναι καὶ κυνδυνεύειν [pour κινδυνεύειν] τοῦ ζῆν – et *P. Ryl.* 68 l. 16*sq.*, où la femme réfléchit en outre à la première personne ἐὰν μέν τ̣ι̣ πάθω ... ἐὰν δὲ περιγένωμαι l. 22*sq.* et 25*sq.*, *cf.* Anagnostou-Canas, *Symposion 2005*, p. 310 sur ἐάν τι πάθῃ et Taubenschlag, *Law of Greco-Roman Egypt*, p. 439 sur l'agresseur "to be held in jail until the effect of his attack was proved or disproved to be a serious one".

## 2.1 Femme ou servante perdant « ce qui est de son intérieur » : Code d'Ur-Nammu § 23*sq.*

Tablette à trois colonnes en provenance de Nippur, "excavated … during the 1949/50 campaign"[3] et conservée au *Museum of the University of Pennsylvania* sous le n° 55-21-071. — Datation du contenu (si la loi appartient au Code d'Ur-Nammu) : *terminus ad quem* règne de Šulgi (2094-2047)[4], Ur. — Sigle : E. — Copie par Civil *in* : *Studies Benno Landsberger*, p. 11 pl. III. — Un traitement différent du même cas, très probablement un exercice, sur une tablette datant de l'époque paléo-babylonienne[5], conservée à Yale ; copie par Clay, YOS I n° 28, pl. XIV, *verso*, col. i (= iv), l. 1-10. — Éditions consultées : Civil *in* : *Studies Benno Landsberger*, p. 4*sq.* ; Roth, *Law collections*, p. 26*sq.* (comme Code de Lipit-Ištar § d et e) ; Wilcke *in* : *Riches hidden in secret places*, p. 318*sq.*

CBS 55-21-071, *verso*[6], col. iii (= vi)

2' t[u]k[um.bi x H]U
3' [d]umu.munus l[u$_2$.ka i.ni.in].rah$_2$
4' niĝ$_2$ šag$_4$[.ga.n]a
5' šu mu.[un.da.an.lal]
6' ½ ma.n[a ku$_3$.babbar i$_3$.la$_2$].e
7' tukum.b[i b]a.uš$_2$
8' nita.bi i$_3$.[gaz.]e
9' tukum.bi x HU
10' g[em]e$_2$ lu$_2$.ka i.ni.in.r[a]h$_2$
11' niĝ$_2$ šag$_4$.ga.na
12' šu mu.[u]n.da.[a]n.lal
13' 5 gin$_2$ ku$_3$[.babbar i$_3$.la$_2$.]e
14' tukum[.bi ba.uš$_2$]
15' saĝ PA … [Notes philologiques p. 99-101]

---

3 Civil *in* : *Studies in honor of Benno Landsberger*, p. 4.

4 Le fragment était attribué provisoirement par Civil au Code de Lipit-Ištar ("There is no positive proof that UM 55-22-71 belongs to CL"). Wilcke *in : Riches hidden in secret places*, p. 291 n. 2 a proposé de le regarder plutôt comme un témoin du Code d'Ur-Nammu. Concernant l'attribution du dernier code à Ur-Nammu ou à son successeur, *v.* Michalowski *et* Walker, *Studies Åke W. Sjöberg*, p. 385. En l'état actuel des connaissances, le changement de contexte a peu de conséquences pour l'interprétation de la loi.

5 "Ca. 1800 B.C.E" (Roth, *Law collections*, p. 43) ; "said to have come from Warka [= Uruk]" (Clay, YOS I, p. 18), *cf.* Roth, *Law collections*, p. 43: "closes with an invocation … not usually found on tablets written in Nippur and Ur".

6 Ces données restent incertaines, vu l'état fragmentaire de la tablette. Wilcke *in* : *Riches hidden in secret places*, p. 291 n. 2 y voyait plutôt la „Vorderseite einer Mehrkolumnentafel".

[2’]Si … [3’]frappe une femme libre (et) [4’]ce qui est de son intérieur [5’]elle l'a dans la main, [6’]il paiera une demi-mine d'argent. [7’]Si elle meurt, [8’]cet homme sera [exécuté]. [9’]Si … [10’]frappe la servante de quelqu'un (et) [11’]ce qui est de son intérieur [12’]elle l'a dans la main, [13’]il paiera cinq sicles d'argent. [14’]Si elle meurt, [15’]tête …

Des cassures étendues, surtout au début de ce *Doppelgesetz*, et la fin illisible de la première ligne, qui contenait probablement des informations supplémentaires ou une référence à l'agresseur, n'empêchent pas de se représenter avec une clarté suffisante la situation dont parle la loi : une femme enceinte, frappée par un homme, perd son enfant. L'homme est obligé de payer une amende.

Le montant de la compensation en argent dépend du statut social de la victime : s'il s'agit d'une servante, la somme est relativement modeste et fixée à cinq sicles. Ce choix s'explique probablement par la facilité relative de remplacer un enfant dans le milieu des esclaves et par le fait que le maître d'une geme$_2$ n'a pas d'intérêt à ce qu'un enfant en particulier survive, mais seulement que sa servante ait des enfants[7]. Les mêmes conditions ne sont évidemment pas remplies dans le cas de la femme mariée : elle est plus soucieuse de garder son enfant comme une preuve de la validité de son mariage (si c'est le premier enfant) et dans une perspective généalogique, ce qui rend un remplacement plus difficile : la loi prévoit en conséquence un montant d'argent appartenant à l'échelle supérieure de la métrologie sumérienne, *i.e.* un poids six fois plus lourd[8]. Toutefois, le législateur ne confond à aucun moment, et indépendamment du statut de la victime, le *potentiel* de naître et de grandir avec une *réelle* participation à la société : la somme n'atteint jamais le niveau d'une personne adulte, une mine entière.

Les implications normatives des suppléments sur la mort éventuelle de la femme sont beaucoup plus difficiles à interpréter. Pour ce qui est de la femme libre, il est logique et intuitif de combler la lacune nita.bi i$_3$…e « cet homme doit » en restituant .gaz. « être exécuté »[9], comme l'ont fait les éditeurs à l'unanimité[10], et de rapprocher ainsi le § 23*b* de la disposition sur l'homicide

7 Pour la promiscuité dans le milieu des esclaves, *v. supra* 1.2.1 (discussion).

8 Le législateur hittite, toujours très scrupuleux de trouver le « juste tarif », différencie encore selon le mois de grossesse et prévoit (§ 17) cinq sicles pour une perte au cinquième mois et dix sicles pour la perte au « dixième » mois (c'est-à-dire en fin de grossesse, *v.* Hoffner, JNES 27, p. 199) ; à part le nombre des mois, aucun rapport n'existe entre les poids, ni absolument ni relativement, le législateur ne raisonnant apparemment qu'à partir du « délai » nécessaire au remplacement de l'enfant ; la distinction a été abandonnée dans la version plus récente de la loi (§ xvi*sq.*) en faveur d'un tarif unique de vingt et dix sicles (le dernier montant pour l'enfant d'une servante), *v.* Hoffner, *Laws of the Hittites*, p. 28*sq*.

9 La base verbale gaz 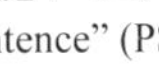 signifie littéralement "to crush", d'où le sens dérivé "to execute, impose a death sentence" (PSD) dans le contexte juridique.

10 *V.* également Lafont, *Femmes, Droit et Justice*, p. 368.

du début du Code et de l'apodose lu$_2$.bi i$_3$.gaz.e.dam[11] ; dans ce cas, il resterait à savoir si le condamné à mort serait exempté de payer l'amende de trente sicles ou s'il devrait la payer en plus avant de mourir[12].

En ce qui concerne le sort de la servante, Wilcke a proposé de compléter l'apodose sur le modèle du § 12 Code de Lipit-Ištar saĝ sa[ĝ.gin$_7$ ba.ab.sum.mu][13]. Cette hypothèse convainc dans la mesure où un premier SAG est encore bien visible au début de la l. 15' et où l'on attend pour la perte de la servante une réponse qui suive la logique de réparation, en opposition à la solution pénale réservée à la classe des hommes libres. Toutefois, le signe partiellement cassé n'est pas identique au premier sur la copie de Civil[14], et une formule saĝ saĝ.gin$_7$, si elle s'est trouvée vraiment sur la tablette, ferait moins de sens dans un contexte qui porte exclusivement sur des femmes : alors que l'équatif dans le Code de Lipit-Ištar sert à indiquer qu'un élément équivalent à celui qui a été perdu est à donner (arad$_2$ *ou* geme$_2$), le .gin$_7$ de saĝ après geme$_2$ serait superflu et potentiellement contradictoire : le fait qu'une réparation ne soit pas une compensation en argent ne veut pas dire qu'elle soit automatiquement une substitution selon les règles du talion.

La reconstitution de Wilcke se comprend en partie dans le cadre de sa tentative de relier le paragraphe à un autre fragment venant d'Ur[15], sur lequel on trouve la clause tukum.bi geme$_2$ nu.tuku 10 gin$_2$ ku$_3$.babbar.am$_3$ he$_2$.na.la$_2$.e[16]. Wilcke obtient, grâce à l'insertion d'une protase „Wenn sie verletzt ist"[17] et à une subordination grammaticale [geme$_2$ in.ni.r]a.a « la servante qu'il a frappée », un ensemble analogue aux § 12*sq.* Code de Lipit-Ištar, où une formule du talion de réparation *x x*.gin$_7$ est suivie par une clause d'exception tukum.bi *x* nu.tuku.

Cette reconstruction se heurte malheureusement de nouveau aux données de la tablette : les traces de la l. 35 ne permettent pas de lire l'avant-dernier signe RA (comme *e.g.* à la fin de la l. 55), ce que Wilcke signale (seulement)

---

11 *V.* la copie de Yıldız, Or 50, p. 90 col. iii, l. 52*sq.* (la base verbale de la protase est également rah$_2$).

12 Sur l'interdiction de multiplier les peines à assumer par un condamné de mort dans le droit talmudique, *v.* Loewenstamm, VT 27, p. 359. Le § 50 Lois médio-assyriennes (A), en revanche, donne l'impression que l'agresseur doit compenser la perte de l'enfant même encore *après* qu'il a été tué (peut-être *via* un membre de sa famille), *v. infra* 2.3.2, l. 71-73.

13 Wilcke *in* : *Riches hidden in secret places*, p. 319 n. 104.

14 À noter que Wilcke corrige la copie de Civil „nach Autopsie des Originals im Oktober 1997" (*Riches hidden in secret places*, p. 291 n. 2).

15 U. 7740, édité par Gurney *et* Kramer *in* : *Studies Benno Landsberger*, p. 16 avec une copie *ibid.* p. 18 ; photographie chez Finkelstein, JCS 22, p. 69.

16 « S'il n'a pas de servante, il peut lui payer 10 sicles d'argent » (l. 37-40) ; sur he$_2$, *v.* SG § 12.11.5.

17 Un tel scénario « intermédiaire » n'est pas connu d'autres exemples de la série, et non pas seulement du Code de Hammourabi (comme l'avoue Wilcke).

par un petit point d'interrogation [in.ni.r]a$^?$.a. Le rédacteur de la loi aurait d'ailleurs changé de nouveau la terminologie de saĝ en geme$_2$ (après l'avoir changée de geme$_2$ en saĝ), alors que l'auteur du Code de Lipit-Ištar, une fois qu'il a choisi saĝ comme remplacement de arad geme$_2$, reste toujours fidèle à ce terme (tukum.bi saĝ nu.tuku l. 23*sq.*). Le montant à payer pour la servante (dix sicles) ne semble d'ailleurs pas être assez élevé par rapport à celui qui est à payer pour l'enfant (cinq sicles), si l'on compare les proportions prévues dans le Code de Hammourabi[18]. Il est alors plus prudent de considérer la tablette d'Ur comme appartenant à une tradition différente et celle de Nippur comme le témoin exclusif du présent paragraphe[19].

## 2.2 Femme ou servante perdant « ce qui est de son intérieur » : Code de Hammourabi § 209-214

Même source qu'aux paragraphes 1.2. — Photographie chez Scheil, MDP 4, pl. XII*sq.* — Copie par Bergmann, *Codex Ḫammurabi*, p. 27. — Éditions consultées : Driver *et* Miles, *Babylonian Laws* II, p. 78 ; Roth, *Law collections*, p. 132*sq.*

Sb 8, *verso*, col. xviii

23 *šum-ma a-wi-lum*
24 dumu.munus *a-wi-lim*
25 *im-ḫa-aṣ-ma*
26 *ša li-ib-bi-ša*
27 *uš-ta-di-ši*
28 10 gin$_2$ ku$_3$.babbar

18 1 : 6 et 1 : 10, *v.* les § 213*sq.* discutés *infra* 2.2.

19 Autres indices pour le caractère plus « spéculatif » et moins « officiel » de U. 7740 : (*a*) la clause d'exception est suivie d'une deuxième exception tukum.bi ku$_3$ nu.tuku niĝ$_2$ na.me nu.na.ab.sum.mu, regardée par Gurney *et* Kramer et Wilcke comme authentique („Wenn er kein Silber hat, wird er ihm gar nichts geben"), alors que Roth met le « nu. » en guillemets, parle d'un "Text (error)" (*Law collections*, p. 22 n. 14) et rend le passage par "he shall give him whatever of value he has", sans doute plus conforme à l'argumentation d'un code (pénal) ; (*b*) il n'est pas sûr, à la différence de la tablette conservée à Yale, que la protase (cassée) porte vraiment sur le cas de la femme qui perd son enfant, étant donné que les lignes suivantes contiennent un *Doppelgesetz*, dont ni la protase tukum.bi geme$_2$ lu$_2$ nin.a.ni.gin$_7$ dim$_2$.ma.ar aš$_2$ i$_3$.ni.du$_{11}$ (l. 45-48) *alias* in.ni.rah$_2$ (l. 55), ni l'apodose ne sont bien comprises ou connues d'autres collections ; (*c*) le scribe ne termine pas son travail, mais s'arrête dans la deuxième colonne *verso* au milieu de la ligne après in.na.la$_2$.e : "The writing stops abruptly after the first line, and the tablet would therefore seem to be unfinished" (Gurney *et* Kramer *in* : *Studies Benno Landsberger*, p. 13), *v.* la photographie chez Finkelstein, JCS 22, p. 71.

29 *a-na ša li-ib-*
*-bi-ša*
30 *i-ša-qal*
31 *šum-ma* munus *ši-i*
32 *im-tu-ut*
33 dumu.munus-*sú*
34 *i-du-uk-ku*
35 *šum-ma* dumu.munus
maš.ka$_{15}$:en
36 *i-na ma-ḫa-ṣi-im*
37 *ša li-ib-bi-ša*
38 *uš-ta-ad-di-ši*
39 5 gin$_2$ ku$_3$.babbar
40 *i-ša-qal*
41 *šum-ma* munus *ši*
42 *im-tu-ut*
43 ½ ma.na ku$_3$.babbar
44 *i-ša-qal*
45 *šum-ma* geme$_2$ *a-wi-lim*
46 *im-ḫa-aṣ-ma*
47 *ša li-ib-bi-ša*
48 *uš-ta-ad-di-ši*
49 2 gin$_2$ ku$_3$.babbar
50 *i-ša-qal*
51 *šum-ma* geme$_2$ *ši-i*
52 *im-tu-ut*
53 1/3 ma.na ku$_3$.babbar
54 *i-ša-qal* [Notes philologiques p. 101*sq.*]

[23]Si quelqu'un [25]frappe [24]une femme libre [27]et lui fait perdre [26]ce qui est de son intérieur, [30]il paiera, [29]pour ce qui est de son intérieur, [28]dix sicles d'argent ; [31]si cette femme [32]meurt, [34]ils tueront [33]*sa* femme. [35]Si, [36]en frappant, [38]il fait perdre [35]à la femme d'un *muškēnum* [37]ce qui est de son intérieur, [40]il paiera [39]5 sicles d'argent ; [41]si cette femme [42]meurt, [44]il paiera [43]une demi-mine d'argent. [45]Si [46]il frappe [45]la servante de quelqu'un [48]et lui fait jeter [47]ce qui est de son intérieur, [50]il paiera [49]deux sicles d'argent ; [51]si cette servante [52]meurt, [54]il paiera [53]un tiers de mine d'argent.

L'ensemble des lois § 209-214 peut compter parmi les passages rédigés de manière particulièrement cohérente dans le Code de Hammourabi. Seule semble manquer une précision sur les circonstances[20] ; mais celle-ci se trouve

20 *Aliter* Jackson, VT 23, n. 9 p. 245, pour lequel "LH 209 … does not require anything from the preceding provisions to render it intelligible."

probablement au début de l'ensemble précédent *šumma awīlum awīlam ina risbatim imtaḫaṣ* § 206 : si *ina risbatim* y désigne bien « dans une rixe »[21], la situation reste la même, seul l'objet de l'attaque change[22]. Les verbes *imḫaṣ* l. 25 et 46 et *ina maḫāṣim* l. 36 rappelleraient ainsi, par la reprise de la racine d'action dans *ina risbatim imtaḫaṣ*[23], que l'accident continue de se produire au cours d'une « bagarre » entre *awīlū*, à laquelle une femme s'est mêlée[24]. Ainsi, la situation ressemble beaucoup à celle que décrira plus tard le rédacteur de l'Exode.

Au milieu de la première apodose, il est dit explicitement par l'expression *ana ša libbīša* que le montant indiqué est destiné à couvrir la perte de l'enfant (et seulement cette perte). Une telle explication apparaît superflue dans le cadre bien structuré et répétitif du Code, et le rédacteur la supprime dans les apodoses suivantes § 211 et 213 pour ne pas interrompre de nouveau le rythme de son argumentation normative. Dans une perspective comparée, en revanche, cette référence littérale à la protase est précieuse dans la mesure où elle sert à écarter des spéculations sur une « une naissance prématurée, avant terme » que

---

21 Modèle *pirsat* de *rsb* „(er)schlagen" (AHw, p. 958*sq.*) pour „juristische, technische u.ä. Begriffe" (GAG § 55*c*) : la majorité des commentateurs suivent cette explication de von Soden, indépendamment de leur traduction de *ina maḫāṣīšu* l. 14 par "the striking" (Driver *et* Miles, par erreur, pour *ina maḫāṣim*), "his striking" (Roth) ou "that brawl", *i.e.* comme une référence explicite à *ina risbatim* (Richardson). – Charpin *in* : FS Wolfram von Soden, p. 50 proposait « par mégarde » comme une traduction alternative à partir du deuxième sens de la racine *rsb* "to err, bungle" (CAD R, p. 180), surtout attesté à Mari. Cette solution semble convenir mieux au contenu de l'apodose. Mais l'indication d'une « rixe » peut avoir la (même) fonction d'introduire un facteur atténuant, *cf.* Otto, *Kontinuum und Proprium*, p. 226*sq.* : „In den Keilschriftrechten aber dient das Motiv [der Verletzung infolge eines Streites] gerade zur Bezeichnung der Unvorsätzlichkeit". La solution de Charpin est d'ailleurs plus difficile à réconcilier avec CT 52.110 l. 28, où le simple *ina rasābim* (et non *ina risbatim*) est employé au sens « par erreur », ainsi qu'avec l'évidence lexicographique (AfO 14 n° 7 « traduit » *risbatu* col. ii l. 10 par *dīktu* "fight" CDA, p. 59 > „Gemetzel" AHw, p. 169 ; MSL XX, p. 185 n° 312 mentionne *risbatum* dans le contexte de s a ĝ . ĝ i š — r a h₂ n° 310, le mot-clé du § 1 Code d'Ur-Nammu). *Cf.* encore *ina ri-ìs-ba-tim* sur le témoin de Ḫaddad l. 9, suivi directement par *uštamīt* (al-Rawi, *Sumer* 38, p. 119).

22 Le combat qu'imagine le législateur semble se dégrader de plus en plus : § 200 porte sur une agression ciblée de l'œil, § 206 sur une attaque encore directe, mais diffuse au cours d'une mêlée, § 209 sur une attaque de l'entourage de l'adversaire.

23 Sur *ina* „als Prp." „in, im Zustand v." *vs.* „kausal" avec un verbe, *v.* AHw, p. 380 „4)" et p. 381 „3) a", mais *cf.* également GAG § 150*g* sur l'aspect temporel de *ina maḫāṣim* „infolge Schlagens".

24 Les tentatives pour déterminer les motifs de la femme de s'impliquer dans la bataille demeurent largement spéculatives, *cf.* la discussion chez Lafont, *Femmes, Droit et Justice*, p. 360*sq.* (« Il n'est pas nécessaire de supposer qu'elle est intervenue pour séparer les adversaires »), où est abordée également la question de savoir s'il est justifié (ou non) de rapprocher Deutéronome **25** 11*sq.*

la formulation biblique, plus vague, avait provoquées chez certains commentateurs modernes[25].

Quant aux montants de la compensation, les proportions sont comparables à ceux qui sont prévus dans le Code d'Ur-Nammu : si la mère est libre (et donc son enfant), l'agresseur est obligé de payer une somme cinq fois plus élevée que pour l'enfant d'une servante (six fois plus élevé dans le Code d'Ur-Nammu), l'estimation de l'enfant d'un *muškēnum* se rapprochant plus de la classe des hommes libres (proportion 1 à 2) que de la classe des non libres (proportion 2 ½ à 1). Pour ce qui est de la mère, le système se comprend plus facilement si l'on assume pour la femme libre une valeur théorique d'une mine (entière) : les rapports reviendraient dans ce cas à 6 : 1 pour la classe des libres (« 60 » et 10 sicles) ainsi que pour les *muškēnū* (30 et 5 sicles), mais ils changent en faveur de la mère (c'est-à-dire en défaveur de l'enfant) à 10 : 1, si la femme est une servante (20 et 2 sicles). Ces calculs semblent confirmer l'hypothèse discutée *supra* 2.1, selon laquelle la procréation des enfants est relativement facile dans le milieu d'esclaves, malgré la baisse des montants pour compenser la perte d'un enfant en termes absolus par rapport au Code d'Ur-Nammu[26].

Une particularité de l'ensemble consiste dans le choix du talion pénal symétrique *mārassu idukkū* « ils tueront *sa* femme (*sc.* celle de l'agresseur) » au § 210[27], à la différence de n i t a . b i i$_3$. [g a z] . e « cet homme sera [tué] » comme dans le Code d'Ur-Nammu § 23*b*. Elle montre les incertitudes quant au critère de l'aliénabilité dans le cas de l'homicide[28] : alors que le sacrifice d'un fils prévu par le § 230 Code de Hammourabi pourrait encore compter comme une solution raisonnable dans la mesure où il y a (au moins potentiellement)

---

25 Prévost *in* : *Mél. Jacques Teneur*, p. 625. *V.* la note à l'introduction de ce chapitre *supra* ; sur le terme אָסוֹן *infra* 2.4. L'absence d'une protase comme « si cet enfant meurt » entre les § 209 et 210 indique d'ailleurs non seulement que le législateur se désintéresse d'un dénouement « heureux » (l'enfant survit) ou « miraculeux » de l'affaire (l'enfant survit, mais non sa mère, à la manière de l'accouchement I Samuel **4** 19-22), il ne s'intéresse pas non plus aux douleurs subies par la femme ; ces dernières ne rentrent pas dans un calcul normatif qui reste centré sur la « propriété » à perdre (par l'homme qui porte la plainte).

26 Si l'on ne prend en considération que les « sicles », le montant à payer pour une *mārat muškēnim* dans le Code de Hammourabi est identique à la compensation à payer pour l'enfant libre dans le Code d'Ur-Nammu.

27 Une traduction littérale "his daughter" (Roth) ne fait simplement pas de sens, si l'on ne traduit pas également *mārat awīlim* de manière littérale (comme le font Driver *et* Miles : "the daughter of a (free) man ... his daughter"), *cf.* la remarque de Cardascia, *Studi Cesare Sanfilippo VI*, p. 180 : « Aucun commentateur n'a proposé d'explication convaincante pour l'étrangeté de cette dernière règle [littéralement comprise] ». L'extension du talion pénal à certains membres de la famille est par contre bien attestée comme une « spécialité » du législateur hammourabien, *cf.* § 116 (« fils du créditeur ») et 230 (« fils de l'architecte ») ; *v.* aussi la note philologique.

28 Sur l'homicide comme une sorte d'aliénation « totale » du (non-)aliénable, *v.* l'introduction.

une pluralité d'enfants, ces conditions ne sont pas remplies dans le cas d'une épouse. Elle occupe seule ce rôle dans le couple et ne correspondra certainement pas – sauf par hasard ou de façon rudimentaire, *i.e.* selon son sexe – à l'épouse de l'autre *awīlum*. En même temps, le rapport de non-aliénabilité entre le mari et son épouse est largement fictif et seulement prétendu par le suffixe possessif de « *sa* femme », qui n'a pas la même valeur que celui de « *sa* main » ni de celui de « *son* enfant » ou de « *sa* servante ». C'est la raison pour laquelle l'idée du rédacteur de proposer, sur la base d'une équivalence dumu.munus *kīma* dumu.munus, le talion pénal comme la réponse normative est « erronée », non seulement d'un point de vue éthique, mais déjà sur le plan logique ; aucun législateur ne l'a d'ailleurs reprise comme une solution dans le cadre de la série « vie pour vie ».

## 2.3. Lois médio-assyriennes

### 2.3.1 Femme perdant « ce qui est de son intérieur » : § 21

Tablette à quatre colonnes, trouvée pendant les fouilles de la *Deutsche Orient-Gesellschaft* entre 1903 et 1914 à Qal'at Šârqaṭ (ancienne Aššur) près du vieux palais, conservée au *Vorderasiatisches Museum* Berlin sous le n° 10000. — Datation : règne de Tiglath-Pileser I (1114-1076). — Photographie chez Mango *et al.*, *Könige am Tigris*, p. 61. — Copie par Schroeder, WVDOG 35, p. 4. — Éditions consultées : Driver *et* Miles, *Assyrian laws*, p. 392 ; Roth, *Law collections*, p. 160 ; Wolfe *et* Englund, CDLI.

VAT 10000, *recto*, col. ii

98 *šum-ma* lu$_2$ dumu.munus lu$_2$ *im-ḫa-aṣ-ma*
99 *ša-a lìb-bi-ša ul-ta-aṣ-le-eš*
100 *ub-ta-e-ru-ú-uš*
101 *uk-ta-i-nu-ú-uš*
102 2 gun 30 ma.na an.na *id-dan*
103 50 *i-na* ĝidri.meš *i-maḫ-ḫu-ṣu-uš*
104 1 itud u$_4$.meš *ši-pár* lugal *e-pa-aš* [Notes philologiques p. 102*sq*.]

[98]Si quelqu'un frappe une femme libre [99]et lui fait perdre ce qui est de son intérieur [100]et qu'ils montrent (que c'était) lui [101]et qu'ils corroborent (que c'était) lui, [102]il donnera deux talents et demi de plomb, [103]ils le frapperont cinquante fois avec un bâton, [104]il fera le service du Roi pendant un mois.

En ce qui concerne la protase, la loi ne contient pas beaucoup de nouveautés par rapport à l'exemple précédent. Hormis l'emploi de *ṣalā'u* à la place de *nadûm*, qui s'explique, comme certaines autres particularités d'expression, par le dialecte médio-assyrien de l'akkadien, le rédacteur suit presque littéralement les modèles connus du Code d'Ur-Nammu et du Code de Hammourabi. La référence à la procédure de vérification *ubta''erūš ukta''inūš* est d'ailleurs partiellement connue du Code de Lipit-Ištar § 12[29]. Si l'apodose se limitait à la phrase 2 gun 30 ma.na an.na *iddan*, il s'agirait d'une simple reformulation du cas classique, où seuls le moyen de paiement et en conséquence la somme à payer auraient changé[30].

Toutefois, le législateur ajoute deux apodoses, dont le rapport à la protase, sur le plan qualitatif comme sur le plan quantitatif, est difficile à établir. La reprise de la racine *mḫṣ* dans *imaḫḫuṣūš*, par exemple, ne permet pas de parler d'un recours au talion pénal, parce que le nombre des coups à recevoir par l'agresseur (cinquante) dépasse largement le nombre des coups reçus par la femme[31]. La clause finale semble d'ailleurs témoigner de l'opportunisme de l'administration royale (plutôt que du souci du Roi pour des sujets non encore nés), qui essayait de profiter des incidents qui se passaient entre des parties privées pour accroître ses effectifs[32]. Un véritable rapprochement de cet as-

---

29 *V. supra* 1.1 l. 20 : ba.an.ge.en. L'emploi de la même racine (sumérisée ou non) ne permet toutefois pas de conclure qu'il soit forcément question de la même catégorie de preuves, *cf.* Westbrook, JCS 55, p. 88 : "In its use in MAL, *burru* means proof by rational methods, such as witnesses or documents, whereas *kunnu* means proofs by supra-rational methods such as the oath or the ordeal. It should be noted that these conclusions are unique to MAL." Autrement dit, dans le Code de Lipit-Ištar, ~gen pourrait bien se référer à une confirmation par de simples témoins ou des tablettes.

30 Le plomb n'est pas beaucoup plus lourd que l'argent, mais il est plus répandu, d'où le montant différent ; en termes absolus, la somme dépasse largement le poids de « ce qui est de son intérieur » et correspond plutôt à un adulte (70 kg) ; si on prend la moyenne des proportions que donne Joannès *s.v.* „Metalle", RlA M, p. 100 (pour Mari), cette quantité de plomb correspond approximativement aux 83 grammes d'argent prévus dans le § 209 Code de Hammourabi ; le montant semble être également « raisonnable » en comparaison avec les deux talents demandés dans le cas de la femme qui n'élève pas ses enfants § 51 (l. 86, discuté *infra* 2.3.3).

31 Même si un seul coup ne suffit peut-être pas pour causer un avortement, il est évident que l'agresseur n'a pas frappé la femme cinquante fois : les références à πληγῶν *P. Oxy.* 315 l. 16, [πλη]γαῖς πλεί[στα]ις *P. Ryl.* 68 l. 11*sq.* et la description ἔδωκεν τῇ γυ(ναικὶ) ... ἀφιδέτερα [pour ἀφειδέστερα] πληγὰς πλήρους [pour πλήρεις] εἰς τὰ παρατυχόντα μέρη τοῦ σώμ̣ατος ἐνκοίου [pour ἐγκύῳ] οὔσῃ *P. Mich.* 228 l. 18-20 sont certainement exagérées et d'ordre rhétorique, parce qu'il s'agit de pétitions. – Pour le recours à des instruments à l'origine destinés à des fins constructives (*e.g.* l'agriculture) pour punir l'agresseur, *cf. infra* 3.2 § 202 Code de Hammourabi l. 80 (*qinnazum*).

32 On ne voit pas en quoi pourrait consister le lien entre la durée d' « un mois » de *šipar šarre* et la référence au cinquième ou dixième « mois » de grossesse du législateur hittite § 17 (*v. supra* 2.1, note à la discussion). Il existe pourtant un point commun entre le § 21 Lois médio-assyriennes et les Lois hittites : l'absence d'une continuation de la loi par *šumma* munus *šī imtūt*.

semblage protéiforme de peines et compensations avec les autres exemples de la série n'est guère possible, et on se demande si l'inspiration de cette solution normative ouvertement asymétrique ne provient pas – surtout en comparant la rédaction plus classique des § 50-52 consacrés au même problème sur le revers de la tablette – d'une autre grande puissance à l'époque, située hors de la Mésopotamie, comme *e.g.* l'Égypte[33].

### 2.3.2 Épouse perdant « ce qui est de son intérieur » : § 50

Même source qu'au paragraphe précédent 2.3.1. — Copie par Schroeder, WVDOG 35, p. 12. — Éditions consultées : Driver *et* Miles, *Assyrian laws*, p. 418 ; Roth, *Law collections*, p. 173*sq.* ; Wolfe *et* Englund, CDLI.

VAT 10 000, *verso*, col. iii (= vii) [PLANCHE II]

63 [*šum-ma* lu$_2$ dam$^{at}$ l]u$_2$ *im-ḫa-*[*a*]*ṣ-ma*
64 ... *ú*]*-ša-ad-d*[*i*]*-ši*
65 ... *š*]*a* dam$^{at}$ lu$_2$
66 *ú-*[ -]*ú-ni*
67 *ù* ... [*-š*]*u-ši-ni*
68 *e-pu-*[*šu*]*-* ... ... [*ša*]*-a lìb-bi-ša*
69 *nap-ša-a-te ú-*[*m*]*a-al-la*
70 *ù šum-ma* munus *ši-it mé-ta-at*
71 lu$_2$ *i-du-uk-ku*
72 *ki-i-mu-u ša-a lìb-bi-ša*
73 *nap-ša-a-te ú-ma-al-la*
74 *ù šum-ma ša mu-ut* munus *ši-a-ti*
75 dumu*-šu la-áš-šu* dam*-sú*
76 *im-ḫu-ṣu-ú-ma ša-a lìb-bi-ša*
77 *ta-aṣ-li*
78 *ki-mu-u ša-a lìb-bi-ša*
79 *ma-ḫi-ṣa-a-na i-du-uk-ku*
80 *šum-ma ša lìb-bi-ša ṣu-ḫa-ar-tu*
81 *nap-ša-a-te-ma ú-ma-al-la* [Notes philologiques p. 103*sq.*]

[63][Si quelqu'un] frappe [l'épouse de quelqu'un] [64]... elle [65]... épouse de quelqu'un [66]... [67]et ... à elle [68]ils fero[nt] ... ce qui est de son intérieur [69]il remplacera la vie ; [70]ou si cette femme est morte, [71]ils tueront cet homme, [72]pour ce qui est de son intérieur [73]il remplacera la vie ; [74]et si, au mari de ladite femme, [75]il n'est pas de fils, [75](et) que son

33 Pour „Bastonade“ et „Zwangsarbeit“ comme des peines typiques dans le droit des *ostraca* trouvés à Deir-el-Medina, *v.* Allam *in* : *Rechtskulturen der Antike*, p. 24 et 34.

épouse, [76]qu'il a frappée, [77]perd [78]ce qui est de son intérieur, [78]pour ce qui est de son intérieur [79]ils tueront celui qui a frappé ; [80]si ce qui est de son intérieur est une fille, [81]il remplacera tout de même la vie.

L'état de conservation des l. 63-69 ne permet pas de reconstruire avec certitude le début du paragraphe. Il est possible que les traces *-š]u-ši-ni* et *e-pu-* l. 67 et 68 renvoient à une forme du talion pénal, mais le texte est trop fragmentaire pour savoir en quoi consiste exactement ce qu' « ils feront » et si cette peine est dirigée contre l'agresseur lui-même ou contre sa femme[34]. La suite l. 70 et 71, en revanche, est non seulement lisible, mais son contenu est connu : si l'on fait abstraction du supplément sur l'obligation de « remplacer la vie » l. 72*sq.*, *šumma* munus *šīt mētat* lu₂ *idukkū* est une traduction presque littérale du § 23*b* Code d'Ur-Nammu tukum.bi ba.uš₂ nita.bi i₃.[gaz].e[35].

Avec le développement grammaticalement complexe des l. 74-79, le législateur médio-assyrien montre définitivement sa volonté d'apporter de nouvelles perspectives au cas classique. Alors que le sort de l'enfant était dans les codes antérieurs toujours traitée de façon séparé, il commence désormais à se mêler dans l'argumentation normative à celui de la mère : si l'enfant possède, en tant que futur premier fils et fils unique potentiel, une importance particulière du point de vue généalogique, l'agresseur subira la même peine que s'il avait causé la mort de la femme, c'est-à-dire qu'on le tue. À la différence de la constellation précédente, il mourra *pour l'enfant* (*kīmū ša libbīša māḫiṣāna idukkū*) et non plus pour la femme qui survit à l'avortement. Il n'y a en conséquence plus d'obligation de remplacer (en plus) la perte de l'enfant.

Néanmoins, le choix de *kīmū* dans la formule récurrente *kīmū ša libbīša* signale que le rédacteur pense, en ce qui concerne la réalisation du critère d'équivalence, plus à une restitution qu'à une punition, pour lequel il emploiera au § 52 le pendant médio-assyrien de *kīma*, *kī*[36]. La volonté d'accentuer l'idée de substitution « pour, à la place de » est d'ailleurs apparente par la position différente du complément avec *kī-* dans la phrase : alors que *kīma x* se trouvait, dans les formules traditionnelles de la série « tête pour tête », toujours insérée *derrière* l'objet, puisqu'il s'agissait en premier lieu d'une précision « comme le *x* (que tu viens de faire perdre) », le complément *kīmū x* passe, en tant que précision « pour (avoir causé la perte de) ce qui est à son intérieur »,

34 Le § 52, où les coups sont dirigés contre l'agresseur (*išakkunūš*), n'est pas directement comparable, parce qu'une prostituée n'a pas de mari.

35 Les seules différences sont : (*a*) le pronom démonstratif / anaphorique ne se réfère plus à l'agresseur, mais à la femme (*b*) nita est remplacé par lu₂ (*c*) le rédacteur médio-assyrien choisit un pluriel pour le verbe de l'apodose.

36 *V. infra* 2.3.4, note philologique à la l. 89.

*devant* l'objet[37]. Un réarrangement selon le modèle du § 209 Code de Hammourabi, avec *ana ša libbīša* entre l'objet direct et le verbe de l'apodose, aurait interrompu le rythme de l'apodose et diminué sa force argumentative.

Les implications concrètes de l'expression *napšāte umalla*, littéralement « il remplira la vie », demeurent largement débattues. Certains commentateurs, dont en dernier lieu Roth[38], ont proposé qu'il s'agisse simplement d'une obligation de payer une amende : "he shall make full payment of a life". Cette hypothèse semble être confirmée par l'emploi de *umalla* à deux autres endroits de la tablette[39], et elle est également plausible dans une perspective comparée, la perte de l'enfant n'entraînant jamais, y compris dans l'exemple de la Bible[40], une réponse autre que le paiement d'une somme d'argent. Toutefois, on peut se demander pourquoi le législateur emploie dans ce cas un terme abstrait comme *napšāte* au lieu d'indiquer un montant précis de plomb comme aux § 21 et 51[41].

Il n'est pas exclu que l'expression renvoie dans le fond à l'idée d'un remplacement par une personne « vivante »[42]. Dans les Archives internationales d'Ugarit, *npš—mll'*, écrit ZI—*mll'*, semble se référer deux fois à une restitution

37 Autrement dit: le *x* n'est plus obligé d'être vraiment équivalent au *x* qu'il substitue, comme dans le développement l. 74-79 qu'on vient de commenter (mais à la différence des l. 72*sq.* et 81, semble-t-il).

38 *V.* surtout l'argumentation de Paul, *Studies*, p. 72*sq.* n. 6 en faveur d'une telle interprétation.

39 Il s'agit du passage *surqa* (*lā*) *umallû* col. i l. 51 et 56 (§ 4) et de l'expression *gimre ša* id$_2^{i\text{-}id}$ *umalla* col. iii l. 75 (§ 24), traduite par Ehelolf „die Gesamtkosten des Fluss(orakelverfahr)e(n)s soll er in vollem Betrage erstatten" (*apud* Driver *et* Miles, *Assyrian Laws*, p. 468 ; dans ce sens aussi CAD M/1, p. 183, lisant *gimrī*). – *Cf.* encore le parallèle au § 5 Lois d'Ešnunna *mala uṭebbû umalla* « il remplacera autant [des bateaux] qu'il a submergés » dans le fragment M des Lois médio-assyriennes édité par Weidner, AfO 12, p. 52 et pl. VI (l. 6).

40 *V. infra* 2.4 (Exode **21** *22*).

41 Les références supplémentaires d'Ugarit qu'apporte Westbrook, RB 93, p. 63*sq.* posent le même problème, parce qu'elles sont toutes formées à partir des éléments « ils *mll'* (ou *šllm*) » « 3 mines d'argent » « par personne (*ša* 1-*en* lu$_2$-*lim*) » « en tant que *mullû* (*mu-ul-la-a*) » (l'ordre varie), *i.e.* sans un terme abstrait, mais avec un montant précis et une indication de sa fonction (au singulier) ; pour une fois, la *figura etymologica* n'est pas tautologique, mais semble signaler que *mll'* est à comprendre métaphoriquement. *Cf.* la critique de Jackson, *Wisdom-Laws*, p. 232 n. 121 : "[E]ither there is a fixed amount, in which case why not mention it (as in HL § 17), or there does indeed have to be a reckoning, which would appear an almost impossible procedure."

42 L'attestation la plus ancienne *na-pí-iš-tam um-ta-al-...* ARM XIII n° 145 l. 21 était interprétée deux fois de manière différente, sans qu'on ait jamais envisagé une référence à une compensation en argent, *cf.* le commentaire de Durand, LAPO 16, p. 529 n. e : « A[ndré] F[inet] a compris *napištam mutallûm* (II/2) comme 'être gracié'. Mais 'avoir accompli toute sa vie' (parf. II) est un euphémisme pour 'mourir' ». Il se peut que le passage ne soit pas directement comparable, *npš* ne s'y trouvant pas au pluriel.

multiple sur le modèle *x* sag.du *pāi* connu de la collection hittite[43]. Il reste à savoir comment un enfant qui n'a existé que potentiellement peut être remplacé en pratique par un équivalent qui lui correspond. Le rédacteur pense probablement, dans une perspective téléologique, à l'enfant déjà né. Un accident au début de la grossesse, quand les critères d'identification manquent, serait ainsi exclu. Cette deuxième hypothèse est confirmée par la discussion du cas de la fille à la fin du paragraphe[44], pour lequel le législateur propose une réponse sans aucun élément pénal, ce qui explique l'ajout de *=ma* à *napšāte*[45], au sens de « *au moins* il remplacera la vie (même s'il n'y a pas de peine capitale comme dans le cas précédent 'fils unique', ni d'autres peines combinées ou non avec une demande de restitution comme au début du paragraphe) ».

### 2.3.3 Épouse *lā murabbītu* perdant « ce qui est de son intérieur » : § 51

Même source que pour les paragraphes précédents. — Copie par Schroeder, WVDOG 35, p. 12. — Éditions consultées : Driver *et* Miles, *Assyrian laws*, p. 420 ; Roth, *Law collections*, p. 174 ; Wolfe *et* Englund, CDLI.

VAT 10000, *verso*, col. iii (= vii)

82 *šum-ma* lu$_2$ dam$^{at}$ lu$_2$
83 *la-a mu-ra-bi-ta im-ḫa-aṣ-ma*
84 *ša-a lìb-bi-ša ú-šá-aṣ-li-ši*
85 *ḫi-i-ṭu an-ni-ú*
86 2 gun an.na *i-id-dan* [Notes philologiques p. 104*sq.*]

43 Un traité entre Karkemiš et Ugarit porte sur le même sujet que le début du corpus hittite, *i.e.* l'homicide : si un citoyen de l'une de deux villes est tué dans l'autre et le coupable connu, « il remplacera l'homme trois fois » lu$_2$ 3-*šu umalla* et ses biens (*unūtum*) « également » 3-*šu=ma umalla* (PRU IV pl. xxviii, l. 9 et 12) ; si le coupable n'est pas connu, « ils [*i.e.* les habitants de la ville ?] remplaceront la vie trois fois » zi 3-*šu umallû* et les biens « selon leur valeur » saĝ.du-*šunu=ma*, *i.e.* juste une fois (*ibid.* l. 14 et 18*sq.*). L'autre passage porte sur un certain Tarša-ziti, livré au préfet d'Ugarit contre de l'argent par des gens qui « devront fournir 10 vies » 10 zi.meš [*ú*]-*m*[*a*]-*al-lu-nim* s'ils essaient de se le réapproprier (PRU IV pl. xxxiii, l. 14*sq.*).

44 Une fille n'est guère reconnaissable comme telle, si l'enfant est « non (encore) reconnaissable », *v.* § 17 Lois Sacrées de Cyrène et la Septante pour cette distinction, cités *infra* 2.4 (dans les notes philologiques).

45 À première vue, l'ajout semble se référer exclusivement à la nouvelle protase avec la *ṣuḫārtu* au sens de « *même* s'il ne s'agit que d'une fille, il remplacera la vie » ; mais cette impression s'affaiblit dès qu'il devient clair que la réponse du législateur consiste pour la première fois dans la demande d'une restitution seule.

[82]Si quelqu'un [83]frappe [82]l'épouse de quelqu'un [83]qui n'élève pas (ses enfants) et [84]fait lui perdre ce qui est de son intérieur, [85]ceci (sera) la peine : [86]il donnera deux talents d'étain.

Le rédacteur aborde maintenant, à la suite de sa discussion des deux exceptions 'si c'est le premier fils' et 'si c'est une fille', qui concernent l'enfant, une troisième exception qui concerne la femme : elle est introduite à la manière d'un *Doppelgesetz*, *i.e.* par une répétition de tous les éléments (supposés) de la protase du début du paragraphe précédent auxquels s'ajoute la précision décisive *lā murabbītu*. Cette façon relativement lourde et formelle indique, en même temps que la barre de séparation, qu'il ne s'agit pas d'une continuation des réflexions très sophistiquées de la fin du § 50 sur le remplacement et / ou non de la vie de l'enfant, mais de la suite de l'exposé en général. La question de savoir 'si c'est le premier fils', par exemple, n'a pas la même importance dans le cadre d'une femme « qui n'élève pas (ses enfants) »[46]. Si *ḫīṭu anniu* est correctement interprété comme une annonce apodictique de l'apodose[47], le législateur semble penser à un tarif unique, qui couvrirait également le cas de la fille.

L'intérêt du paragraphe consiste évidemment moins dans cette solution en tant que telle, même si elle permet d'établir un lien avec le § 21 et de comparer les montants de plomb demandés[48], que dans l'éventuel apport à une compréhension de la formule *napšāte umalla* qui reviendra au paragraphe suivant. L'alternance entre *npš—mll'* et *x* gun an.na—*ndn* semble corroborer l'hypothèse selon laquelle la première expression se réfère non à une compensation en argent, mais à une substitution selon la variante réparatrice du talion. Cette conclusion serait encore plus évidente s'il était possible (ce qui n'est pas le cas) d'établir avec certitude que *lā murabbītu* renvoie à une incapacité physique de la femme d'élever son enfant (ou l'enfant qui le remplace).

---

46 L'interprétation de cette expression relativement vague pose de grandes difficultés, *cf.* les propositions suivantes (arrangées du moins probable au plus probable) : (*a*) „eine Frau, die noch minderjährige Kinder aufzuziehen hat" (Lewy, ZA 36, p. 141 n. 2) (?) (*b*) „eine, die ihre Kinder zu verkaufen pflegt" (Landsberger *apud* Ehelolf, *Altassyrisches Rechtsbuch*, p. 42 n. 4), „gewiß als Standesbezeichnung gemeint" (Koschaker, MVAG 1921 n° 3, p. 26), une solution possible, *cf. ana tarbītim* 1.3.3 et l'emploi de *murrabiānu* au sens de « père adoptif » § 28 (col. iv, l. 6) (*c*) une « incapacité physique à porter des nourrissons viables » (Lafont, *Femmes, Droit et Justice*, p. 357), à les mettre au monde (Jensen *apud* Ehelolf, *Altassyrisches Rechtsbuch*, p. 42 n. 4) et / ou à les élever (*i.e.* les nourrir ?) (Gadd *apud* Driver *et* Miles, *Assyrian laws*, p. 114). Seule la dernière interprétation expliquerait définitivement pourquoi le législateur choisit soudainement une amende en plomb.

47 *V.* la note philologique.

48 La somme est légèrement plus élevée au § 21 (deux talents et demi), *v. supra* 2.3.1, l. 102.

### 2.3.4 Prostituée perdant « ce qui est de son intérieur » : § 52

Même sources et éditions qu'au paragraphe précédent.

VAT 10000, *verso*, col. iii (= vii)

87 *šum-ma* lu$_2$ kar.kid *im-ḫa-aṣ-ma*
88 *ša lìb-bi-ša ú-ša-aṣ-li-ši*
89 *mi-iḫ-ṣe ki-i mi-iḫ-ṣe*
90 *i-ša-ak-ku-ú-nu-uš*
91 *nap-šá-a-te ú-ma-al-la* [Notes philologiques p. 105]

[87]Si quelqu'un frappe une prostituée et [88]fait lui perdre ce qui est de son intérieur, [90]ils lui imposeront [89]coup pour coup, [91]il remplacera la vie.

Pour cette deuxième et, à cause du témoin cassé, dernière suite de la loi rédigée sur le modèle d'un *Doppelgesetz*, le législateur revient aux expressions connues du paragraphe § 50. Une comparaison avec le § 40, qui porte sur l'obligation de certaines femmes de se voiler en public, aide à se faire une idée de la place de la prostituée dans la société médio-assyrienne : la kar.kid y est mentionnée *après* les femmes mariées et la *esertu* « concubine », mais *avant* les servantes[49]. La même hiérarchie semble structurer la présente discussion, et il est assez probable, à en juger par les traces qui restent au pied de la colonne, qu'une disposition sur les geme$_2$.meš, c'est-à-dire un équivalent du § 24 Code d'Ur-Nammu et des § 213*sq.* Code de Hammourabi, se soit encore trouvée au § 54[50].

Pour ce qui est de l'apodose du paragraphe, le législateur y distingue clairement entre l'acte initial d'agression et ses conséquences. La réponse à la perte de l'enfant *napšāte umalla* est reportée à la dernière ligne : le complément compensatoire *kīmū ša libbīša* n'a plus besoin d'être répété et y est présent implicitement, comme à la fin du § 50 *šumma ša libbīša ṣuḫārtu* l. 81. La partie *miḫṣe kī miḫṣe išakkunūš*, en revanche, se réfère exclusivement au violent échange entre l'agresseur et la femme : il s'agit ici d'un exemple assez pur du talion pénal, avec le complément d'équivalence *kī x* inséré au bon endroit,

49 *V.* pour les dam.meš et certaines autres munus.meš col. i (= v) l. 42, pour la kar.kid *ibid.* l. 62 et pour les geme$_2$.meš l. 82. À noter l'emploi du pluriel pour certains groupes comme les femmes mariées et les servantes, à la différence de la *esertu* et de la *karkittu*.

50 *V. la-áš-šu* (l. 75) et sur la nouvelle col. iv (= viii) geme$_2$.meš l. 4. – Le § 53, qui discute l'avortement causé par la femme elle-même, serait alors une digression qui interrompt la discussion, thématiquement peut-être plus liée à la mère *lā murabbītu* § 51 qu'à la prostituée § 52. Soupçonner la victime d'être le coupable (et *vice versa*) est l'une des spécialités du législateur médio-assyrien, toujours en quête d'un maximum de sophistication.

*i.e.* après l'objet direct de *škn*, et une reprise littérale de la racine du verbe de la protase *mḫṣ* pour les deux éléments *x kī x* de l'apodose. Seule la différence sexuelle entre les deux personnes concernées cause une asymétrie évidente, l'agresseur ne risquant jamais, quand lui sont infligés ses coups à l'identique, de perdre un enfant comme la victime[51]. Il est possible que le législateur ait alors pensé prioritairement à un châtiment public qui se passe devant les yeux des autres membres (masculins) de la communauté. Cette interprétation servirait à réconcilier, au moins partiellement, le § 52 avec le § 21 *via* la peine « ils le frapperont (*imaḫḫuṣūš*) cinquante fois avec un bâton » l. 103, d'une logique également assez « démonstrative »[52].

## 2.4 Femme perdant « son enfant » : Exode 21 22*sq.*

Source principale : Codex Leningradensis. — Texte repris de l'édition d'Elliger *et* Rudolph, p. 121.

22 וְכִי־יִנָּצוּ אֲנָשִׁים וְנָגְפוּ אִשָּׁה הָרָה וְיָצְאוּ יְלָדֶיהָ וְלֹא יִהְיֶה אָסוֹן
*22* עָנוֹשׁ יֵעָנֵשׁ כַּאֲשֶׁר יָשִׁית עָלָיו בַּעַל הָאִשָּׁה וְנָתַן בִּפְלִלִים ׃
23 וְאִם־אָסוֹן יִהְיֶה וְנָתַתָּה נֶפֶשׁ תַּחַת נָפֶשׁ ׃ [Notes p. 106*sq.*]

22Quand des gens se battent et qu'ils frappent une femme enceinte et que son enfant sort et qu'il n'y a pas de malheur, *22*il doit payer une amende, comme impose sur lui le mari de la femme, et il donne en présence des juges ; 23mais s'il y a un malheur, tu donnes vie pour vie.

Pour la première fois dans l'histoire de la série, la situation générale est rappelée au lecteur de façon explicite tout au début de la protase : comme le laissait deviner le développement thématique dans le Code de Hammourabi[53], le législateur imagine que l'incident se produit dans le cadre d'une rixe entre *awīlū* alias אֲנָשִׁים. Il est alors improbable que l'agresseur ait visé la femme directement et de façon préméditée, contrairement aux hypothèses faites d'après

51 Lafont, *Femmes, Justice et Droit*, p. 369 a parlé en conséquence du « talion partiel » ; mais le critère principal du talion est bien sûr de recréer une agression équivalente (sans forcément obtenir les mêmes conséquences).

52 *Cf.* Lafont, *Femmes, Justice et Droit*, p. 371 sur les apodoses du § 21 comme un reflet du « caractère publique de l'infraction » (interprétation pourtant liée à l'hypothèse d'une différence entre dam et dumu.munus).

53 Pour l'éventuel lien entre les § 209, 206 et 200 Code de Hammourabi, *v. supra* 2.2 (début de la discussion).

l'exercice du jeune scribe rédigé en sumérien[54]. Le choix de la femme comme adversaire semble plutôt résulter de la confusion créée au cours d'une mêlée entre des *nišū*[55].

Le rédacteur emploie par la suite l'expression וְ(לֹא) יִהְיֶה אָסוֹן pour structurer sa réponse. Étant donné le début quasiment identique de la loi, il est intuitif d'y voir une référence voilée à la distinction classique entre la perte de l'enfant et le décès de la femme[56]. Il est vrai que l'annonce selon laquelle la perte de l'enfant ne représente « pas de malheur » irrite à première vue[57] ; mais elle pourrait s'expliquer par le point de vue pragmatique du législateur : dans la mesure où le בַּעַל de la femme ne perd rien de sa « propriété vivante » (seu-

---

54 Pour un *caveat* général concernant les données de YOS I n° 28, *v.* la note philologique à $i_3$~ni~n~$rah_2$ 2.1 l. 3'.

55 Daube, *Studies*, p. 107*sq.* a essayé d'établir que le terme נגף décrit des coups volontaires ("a malicious, deliberate offence"), mais cette hypothèse a été mise en question par Jackson, VT 23, p. 277 : "in the *Mishpatim* at least, the verb may be used of non-deliberate acts". Quand Cardascia, *Studi Cesare Sanfilippo* 6, p. 181-183 envisageait une théorie similaire pour *mḫṣ*, il prenait soin de la nuancer aussitôt quant à ses conséquences pour le présent cas : « La chaleur de l'action joue le rôle d'une circonstance minutoire ». Sur le caractère (in)volontaire de l'agression comme un critère secondaire par rapport à son *Sitz im Leben*, *v.* Jackson, *Wisdom-Laws*, p. 194 : "The law does not operate through legal categories at this stage; rather, it focuses on the social experience of typical situations ... Intention is part and parcel of what makes such situations appear significantly different, but is not utilised as a necessary condition (an 'element' of a crime) as in the modern, positivist model." *Cf.* déjà la critique de Jackson *ibid.* p. 188 n. 82 de l'approche trop positiviste de Paul, *Studies*, p. 74.

56 *Cf.* Eichler *in* : *Studies Shalom M. Paul*, p. 24. – Westbrook, RB 93, p. 67 a essayé de déduire du contraste entre la troisième personne pluriel וְנָגְפוּ l. 22 et le singulier וְנָתַן l. *22* le sens technique "if it is not a case of perpetrator unknown" pour וְלֹא יִהְיֶה אָסוֹן. Ce sens est potentiellement réconciliable avec les trois autres attestations de אָסוֹן dans la Genèse, mais non avec celles du livre Sirach, ni avec l'absence du terme Deutéronome **21** 1-9, *cf.* Schwienhorst-Schönberger, BZAW 188, p. 91*sq.* En outre, une telle distinction ne se rencontre pas ailleurs dans le contexte de la série, elle n'est pas naturelle (pourquoi s'exprimer par une négation dans le premier cas ?), et elle n'est pas confirmée par l'emploi d'un pluriel à la l. 23 (pour le postulat de l'intégrité de la loi comme le point de départ de Westbrook, *v. ibid.* p. 55).

57 *Cf.* Jackson, *Wisdom-Laws*, p. 217 sur אָסוֹן comme un terme "which carries special emotional connotations" ; cela ne signifie pourtant pas qu'il doive se référer (exclusivement) à un futur Benjamin et non à la femme (pour laquelle un père de famille n'a donc pas d'affection ?). À la limite, on pourrait imaginer un lecteur qui, confronté à ce problème que la loi ne couvre pas l'ensemble des (quatre) solutions théoriquement possibles (*v.* la note à la discussion *supra* 2.2), insère אָסוֹן comme une distinction *délibérément* vague : dans ce cas, le terme se réfèrerait à la mère *et* à l'enfant, et la l. *22* couvrirait le côté subjectif de l'accident, en compensant les « douleurs » subies par la femme (un peu à la manière médio-assyrienne, sauf qu'il n'y a pas la tendance à isoler cette apodose) et / ou « la fragilité de l'enfant né avant terme » (Prévost, *Mél. Jacques Teneur*, p. 625 ; Cardascia, *Mél. Jean Dauvilliers*, p. 171). Cette stratégie aurait d'ailleurs présenté l'avantage d'éviter la question (éternellement débattue) de savoir à partir de quel mois un enfant non encore né peut réellement perdre sa « vie » (et son בַּעַל recevoir un substitut, comme pour sa femme).

lement l'espoir de la voir s'agrandir dans un bref délai), l'avortement d'un enfant (non encore né) n'est pas considéré comme une véritable « calamité » au sens d'un « accident mortel ».

Néanmoins, la loi accorde, par la précision כַּאֲשֶׁר יָשִׁית עָלָיו בַּעַל הָאִשָּׁה, insérée au milieu de la première partie de l'apodose, que l'enfant a une valeur *subjective*, à déterminer par le père. Ce recours à la négociation individuelle de l'amende semble être une innovation par rapport aux modèles existants[58], et elle est peut-être une réaction aux difficultés, visibles en partie chez le législateur hittite, de décréter par avance des montants qui couvrent l'ensemble des différents cas possibles[59]. La clause supplémentaire וְנָתַן בִּפְלִלִים se comprendrait ainsi comme une limitation importante pour exclure que des sommes exagérées et déraisonnables soient demandées par le mari de la femme[60].

Si le verbe נתן ne change pas de signification à une demi-ligne d'intervalle (et si וְאִם־אָסוֹן יִהְיֶה renvoie bien à l'éventualité *šumma* munus *šī imtūt*)[61], la deuxième apodose se réfère à l'obligation de restituer une « vie » pour la

---

58 Même si *napšāte umalla* renvoyait métaphoriquement à une compensation en argent (*v.* les discussions *supra*, 2.3.2 et 2.3.3 *in fine*), il ne serait pas dit que l'amende soit à négocier individuellement : la façon dont l'apodose est rédigée fait plutôt penser à un « montant fixé de manière coutumière localement » (S. Démare-Lafont).

59 Le § 17 Lois hittites se limite probablement, *pace* les tentatives de le rapprocher de la distinction établie par la Septante (Doron, JANES 1, p. 22 n. 10), à deux exemples « représentatifs » pour des raisons d'économie d'écriture : le montant à payer se calculerait ainsi *de façon continue* sur la base du mois de grossesse, *i.e.* sept sicles pour un avortement au septième mois (*cf.* Beckman, StBoT 29, p. 10 ; Stol, *Birth in Babylonia*, p. 42).

60 Parmi les différentes interprétations proposées pour בִּפְלִלִים (*v.* la note philologique), aucune n'est vraiment satisfaisante dans le contexte, *cf.* les critiques de Budde, ZAW 11, p. 106 (dirigée contre l'interprétation classique : „Wer die Geldbuße zu bestimmen hat, ist mit der wünschenswertesten Deutlichkeit gesagt"), Jackson, VT 23, p. 277 (contre בְּ « en présence de » : "one cannot imagine judicial involvement for the sake of such a passive role"), Westbrook, RB 93, p. 58 (contre Speiser : "the question of measure of damages … is satisfactorily covered in the previous phrase"), Lafont, *Femmes, Droit et Justice*, p. 374 (contre Budde : « il est superflu de répéter que la somme est due … 'pour l'avortement' »). Finalement, nous avons préféré la contradiction (le problème de l'interprétation traditionnelle et de celle de Speiser) à la tautologie (Budde et Westbrook), en partie sur la base de la remarque générale, mais pertinente, de Loewenstamm, VT 27, p. 354, qui se demande "whether any law might provide for an unlimited claim", *cf.* aussi la précision par Jackson, *Wisdom-Laws*, p. 226, qui s'inspire de la comparaison (de Morgenstern) avec "Bedouin practices" : "The 'umpires' are clearly mediators rather than arbitrators: it is their role to broker rather than to impose a solution."

61 Selon le *P. Rylands* 68, la survie de la femme demeure incertaine encore longtemps après l'attaque : c'est une nouvelle complication du modèle simplifié « si cette femme meurt (sur le lieu, combien de jours après ?) » (*cf.* Jördens *apud* Anagnostou-Canas *in* : *Symposion 2005*, p. 329 : „Offenbar gab es sogar eine gesetzlich vorgeschriebene Frist, innerhalb derer das Opfer verstorben sein mußte, um eine Klage auf Tötung zu rechtfertigen"), qui pourrait expliquer pourquoi le rédacteur biblique s'est réfugié dans une expression vague comme אָסוֹן.

« vie » que l'agresseur vient de faire perdre, à savoir celle de la femme[62]. À la différence de la proposition d'Achab à Nabot I Rois **21** 2[63], un retour à la logique normative de la première apodose, c'est-à-dire à un paiement d'une somme d'argent, ne semble pas être envisagé : il s'agit alors d'une solution selon le principe de la variante réparatrice du talion. Par comparaison à celles des autres collections de lois, le législateur ne s'y montre pas particulièrement sévère : on s'attendrait, dans la tradition du § 23 Code d'Ur-Nammu, à la peine de mort, sinon à une punition talionique, comme dans le § 210 Code de Hammourabi[64]. Si on veut réconcilier la réponse biblique avec les exemples discutés, il faudrait supposer une approche *muškēn*-esque[65] ou un changement du statut de la אִשָּׁה par rapport à son בַּעַל, étant donné que rien n'indique que la femme ne soit pas libre.

Indépendamment du fait que la loi ne semble pas couvrir le cas de la servante[66], l'apodose וְנָתַתָּה נֶפֶשׁ תַּחַת נָפֶשׁ rappelle, quant à la simplicité de sa construction, l'un des exemples les plus anciens du talion de restitution, la formule saĝ saĝ.gin$_7$ ba.ab.sum.mu § 12 Code de Lipit-Ištar[67]. Elle est pourtant rédigée de telle façon que le lecteur peut facilement la confondre avec un exemple du talion pénal comme *miḫṣe kī miḫṣe išakkunūš* § 52 Lois médio-assyriennes. Le rédacteur n'emploie aucun des moyens à sa disposition pour souligner que la phrase porte principalement sur un remplacement, comme, par

---

62 *Cf.* le résumé de Jackson, *Wisdom-Laws*, p. 219 (de l'analyse entreprise, principalement et en premier lieu, par Daube) : "*nefesh taḥat nefesh* indicates the notion of personal substitution, whether it be live or dead depending on the circumstances: the basic meaning is 'person for person', which is compatible with either use".

63 וְאֶתְּנָה לְךָ תַּחְתָּיו כֶּרֶם טוֹב מִמֶּנּוּ אִם טוֹב בְּעֵינֶיךָ אֶתְּנָה־לְךָ כֶסֶף מְחִיר זֶה « je te donnerai à sa place une vigne au moins aussi bonne qu'elle, (sauf) si (il est) bon dans tes yeux (que) je te donnerai de l'argent au montant qu'on reçoit pour celle-ci ». La rhétorique d'Achab consiste bien sûr à suggérer à Nabot qu'il est question d'un objet aliénable : mais pour ce dernier, la vigne est non-aliénable et irremplaçable.

64 Si אָסוֹן se référait à l'enfant, la réponse du législateur biblique serait alors identique à celle qu'a prévue le législateur médio-assyrien pour la *ṣuḫārtu* (2.3.2 l. 80*sq.*). On a constamment comparé וְנָתַתָּה נֶפֶשׁ תַּחַת נָפֶשׁ avec *napšāte umalla*, "a notably similar phrase" (Jackson, VT 23, p. 295), en espérant que les deux apodoses s'éclairent mutuellement : toutefois, la première n'est pas, *contra* Prévost, *Mél. Jacques Teneur*, p. 626, un « équivalent exact en akkadien », ni la deuxième sa « transposition quasi-littérale en hébreu » : regardé objectivement, les points en commun se limitent à l'emploi de la racine *npš*, et celle-ci n'est même pas au pluriel dans l'exemple biblique.

65 Pour ce concept, selon lequel le groupe des *awīlū* représente une classe exceptionnelle et potentiellement absente d'une législation plus simple et pragmatique, *v.* le prochain chapitre, en particulier 3.3.

66 *Aliter* Otto, *Kontinuum und Proprium*, p. 243 („auch ... Sklaven"), qui pourtant interprète aussi l'apodose de façon différente (*sc.* comme une „Todessanktion … für Fälle der Körperverletzung mit Todesfolge").

67 *V. supra* 1.1, l. 21*sq*.

exemple, l'insertion d'une référence explicite לְ au destinataire[68] (sinon le recours à une racine moins ambiguë que נתן)[69], l'emploi d'un article pour marquer l'objet indirect[70] et / ou le déplacement de l'objet direct devant le verbe[71], ou l'ajout d'un suffixe à נֶפֶשׁ ou même à תַּחַת afin d'accentuer le lien avec la protase[72]. Dans la version abrégée נֶפֶשׁ תַּחַת נֶפֶשׁ, comme dans l'équivalent $gu_4$ *kīma* $gu_4$, un équilibre artificiel s'installe entre la « vie » qui est perdue et la « vie » qui la remplace, et la préposition תַּחַת commence à ressembler à une préposition qui relie les éléments d'une formule du talion pénal (à la manière de *kī*) au lieu d'exprimer l'idée de la substitution (comme *kīmū*), à laquelle elle devrait se limiter, en raison de son étymologie.

L'adresse directe (à l'agresseur ?) וְנָתַתָּה « *tu* donne*s* » est une autre anomalie encore plus frappante, qui a suscité de nombreuses explications, souvent liées aux autres hypothèses sur la portée exacte de la loi[73]. Étant donné que l'emploi de la deuxième personne singulier n'est pas attesté pour la série « vie pour vie », ni dans les codes du deuxième millénaire tout court, ni dans le contexte immédiat de la loi, mais seulement dans le langage « communautaire » du Deutéronome ou des Dix Commandements[74], on finit par se

---

68 *Cf.* I Rois **21** 2 וְאֶתְּנָה לְךָ « je donnerai *à toi* » (aussi 6 תְּנָה־לִּי אֶת־כַּרְמְךָ בְּכֶסֶף « donne-*moi* ta vigne contre de l'argent ») ou Isaïe **61** 3 לָתֵת לָהֶם × תַּחַת × « pour *leur* donner *x* à la place de *x* ».

69 Par exemple שׁלם pi., comme on le rencontre quelques lignes plus bas שַׁלֵּם יְשַׁלֵּם × תַּחַת × Exode **21** 36*sq*.

70 *V.* Exode **21** 36 שַׁלֵּם יְשַׁלֵּם שׁוֹר תַּחַת הַשּׁוֹר « il doit remplacer un taureau pour *le* taureau [qu'il faisait perdre] » ; "the ox" (Daube, *Studies*, p. 136) et non "an ox" (*ibid.* p. 104).

71 *V.* Exode **21** 37 חֲמִשָּׁה בָקָר יְשַׁלֵּם תַּחַת הַשּׁוֹר « cinq bœufs tu remplaceras pour le taureau ».

72 *Cf.* I Rois **20** 39 et 42 נַפְשְׁךָ תַּחַת נַפְשׁוֹ « *ta* vie pour *sa* vie », Isaïe **43** 4 (Yahvé parlant à Israël) וְאֶתֵּן אָדָם תַּחְתֶּיךָ וּלְאֻמִּים תַּחַת נַפְשֶׁךָ « je te donne des hommes *à ta place* et d'(autres) peuples pour *ta vie* » et, de nouveau, I Rois **21** 2 וְאֶתְּנָה לְךָ תַּחְתָּיו « je te donnerai à *sa* place » *etc.*

73 Pour Alt, ZAW 52, p. 305, l'anomalie confirmait sa théorie sur l'origine cultuelle de la formule du talion („bezeugt ganz richtig ihren kultischen Ursprung und Sinn"). Selon Daube, *Studies*, p. 105, la deuxième personne était choisie par le rédacteur "in order to emphasize his opposition to those practices which we came across in other oriental codes", en particulier la solution § 210 Code de Hammourabi *mārassu idukkū.* Umberto Cassuto (*apud* Jackson, *Wisdom-Laws*, p. 228) pensait à une adresse directe du juge : "You, O Judge … shall adopt the principle 'life for life'." Westbrook, RB 93, p. 66, en revanche, y voyait une manière "to direct a law at the community as a whole (or its representatives)". Si l'on compare Exode **21** 12, ce serait alors Dieu lui-même (et non plus un « rédacteur » ou « expert du droit ») qui parlerait (avec des « experts du droit ») : « *je* fixe pour *toi* un lieu où *il* se réfugiera ». Pour la possibilité d'une adresse (au singulier) à un collectif, *cf.* la paraphrase "This is what you, O Israel(ite), should do", proposée par Sprinkle, JSOT Suppl. 174, p. 95, et la théorie du dernier sur la nécessité de rappeler "that this is still part of a monologue of YHWH to Israel" (*ibid.* p. 99) ; dans ce sens également Schwienhorst-Schönberger, BZAW 188, p. 128.

74 *Cf.* Jackson, *Wisdom-Laws*, p. 236 : "The use of second-person forms is characteristic of *Deuteronomy*."

demander si le texte sous sa forme actuelle ne résulte pas d'une « correction » par une main tardive[75] qui aurait essayé à tout prix de relier le paragraphe sur l'avortement de la femme enceinte au style abrégé des lignes suivantes, qui pourtant traitent d'un sujet différent, les atteintes corporelles *directes*, appartenant à la série « œil pour œil » et discutées dans le prochain chapitre.

---

75 Le schéma de Schwienhorst-Schönberger, BZAW 188, p. 117 avec la „Grundschrift" et la „1. Erweiterung" (comprenant l'insertion וְלֹא יִהְיֶה אָסוֹן ainsi que l' « ajout » וְנָתַן בִּפְלִלִים plus la suite) est généralement assez plausible ; toutefois, il ne faut jamais oublier la possibilité que des « extensions » aient supplanté une partie de la version originale, en s'inspirant d'elle.

# III. « Œil pour œil »

Les lois discutées dans cette partie concernent les atteintes corporelles. À la différence des deux séries précédentes, il n'est plus question de la perte d'une « tête » ou d'une « vie » (potentiellement) aliénable et indépendante, mais de la destruction d'une partie non-aliénable du corps de la victime. Les deux endroits traditionnellement choisis pour illustrer ce type d'agression sont le visage et les extrémités. Les éléments détaillés à l'intérieur de chaque champ varient légèrement selon le contexte. Étant donné que la destruction est irrémédiable, la variante réparatrice du talion n'est plus envisagée comme une solution normative. À sa place, on trouve souvent la demande d'une compensation en argent. Dans ce cas, la principale tâche du législateur consiste dans le développement d'un système de tarifs qui reflète le mieux le degré de gravité de chaque accident. Plus rarement, ces tarifs sont complétés ou remplacés par une solution beaucoup plus simple et radicale, le talion pénal, qui prévoit que l'acte en question soit infligé à l'identique à son auteur, par l'intermédiaire des autorités.

## 3.1 Nez, œil, dent, oreille, joue, doigt, main, pied : § 42-45 Lois d'Ešnunna

Même tablette qu'au paragraphe 1.3.1 *supra* (« A »). — Photographie dans Sumer 4 (= AASOR 31), pl. II (reproduite également dans JCS 2, entre les p. 72 et 73). — Copie par Goetze, Sumer 4, p. 100 (= Goetze, AASOR 31, p. 191). — Pour les § 42 et 43, un autre témoin (« B ») plus récent et plus lisible sur IM 52614, *verso*, col. i (= iii), l. 17-22[1]. — Pour le § 45, un témoin « libre » (différent de « A » à partir du § 47), appelé « Ḥaddad » (ou « C »), avec photographie[2] et copie par Al-Rawi, *Sumer* 38, p. 119 l. 3*sq.* — Éditions consultées : Goetze, *Sumer* 4, p. 84 et 86 ; Goetze, AASOR 31, p. 117*sq.* ; Yaron, *Laws of Eshnunna*, p. 68 et 70 ; Roth, *Law collections*, p. 65*sq.*

IM 51059, *verso*, col. i (= iii)

32 *šum-*[*m*]*a* lu$_2$ *ap-pí* lu$_2$ *iš-šu-uk-ma it-ta-ki-í*[*s*]
33 1 ma.na k[u$_3$].ba[bba]r i$_3$.la$_2$.e igi 1 ma.na zu$_2$ ½ ma.na
34 *u*[*z*]*-nu* ½ ma.na *me-ḫe-eṣ le-tim* 10 gin$_2$ ku$_3$.babbar i$_3$.l[a$_2$].e
35 *šum-ma* lu$_2$ [*ú-b*]*a-an* [l]u$_2$ *it-ta-k*[*i-í*]*s*
36 1/3 ma.na ku$_3$.babbar i$_3$.la$_2$.e *šum-ma* lu$_2$ *a-wi-l*[*a*]*m i*[*-na x x*]
37 *ís-k*[*i*]*-i*[*m*]*-m*[*a*] šu-[*š*]*u iš-te-bir*$_5$ ½ ma.na ku$_3$.babbar i$_3$.la$_2$.e
38 *šum-ma* ĝi[r$_3$]*-šu* [*i*]*š-te-bir*$_5$ ½ ma.na ku$_3$.babbar i$_3$.la$_2$.e

[32]Si quelqu'un mord dans le nez de quelqu'un et (le lui) coupe, [33]il paiera une mine d'argent ; un œil : une mine ; une dent : une demi-mine ; [34]une oreille : une demi-mine ; une gifle : il paiera 10 sicles d'argent. [35]Si quelqu'un coupe le doigt de quelqu'un, [36]il paiera le tiers d'une mine d'argent. Si quelqu'un [37]... [36]quelqu'un ... [37]et casse sa main, il paiera une demi-mine d'argent. [38]S'il casse son pied, il paiera une demi-mine d'argent.

Les divers accidents décrits dans les quatre paragraphes résultent très probablement de nouveau d'une bagarre ou d'une rixe[3], malgré l'absence d'indication explicite sur leurs circonstances. À la différence de la série précédente

1 Photographie dans Sumer 4 (= AASOR 31), pl. IV ; copie par Goetze, *Sumer* 4, p. 94 (= AASOR 31, p. 196).

2 Pour une photographie d'une meilleure qualité, *v.* la version arabe de l'article dans *Sumer* 40, p. ٩٧.

3 Dans le même sens Goetze, AASOR 31, p. 121 : "It may be the consequence of a flare-up between two persons – this is the case in §§ 42 and 43 – or it may be the unintentional result of some action of violence committed in the course of a fight between two parties – this seems to be the case in §§ 44 (and 45)."

« tête pour tête » et du cas de l'avortement de la femme, l'échange hostile se limite à deux personnes ; l'affrontement est en conséquence direct[4].

La disposition sur le nez l. 33 ne représente pas une curiosité ešnunnéenne, mais elle est attestée ailleurs : déjà le Code d'Ur-Nammu semble parler de la coupure du nez par un instrument[5], et la reprise plus littérale de la disposition dans les Lois hittites § 13*sq.* confirme non seulement la terminologie de *našākum* « mordre », mais donne en même temps l'impression, par l'arrangement des paragraphes, que la loi était tombée à un moment donné en désuétude et qu'on la retenait principalement pour des raisons formelles[6].

Le style elliptique dont se sert le rédacteur par la suite pourrait cacher – comme on le rencontre dans l'exemple encore plus comprimé de la Bible l. 24 (discuté *infra* 3.4) – un changement implicite des verbes de la protase (vers *mḫṣ*), puisqu'on imagine difficilement une personne attaquer les dents de son adversaire avec ses propres dents (plutôt que se servir de son poing)[7]. S'il s'agit au contraire d'une répétition mécanique des concepts introduits auparavant, comme il est le cas pour le verbe de l'apodose $i_3$.$la_2$.e, il faudrait sous-entendre que l'adversaire *arrache* plutôt qu'il n'écrase l'œil de sa victime et qu'il lui déchire l'oreille également en *mordant* dedans.

Une lecture de la suite l. 35 aide à mieux comprendre la hiérarchie à l'intérieur des deux champs, visage et extrémités : le choix du doigt (de pied)

---

4 La plus grande simplicité de la série « œil pour œil » pourrait expliquer pourquoi celle-ci précède normalement la série « vie pour vie » et non l'inverse (l'exemple de la Bible étant l'une des exceptions à la règle).

5 Étant donné qu'on ne « coupe » pas des dents, la lecture $kiri_3$/$kir(i)_4$ „[eig. $giri_{17}$]" (SZett, p. 359 ; *cf.* MesZL, p. 497) du signe KA l. 16' est celle qui convient le mieux au contexte de in.$ku_5$(d) ; un *compositum* KA—TAR, l'équivalent de *našākum*, est exclu par la présence du signe après KA, qui, à moitié cassé, est très probablement le suffixe possessif ($kiri_3$.)ni « son (nez) », *cf.* $kir_{14}$-*šet* § 13*sq.* Lois hittites l. 33 et 35. Le déchiffrement de la l. 15' précisant l'instrument est plus difficile : Kramer *et* Falkenstein, Or 23, p. 54 lisaient $^{giš}$?.ta, sans doute par analogie avec la l. 7' ; Finkelstein proposait $^{urudu?}$gír? (JCS 22, p. 70), mais le premier clou horizontal, c'est-à-dire la « poignée » du 𒄈 « couteau », manque pour un ĜÍR ; la solution ĝešpu.ta „mit einem Ringerhaken" de Wilcke *in* : *Riches hidden*, p. 318 (*cf.* SZett, p. 206 : „ĝešpu [eig. ĝešba] Faust(kampf)") présente l'avantage que le deuxième signe PAP.PAP est bien attesté sous cette forme (*v.* aBZL n° 264), même si les traces du premier signe ne ressemblent pas vraiment à un ŠU (au moins sur la copie).

6 *V. infra* 3.3, l. 29-34, au début de la discussion ; l'hypothèse d'une disposition « archaïque » expliquerait pourquoi le nez ne réapparaît ni dans le Code de Hammourabi, ni dans la Bible (*pace* l'interprétation de נֶפֶשׁ comme "nose" par Goetze, AASOR 31, p. 121).

7 Pour Otto, *Kontinuum und Proprium*, p. 231, la suite du § 42 est un ajout tardif („auf einer zweiten Redaktionsstufe wurden § 42b; 47 eingefügt") et postérieur à la création de l'ensemble des lois „auf einer ersten Redaktionsstufe". Sur la base d'une seule version, de telles hypothèses sur l'évolution de l'ensemble demeurent naturellement assez spéculatives : alors que l'histoire de la série peut confirmer que le lien qui existe entre les cas de l' « œil » et de la « dent » est certainement plus étroit que celui entre l' « œil » et le « nez », elle semble plutôt contredire l'impression que des cas exemplaires aient jamais existé isolément.

comme premier élément confirme que le rédacteur suit une logique de la partie la plus extrême, en commençant toujours par l'endroit qui est le plus éloigné du centre du corps de la victime (et en conséquence le plus exposé à être attaqué par l'adversaire). La façon unique de lier les deux ensembles par le *ubānum*, la seule partie des extrémités qu'on peut encore 'couper'[8], indique en même temps qu'il faut lire les idéogrammes šu et ĝiri$_3$ de façon généreuse, en y incluant les bras et les jambes à travers une extension *pars pro toto*. Il est également intéressant de comparer le verbe employé dans ce contexte – *ištebir* – avec celui de la protase du § 19 Code d'Ur-Nammu zi(r), pour en déduire que la loi ne parle pas d'une simple fracture[9], où il y ait encore l'espoir de voir le membre blessé retrouver un jour sa fonctionnalité[10], mais d'une fracture complexe, dont le résultat est la destruction totale de l'os.

Le système des tarifs se montre, à l'exception de la valeur absolue d'une mine entière comme point de départ, plutôt irritant : on ne comprend pas, par exemple, pourquoi le même montant est demandé d'un côté pour le nez et pour un œil et de l'autre côté pour une oreille et une dent, alors qu'un adulte possède normalement deux yeux et deux oreilles, mais seulement un nez et huit ou douze dents exposées à une attaque[11]. Il est possible qu'il faille lire les idéogrammes igi et zu$_2$ respectivement au duel et au pluriel, quoique cette interprétation ne corresponde pas à l'idée des ripostes spontanées au cours d'un affrontement et qu'elle fasse plutôt penser à une agression préméditée et systématique, comme *e.g.* l'aveuglement des prisonniers de guerre à la suite de la prise d'une ville. Une autre explication serait que l'on considérait les yeux et les dents comme essentiels à la (sur)vie, alors que la perte du nez ou de l'oreille passait, sous certaines réserves, pour « cosmétique » ; dans ce cas, le

8 Cette observation contient un autre argument contre la restitution de la l. 2' § 18 Code d'Ur-Nammu [ĝiri$_3$.]ni in.ku$_5$ « coupe son pied » par Finkelstein et par Roth, qu'avait déjà critiquée, mais pour d'autres raisons, Wilcke, en proposant [ba.]ni.in.ku$_5$. Le témoin A du Code d'Ur-Nammu présente-t-il les deux champs à la fin dans un ordre inverse : coupure du doigt § 18 et fracture du pied ou de la main § 19, suivies par la coupure du nez § 20 ?

9 Traduit par Finkelstein et Roth "shatter(ed/s)", par Wilcke „bricht", *i.e.* comme *šbr*, *cf.* SLex, p. 313 : "to destroy; to annihilate; to annul, to erase". – L'expression al(.)mu.ra.ni l. 9' pose problème depuis la première édition (Kramer et Finkelstein, Or 23, p. 48 n. 4) : Roth, *Law collections*, p. 19 y voyait une précision de ĝir$_3$.pad.ŕa$_2$ "the …-bone" ; il semble pourtant plus probable qu'il s'agisse d'une forme verbale qui précise les circonstances de l'attaque et qui est soit lexicalement inconnue – comme le suggère Wilcke („Knochen, den er ge... hat") – soit grammaticalement incomprise, *cf.* la discussion *infra* 3.3 (hypothèse d'une base composite al—rah$_2$ « frapper avec une houe »).

10 Les Codes réservent à ce cas une série dite « frais du médecin », qui se trouve généralement à proximité de la série « œil pour œil » (Code de Hammourabi § 206-208 ; Exode **21** 18*sq.*), et une fois même à l'intérieur de cette série (Lois hittites § 9*sq.*).

11 On pense aux incisives et éventuellement aux canines ; les molaires, en revanche, ne comptaient certainement pas comme des « dents » dans le présent contexte, *cf.* la discussion des § 7*sq.* Lois hittites *infra* 3.3.

visage garde néanmoins une certaine supériorité vis-à-vis des extrémités, la destruction de la main entraînant par exemple le même tarif que celle, sans doute plus « cosmétique », de l'oreille[12].

L'élément le plus surprenant est peut-être celui de la fin du premier ensemble, le « coup de la joue », parce que cet acte n'implique normalement aucune blessure au sens des coupures et cassures détaillées avant et après. Néanmoins, une agression physique est bien à l'origine des « blessures subjectives » provoquées par une gifle, et il serait faux de reprocher au rédacteur de confondre à ce point les atteintes corporelles et les atteintes à l'honneur. Il est toujours possible qu'un citoyen de la ville d'Ešnunna, giflé *coram publico*, se soit senti aussi humilié que s'il avait perdu un œil ou une oreille. Alternativement, la décision d'intégrer le *meḫeṣ lētim* dans la série « œil pour œil » pourrait être interprétée comme l'expression d'un certain pragmatisme de la part du législateur : cette disposition, dont le tarif est le plus modeste, rappellerait aux juges qu'une bagarre ne se limite pas aux blessures permanentes et graves. Si un homme, provoqué par une gifle, mord dans le nez de son adversaire, il est bien possible qu'il ne paye, les deux dispositions combinées, que cinquante sicles à la place d'une mine entière.

## 3.2 Œil, os, dent, joue : Code de Hammourabi § 196-205

Même source que pour les paragraphes 1.2. et 2.2. — Photographie chez Scheil, MDP 4, pl. XII*sq.* — Copie par Bergmann, *Codex Ḫammurabi*, p. 26*sq.* — Éditions consultées : Driver *et* Miles, *Babylonian Laws*, p. 76 et 78 ; Roth, *Law collections*, p. 121*sq.*

Sb 8, *verso*, col. xvii*sq.*

45 *šum-ma a-wi-lum*<br>
46 *i-in* dumu *a-wi-lim*<br>
47 *úḫ-tap-pí-id*<br>
48 *i-in-šu*<br>
49 *ú-ḫa-ap-pa-du*<br>
50 *šum-ma* ĝir$_3$.pad.ŕa$_2$<br>
*a-wi-lim*<br>
51 *iš-te-bi-ir*<br>
52 ĝir$_3$.pad.ŕa$_2$-*šu*<br>
53 *i-še-eb-bi-ru*

12 L'amende à payer pour un *ubānum*, en revanche, semble – même après correction de l'erreur classique « 2/3 » – trop élevée, en particulier si l'on pense à un petit doigt ou à un orteil.

54 *šum-ma i-in*
maš.ka$_{15}$:en
55 *úḫ-tap-pí-id*
56 *ù lu* ĝir$_{3}$.pad.ŕa$_{2}$
maš.ka$_{15}$:en
57 *iš-te-bi-ir*
58 1 ma.na ku$_{3}$.babbar
59 *i-ša-qal*
60 *šum-ma i-in*
arad$_{2}$ *a-wi-lim*
61 *úḫ-tap-pí-id*
62 *ù lu* ĝir$_{3}$.pad.ŕa$_{2}$
arad$_{2}$ *a-wi-lim*
63 *iš-te-bi-ir*
64 *mi-ši-il*
šam$_{2}$-*šu*
65 *i-ša-qal*
66 *šum-ma a-wi-lum*
67 *ši-in-ni*
*a-wi-lim*
68 *me-eḫ-ri-šu*
69 *it-ta-di*
70 *ši-in-na-šu*
*i-na-ad-du-ú*
71 *šum-ma ši-in-ni*
72 maš.ka$_{15}$:en *it-ta-di*
73 1/3 ma.na ku$_{3}$.babbar
74 *i-ša-qal*
75 *šum-ma a-wi-lum*
76 *le-e-et a-wi-lim*
77 *ša e-li-šu ra-bu-ú*
78 *im-ta-ḫa-aṣ*
79 *i-na pu-úḫ-ri-im*
80 *i-na* $^{\text{kuš}}$usan$_{3}$.gu$_{4}$
81 1 *šu-ši im-maḫ-ḫa-aṣ*
82 *šum-ma* dumu *a-wi-lim*
83 *le-e-et* dumu *a-wi-lim*
84 *ša ki-ma šu-a-ti*
85 *im-ta-ḫa-aṣ*
86 1 ma.na ku$_{3}$.babbar
87 *i-ša-qal*
88 *šum-ma* maš.ka$_{15}$:en

89 *le-e-et* maš.ka$_{15}$:en
90 *im-ta-ḫa-aṣ*
91 10 gin$_2$ ku$_3$.babbar *i-ša-qal*
92 *šum-ma* arad *a-wi-lim*
93 *le-e-et* dumu *a-wi-lim*
94 *im-ta-ḫa-aṣ*
95 *ú-zu-un-šu*
96 *i-na-ak-ki-su* [Notes philologiques p. 108-110]

[45]Si quelqu'un [47]blesse [46]l'œil de quelqu'un appartenant à la classe des *awīlū*, [49]ils blesseront [48]*son* œil. [50]Si [51]il casse [50]l'os, [53]ils casseront *son* os. [54]Si [55]il blesse [54]l'œil d'un *muškēnum* [56]ou [57]casse [56]l'os d'un *muškēnum*, [59]il paiera [58]une mine d'argent. [60]Si [61]il blesse [60]l'œil d'un esclave de quelqu'un [62]ou [63]casse [62]l'os d'un esclave de quelqu'un, [65]il paiera [64]la moitié de son prix.

[66]Si quelqu'un [69]fait tomber [67]la dent de quelqu'un [68]de son rang, [70]ils feront tomber *sa* dent. [71]Si [72]il fait tomber [71]la dent [72]d'un *muškēnum*, [74]il paiera [73]un tiers d'une mine d'argent.

[75]Si quelqu'un [78]frappe [76]la joue de quelqu'un [77]qui est son supérieur, [81]il sera frappé soixante fois [80]avec un fouet de bœuf [79]dans l'assemblée. [82]Si quelqu'un appartenant à la classe des *awīlū* [85]frappe [83]la joue de quelqu'un appartenant à la classe des *awīlū*, [84]égal à lui, [87]il paiera [86]une mine d'argent. [88]Si un *muškēnum* [90]frappe [89]la joue d'un *muškēnum*, [91]il paiera dix sicles d'argent. [92]Si l'esclave de quelqu'un [94]frappe [93]la joue de quelqu'un appartenant à la classe des *awīlū*, [96]ils couperont [95]son oreille.

Alors que l'introduction des différentes classes sociales complique visiblement la législation, cet effet est contrebalancé par une réduction du nombre des éléments à détailler : le cas « archaïque » de la morsure du nez, par exemple, n'est plus repris, et un terme collectif, l'équivalent sumérien de *eṣemtum* « os », couvre les extrémités traditionnellement appelées la « main » et le « pied », en incluant peut-être aussi le doigt[13]. Le législateur hammourabien n'hésite non plus à rompre avec l'usage de présenter les deux champs séparément et relègue la disposition sur la dent en troisième position en faisant d'autres économies d'écriture : le montant identique de la perte d'un œil et d'un os pour les classes inférieures lui permet ainsi de combiner deux fois *deux* protases l. 54-57 et l. 60-63 avec une *seule* apodose l. 58*sq*. et 64*sq*.

En théorie, la même stratégie aurait été possible pour réunir les protases au début du paragraphe, mais elle aurait nécessité une formulation abstraite du

13 Pour les façons de concevoir les extrémités, *v.* la discussion *supra* 3.1. – Vu l'augmentation du tarif à une mine entière (par rapport aux Lois d'Ešnunna) et l'emploi de *šbr*, il est possible que ĝir$_3$.pad.ŕa$_2$ inclue, non le doigt, mais certains autres endroits du corps qui ne font pas partie des extrémités proprement dites, sans être nécessairement à l'abri d'une attaque, comme *e.g.* les hanches, *cf.* Genèse **32** 25*sq*.

principe du talion pénal comme le יַעֲשֶׂה לּוֹ כַּאֲשֶׁר עָשָׂה כֵּן du Lévitique ou le *talio esto* des XII Tables[14], que le rédacteur évite, peut-être délibérément. Une expression relationnelle apparaît seulement à la fin du paragraphe avec la demande de payer « la moitié de son prix » dans la disposition concernant l'esclave l. 64*sq.*, qui montre que cette classe est *doublement* marginalisée par rapport aux deux autres par le fait qu'un esclave n'a ni droit, comme les hommes libres, à une réponse équivalente – seulement à la « moitié » – ni, comme les semi-libres, à un montant d'argent fixe, mais seulement à un montant *en proportion* de sa valeur[15].

L'attaque dirigée contre les dents se situe pour le législateur déjà à mi-chemin entre l'essentiel et le « cosmétique », comme l'indique la restriction du rang de l'agresseur par l'ajout *meḫrīšu* l. 68[16]. De nouveau, les trois classes sont traitées selon des catégories normatives bien distinctes : alors que la victime libre détient pour une dernière fois le droit au talion pénal, *i.e.* de voir, devant ses pairs, le responsable de la perte irréparable atteint de la même blessure, un *muškēnum* doit se contenter d'une somme d'argent relativement modeste[17]. Pour ce qui est de l'esclave, la disposition est simplement absente. Au lieu de demander, dans la logique de la loi précédente, 'la moitié d'un tiers d'une mine d'argent' (10 sicles) ou, dans la logique de l'ensemble précédent, 'la moitié d'un tiers de son prix' (moins de 10 sicles), le législateur passe le cas sous silence, sans doute parce que la perte d'une (seule) dent ne diminue pas vraiment la valeur d'un esclave[18].

Les « blessures » causées par une gifle représentent un champ à part, parce qu'elles ne laissent pas de traces permanentes et que leur degré de gravité dépend encore plus de la situation et de son interprétation subjective. À la différence des atteintes du premier ensemble, le rédacteur prend en compte le rang de l'agresseur *relatif* à celui de la victime (ce qui fait augmenter le nombre des constellations théoriquement possibles de $3^1$ à $4^2$)[19], et n'envisage plus

14 *V. infra* 4.2 (l. 19) et 4.3 (l. 13).

15 Bien entendu, l'esclave comme individu n'a droit à rien : c'est son maître-*awīlum* qui reçoit la moitié de son prix, actuel ou ancien, de la part de l'*awīlum* responsable de l'accident.

16 Il est plus probable que cette précision exempte, en harmonie avec la législation concernant la gifle, le *awīlum* qui est *rabû(m)* par rapport à sa victime d'une punition talionique que *vice versa*.

17 Les vingt sicles représentent probablement un montant plus important pour celui qui le reçoit (un *muškēnum*) que pour celui qui doit le donner (un *awīlum*).

18 D'autres civilisations (plus pauvres et de là plus à l'écoute des esclaves) ne partagent pas cette approche « ultra-capitaliste » des Babyloniens, *v. infra* 3.3 pour les Hittites et 3.4 pour les Hébreux.

19 En pratique, ce nombre se réduit assez vite à 6 (4) par le fait que la deuxième et la dernière lois couvrent en réalité deux cas (la dernière : *awīlum* junior et senior confondus ; la deuxième : *awīlū* juniors ou *awīlū* seniors) et par le désintérêt général du rédacteur vis-à-vis des classes inférieures, qu'il s'agisse des inférieurs frappés par les supérieurs (*awīlum* junior,

le talion pénal comme la solution normative : une (seule) gifle infligée à l'agresseur au nom de la collectivité ne semble pas créer, en dehors du contexte et de la chaleur de l'affrontement principal, les mêmes « blessures » que celle qui est à l'origine du litige.

Dans le premier cas d'un *awīlum* face à un membre plus « jeune » de sa propre classe, la formulation *imtaḫaṣ* ... *immaḫḫaṣ* « il a frappé ... il sera frappé » rappelle encore le principe du talion pénal, mais le nombre élevé des coups, multiplié par six et dix, souligne en même temps qu'il fallait combler de profondes différences pour assurer un degré d'humiliation comparable à celle qu'avait causée la gifle. Pour les *awīlū* égaux entre eux, le législateur choisit une solution identique à celle qui est proposée pour un affrontement entre *muškēnū*, c'est-à-dire une compensation en argent, d'un montant adapté à chaque classe[20]. C'est l'un des rares témoignages du fait que le talion pénal est en principe compatible avec les autres alternatives normatives comme la variante réparatrice du talion ou les compensations en argent, parmi lesquelles il figure simplement comme la réponse la plus exigeante sur le plan normatif. Dans le présent contexte, le législateur ne voyait pas la nécessité d'y recourir sauf pour les atteintes à l'autorité d'un supérieur.

La disposition finale sur l'esclave surprend à première vue par son caractère ouvertement pénal : on croit avoir affaire à un législateur qui, porté par l'indignation au vu du manque de respect d'un membre de la classe la plus inférieure, répond à la gifle avec une atteinte corporelle du premier ordre et bien connue des Lois d'Ešnunna, à la formulation près, comme une *agression*[21]. En réalité, la coupure de l'oreille est moins violente qu'elle n'apparaît : elle ne changera certainement pas la valeur de l'esclave, comme on peut le déduire de l'absence d'une disposition sur la perte de la dent. Il vaudrait alors mieux l'interpréter comme une peine réfléchissante et / ou symbolique, qui marque la faute commise par l'esclave de ne pas avoir « écouté »[22] son maître[23].

---

*muškēnum* ou esclave frappé par un *awīlum* senior, un junior ou un *muškēnum*, respectivement), des inférieurs frappés par ceux qui sont encore inférieurs (*awīlum* frappé par un *muškēnum*, *muškēnum* frappé par un *wardum*) ou des plus inférieurs frappés par les plus inférieurs (*wardum vs. wardum*).

20 Une mine entière, il est vrai, représente même pour un *awīlum* une somme presque prohibitive, mais il n'est pas non plus exclu que le paiement de dix sicles n'ait été regardé par un *muškēnum* avec une angoisse similaire.

21 § 42, quatrième protase, *v. supra* 3.1 l. 34.

22 *Cf.* § 282 Code de Hammourabi interprété par Mühl, *Untersuchungen*, p. 47 : „Leugnet ein Knecht die Knechtschaft zu Unrecht ab, so verliert er ein Ohr ... ; denn er will auf seinen Herrn nicht hören (ihm nicht gehorchen).“

23 § 205 inclut le cas (se limite au cas ?) de l'esclave qui gifle un *awīlum* qui n'est pas son (propre) maître, puisqu'en théorie, ce dernier devrait se sentir aussi blessé que s'il avait été giflé par l'un de ses propres esclaves, *v. supra* 1.2.1 pour le principe selon lequel la solidarité

## 3.3 Œil, dent, main, pied, nez, oreille : § 7, 8 et 11-16 Lois hittites

Même tablette que pour le paragraphe 1.4.3 *supra* (« B »), mais complétée par le morceau KBo XXII.63. — Copies par Hrozný, KBo VI.3, p. 14*sq.* et par Otten, KBo XXII.63, p. 13. — Photographie chez Hoffner, *Laws of the Hittites*, pl. 4a (KBo VI.3 sans KBo XXII.63). — Parmi les principaux autres témoins, un plus ancien, KBo VI.2 (« A ») col. i, l. 9'-12' (pour les § 7, 8) et l. 20'-25' (pour les § 11-13), un autre plus récent, KBo VI.5 (« C ») col. i, l. 10-19 (pour les § 11/12, 13-16)[24]. — Une version encore plus récente et ouvertement différente, le *Paralleltext* (« PT »), sur KBo VI.4 col. i, l. 14-19 (§ v-vii) et l. 27-39 (§ x-xv)[25]. — Éditions consultées : Friedrich, *Hethitische Gesetze*, p. 16-20 ; Hoffner, *Laws of the Hittites*, p. 21*sq.* et 24-28.

KBo VI.3 (+ KBo XXII.63), *recto*, col. i

16 [*t*]*ák-ku* lu$_2$.u$_{19}$.lu-*an el-lam ku-iš-ki da-šu-wa-ah-hi na-aš-ma*
zu$_9$-*šu la-a-ki*
17 [*k*]*a-ru-ú* 1 ma.na ku$_3$.babbar *pé-eš-ker ki-nu-na* 20 gin$_2$
ku$_3$.babbar *pa-a*[*-i*]
18 [*p*]*ár-na-aš-še-e-a šu-wa-a-ez-z*[*i*]
19 [*t*]*ák-ku* [arad-*an*] *na-aš-ma* geme$_2$-*an ku-iš-ki da-šu-wa-ah-hi*
*na-aš-ma* zu$_9$-*šu la-a-ki*
20 [1]0 gin$_2$ ku$_3$.babbar *pa-a-i pár-na-aš-še-e-a šu-wa-a-ez-zi*

...

29 [*t*]*ák-ku* lu$_2$.u$_{19}$.lu-*an el-lum qa-as-sú na-aš-ma* ĝir$_3$-*šu ku-iš-ki*
*tu-wa*[*-ar-ni-*]*iz-zi*
30 *nu-uš-še* 20 gin$_2$ ku$_3$.babbar *pa-a-i pár-na-aš-še-e-a šu-wa-a-i-ez-zi*
31 *ták-ku* arad-*na-an na-aš-ma* geme$_2$-*an qa-as-sú na-aš-ma* ĝir$_3$-*šu*
*ku-iš-ki tu-*[*w*]*a-ar-na-zi*
32 [1]0 gin$_2$ [k]u$_3$. [bab]bar *pa-a-i pár-*[*n*]*a-aš-še-e-a šu-wa-a-i-ez-zi*
33 [*tá*]*k-ku* lu$_2$.u$_{19}$.[lu]-*an el-lam* k[i]r$_{14}$-*še-et ku-iš-ki wa-a-ki*
1 ma.na ku$_3$.[bab]bar *pa-a-i*
34 [*p*]*ár-*[*n*]*a-aš-še-e-a šu-wa-a-i-e-ez-zi*
35 *ták-ku* arad-*an na-aš-*[*m*]*a* geme$_2$-*an* k[i]r$_{14}$-*še-et ku-iš-ki wa-a-ki*
[x] g[i]n$_2$ ku$_3$.babbar

---

*entre awīlū* prime toujours celle qui existe entre un maître et ses esclaves. Le fait que la peine est infligée collectivement par les hommes libres (*inakkisū*) et non par les seuls maîtres concernés (comme au § 282 : *inakkis*) confirme cette observation.

24 Copies par Hrozný, KBo VI, p. 2*sq.* (A) et p. 37 (C) ; pour une photographie de A, *v.* Hoffner, *Laws of the Hittites*, pl. 1a ; le scribe de C saute du milieu du § 11 au § 12, *v. ibid.* p. 25 n. 32.

25 Chez Friedrich, *Hethitische Gesetze* : p. 50 et 52.

36 *p[a]-a-i pár-na-aš-še-e-a šu-wa-a-i-ez-zi*
37 *ták-ku* [lu$_2$.u]$_{19}$.lu*-aš el-[l]am iš-[t]a-ma-na-aš-[š]a-an ku-[i]š-ki iš-[ka]l-la-a-r[i]*
38 12 gin$_2$ k[u$_3$].babbar *pa-a-i pár-na-aš-[š]e-e-a šu-wa-a-i-ez-zi*
39 *[t]ák-[k]u* arad*-an na-aš-[m]a* geme$_2$*-an* ĝe[št]ug*-aš-ša-an ku-iš-ki iš-kal-l[a]-ri* 3 [gin$_2$] k[u$_3$].b[ab]bar *[pa-a-i]*

[16]Si quelqu'un aveugle une personne libre ou déracine sa dent, [17]autrefois, on donnait une mine d'argent ; mais maintenant, il donne 20 sicles d'argent [18]et se tourne vers la maison pour le(s fournir). [19]Si quelqu'un aveugle un esclave ou une servante ou déracine sa dent, [20]il donne 10 sicles d'argent et se tourne vers la maison pour le(s fournir). [...]

[29]Si quelqu'un casse la main ou le pied d'une personne libre, [30]il lui donne alors 20 sicles d'argent et se tourne vers la maison pour le(s fournir). [31]Si quelqu'un casse la main ou le pied d'un esclave ou d'une servante, [32]il donne 10 sicles d'argent et se tourne vers la maison pour le(s fournir).

[33]Si quelqu'un mord une personne libre dans le nez, il donne 1 mine d'argent [34]et se tourne vers la maison pour le(s fournir). [35]Si quelqu'un mord un esclave ou une servante dans le nez, [36]il donne [35]... sicles d'argent [36]et se tourne vers la maison pour le(s fournir). [37]Si quelqu'un arrache à une personne libre son oreille, [38]il donne 12 sicles d'argent et se tourne vers la maison pour le(s fournir). [39]Si quelqu'un arrache à un esclave ou à une servante son oreille, il donne 3 sicles d'argent.

Le réarrangement des éléments par le législateur hittite confirme que l'œil et la dent occupent une place centrale parmi les agressions contre le visage et que la main et le pied remplissent le même rôle pour les attaques dirigées vers le « reste » du corps ; à la différence du Code de Hammourabi, le rédacteur restaure de plus le lien qui existe traditionnellement entre les éléments à l'intérieur d'un champ, en les réunissant dans des protases combinées, sans pour autant confondre les deux champs[26]. Les autres exemples connus des Lois d'Ešnunna, la morsure du nez et l'arrachement de l'oreille, réapparaissent seulement à la fin de la discussion et dans des dispositions isolées : que le législateur hittite les considère comme des cas particuliers et secondaires par rapport aux constellations principales est souligné par une tarification plus complexe et moins prévisible que celle des § 7*sq.* et 11*sq.*

Pour ce qui est de la blessure de l'œil, le texte parle directement de l'action de *dašuwahh-* « aveugler » au lieu de désigner seulement la partie en question avec IGI comme le législateur ešnunnéen ou d'employer une expres-

26 Théoriquement, cette confusion aurait été facile à réaliser, étant donné l'identité des tarifs (et la réduction identique pour le cas d'un esclave) ; pratiquement, une protase quadruple est exclue par le fait que le législateur insère à la l. 21, sans doute par attraction thématique, deux lois de la série « frais de médecin » portant sur des blessures de la tête.

sion composite comme *īnam ḫuppudum* sur le modèle du Code de Hammourabi[27]. Il est pourtant improbable que la loi parle d'une blessure simultanée des deux yeux et d'une perte totale de la vue. Une telle interprétation non seulement serait difficile à réconcilier avec la situation en général[28], mais créerait également des tensions avec l'autre moitié de la protase combinée : si l'ajout « pourvu qu'il (lui) incline deux dents ou trois dents » dans le *Paralleltext*[29] représente ici bien une clarification (et non une réforme) de la version originale transmise par (A), B et C, zu$_9$-*šu lāk-* désigne la perte d'*une partie* des dents et non d'une dent seule, ni de la totalité des dents[30]. Par analogie, il semble suffire, pour pouvoir parler d'un agresseur qui « aveugle » sa victime, que cette dernière perde la moitié de sa vue.

La « main » et le « pied », les éléments classiques du deuxième champ, dont le législateur hittite ne parle qu'en employant des termes akkadiens et sumériens, ont également besoin d'être réinterprétés – de nouveau dans le sens d'une extension du concept : comme on le pouvait déjà déduire de la décision du législateur hammurabien de résumer šu et ĝir$_3$ par un seul terme ĝir$_3$.pad.ŕa$_2$ « os »[31], les deux notions couvrent, outre les « extrémités » strictement dites, également le bras et les jambes. Cet usage métonymique est par ailleurs attesté dans des descriptions hittites des sacrifices d'animaux[32]. Enfin, une preuve indirecte de l'hypothèse selon laquelle *tuwarn-* est bien l'exacte équivalent de *šebērum* et renvoie à une destruction *totale* de l'os est fournie par la distinction *naš mān karmalaššai* … *mānaš ūl=ma karmalaššai* qu'introduit le *Paralleltext* l. 28*sq.* : suivant Starke, la forme verbale *karma-*

---

27 *V. supra* 3.1 (l. 33) et 3.2 (l. 47+), respectivement.

28 *Cf.* la discussion *supra* 3.1 sur un éventuel duel ou pluriel de igi et zu$_2$ dans l'exemple des Lois d'Ešnunna. – Le *Paralleltext*, qui essaie d'ajouter la distinction connue des lois sur l'homicide entre une agression intentionnelle et « la main qui pèche » (*cf. supra* 1.4.3 l. 6*sq.* et 8), précise l. 14 que l'attaque a lieu *šu-ul-la-an-na-za* (*cf. ibid.* l. 1).

29 *mān* 2 zu$_9$ *našma* 3 zu$_9$ *lāki* (l. 18*sq.*).

30 L'hésitation du rédacteur par rapport au nombre exact s'explique-t-elle par le fait que deux dents frontales (et / ou supérieures) laissent une lacune au moins aussi grande que trois dents latérales (et / ou inférieures) ? L'exemple qu'apporte Hoffner, *Alimenta Hethaeorum*, p. 208, "an entire configuration of pastry made represent the mouth, the tongue and twelve teeth", est intéressant, indépendamment de l'explication qu'il en propose dans *Laws of the Hittites*, p. 175 ("before the days of dental hygiene … the average adults' probably had substantially fewer [teeth" than "the full complement of 32]") : il est également possible, si le pâtissier prenait vraiment le soin de reproduire fidèlement la bouche humaine, que les molaires n'aient simplement pas été considérées comme des « dents ».

31 *V. supra* 3.2 (l. 50+).

32 S'il est question d'un mouton comme offrande, ĝir$_3$ se réfère sans doute aux parties comestibles de la « jambe » (les cuisses ou le gigot de l'agneau) et non (seulement) à l'extrémité des pattes (les sabots), *v.* les exemples répertoriés dans CHD P, p. 234*sq.*

*laššai* est un louvisme dérivé de *karmalja-* „(mit der Axt) zerschlagen“, de *karmal-* « hache »[33].

Le rappel d'un tarif qui n'est plus en vigueur par la formule *karū* … *kinuna* « autrefois … mais maintenant », typique du corpus hittite, était interprété par Mascheroni comme un instrument de persuasion, destiné à faciliter l'acceptation des lois, mais sans véritable contenu normatif[34]. Dans le présent cas, cette explication n'est pas très convaincante, parce que la mine entière, loin de représenter un montant exagéré ou fictif, contribue au contraire de façon importante à la logique interne de l'apodose : les montants actuels se fondent sur l'équivalence traditionnelle entre une personne et une mine, que le rédacteur adapte par la suite aux circonstances de son temps, *i.e.* à la dévaluation de la mine à quarante sicles et à un appauvrissement général, qui seul expliquerait pourquoi la réduction de cinquante pour cent regarde d'abord les hommes libres (20 au lieu de 40 sicles) avant d'être appliquée aux esclaves relatifs aux hommes libres (10 au lieu de 20 sicles).

Comme dans le Code de Hammourabi, le législateur considère que les fractures du pied et de la main représentent des atteintes corporelles au moins aussi « capitales » que les blessures d'un œil ou des dents, et il prévoit en conséquence un tarif identique pour les quatre cas ; à la différence du rédacteur babylonien, le montant choisi pour ce tarif est celui qui est *moins* élevé, *i.e.* l'équivalent de la demi-mine des § 44*sq.* Lois d'Ešnunna et non de la mine entière du § 197 Code de Hammourabi.

Cette tarification bien prévisible et raisonnée change soudainement avec les deux dernières protases : pour les morsures du nez, le rédacteur retourne au tarif ancien d'une mine entière. L'absence d'une indication exacte de son poids (soixante ou quarante sicles ?) et l'incertitude sur le montant pour un esclave blessé, qu'il faut probablement lire, avec Goetze, “30” au lieu de 3 sicles (ainsi le témoin C)[35], ce qui reviendrait à une demi-mine à l'ancienne, indiquent que la disposition est apparemment archaïque et que le législateur la retenait sous sa forme originale peut-être seulement pour des raisons de piété. Les montants exorbitants de 30 et 15 *mines* que donne le *Paralleltext* l. 34 et 36 suggèrent en

---

33 Ici formé à partir du „Suppletionsstamm **karmalaji-*“ et à l'itératif, pour lequel Starke, StBoT 31, p. 340 § 212 propose comme traduction approximative dans le présent contexte „*verkrüppeln* (intransitif!)“. – Cette solution invite à traduire ĝir$_3$.pad.ŕa$_2$ al mu.ra.ni in.zi.ir § 19 Code d'Ur-Nammu l. 8'-10' également à partir de al—ra(h) „den Knochen, (durch) sein mit der Hacke zerschlagen, zerstört“.

34 *V.* Mascheroni, OA 18, p. 35 : “La penalità antica, insomma, non sembra avere in nessun caso caratteristiche di veridicità : semplicemente connota come negativo, in quanto più rigido, il passato in cui è collocata. Come dunque *karū* è solo un mezzo di cui si serve l'estensore della legge per sottolineare la positività del presente, così le penalità antiche, volutamente esorbitanti, rientrano in un procedimento persuasorio a sfondo mistificante.”

35 Goetze, ANET$^3$, p. 189.

outre que ces morsures n'étaient plus tolérées en principe à partir d'un certain moment[36].

Pour compenser l'arrachement d'une oreille, le législateur continue d'appliquer la logique d'une mine à l'ancienne : il souligne le caractère cosmétique de cette blessure par le choix d'un dixième comme tarif de base et par l'idée de demander le double dans le cas d'une personne libre (12 sicles), mais seulement la moitié dans le cas d'un esclave (3 sicles). Ce décalage perturbe la proportion 2 : 1 entre les hommes libres et les esclaves, jusqu'ici observée assez fidèlement, et crée une première asymétrie quantitative. Toutefois, le législateur hittite n'envisage jamais de véritables inégalités pour distinguer une classe de l'autre comme un tarif « zéro » ou des peines corporelles à la manière du Code de Hammourabi. – L'atteinte la plus subjective est absente de la discussion : les gifles étaient apparemment tolérées comme une forme d'attaque au cours d'une rixe, sinon à travers les classes, au moins à l'intérieur de la même classe[37].

## 3.4 Œil, dent, main, pied : Exode 21 24-27

Mêmes source et édition qu'au paragraphe 2.4 *supra*.

24 עַיִן תַּחַת עַיִן שֵׁן תַּחַת שֵׁן יָד תַּחַת יָד רֶגֶל תַּחַת רָגֶל :
25 כְּוִיָּה תַּחַת כְּוִיָּה פֶּצַע תַּחַת פָּצַע חַבּוּרָה תַּחַת חַבּוּרָה :
26 וְכִי־יַכֶּה אִישׁ אֶת־עֵין עַבְדּוֹ אוֹ־אֶת־עֵין אֲמָתוֹ וְשִׁחֲתָהּ לַחָפְשִׁי יְשַׁלְּחֶנּוּ
תַּחַת עֵינוֹ :
27 וְאִם שֵׁן עַבְדּוֹ אוֹ־שֵׁן אֲמָתוֹ יַפִּיל לַחָפְשִׁי יְשַׁלְּחֶנּוּ תַּחַת שִׁנּוֹ :

[Notes philologiques p. 112]

36 Il demeure toujours possible que le rédacteur ait confondu deux fois de suite les deux unités d'argent les plus courantes : dans ce cas, il y aurait une autre réduction de cinquante pour cent, cette fois sur la base de la mine à l'ancienne (60, 30, 15 sicles).

37 Si l'on assume que le « monde » lu₂.u₁₉.lu se rapproche, quant à la perception de soi-même et à ses moyens, dans le cas hittite plus des *muškēnū* que des *awīlū* babyloniens (*cf.* Otto, *Kontinuum und Proprium*, p. 237 n. 49 sur la „Tatsache ..., daß ... hethitisch kein Impuls zu einer Privilegierung einer Gesellschaftsschicht bestand"), l'approche hittite ne diffère pas vraiment de la stratégie adoptée par le législateur hammourabien, qui ne s'intéressait pas non plus, quand il était question de la gifle, aux strates « inférieures » de la société (mais seulement aux *awīlū*), *v. supra* 3.2, discussion *in fine*. L'absence de lois sur la gifle dans la Bible pourrait s'expliquer par le même phénomène, *contra* Westbrook, ZSS 105, p. 107 qui essaie de dériver une présence (implicite) dans le Pentateuque de leur « apparition » dans le talmud babylonien (*v. infra* 4.5) : "although the offence does not occur in the biblical codes, it was probably also part of that scholarly tradition".

[24]Œil pour œil, dent pour dent, main pour main, pied pour pied ; [25]brûlure pour brûlure, blessure pour blessure, meurtrissure pour meurtrissure. [26]Mais si quelqu'un frappe l'œil de son esclave ou l'œil de sa servante et le détruit, il lui redonne la liberté pour son œil ; [27]s'il fait tomber une dent de son esclave ou une dent de sa servante, il lui redonne la liberté pour sa dent.

Pour passer à la série « œil pour œil », le rédacteur biblique retourne aux atteintes corporelles directes, déjà thématisées aux v. 18-21[38], mais il ne voit pas la nécessité de rappeler de nouveau la situation en général au lecteur, qu'il avait bien précisée tout au début du développement וְכִי־יְרִיבֻן אֲנָשִׁים « si des hommes querellent (l'un avec l'autre) » v. 18 et qui était de plus répétée en tête de la disposition précédente v. 22 par l'expression presque synonyme וְכִי־יִנָּצוּ אֲנָשִׁים « si des hommes se battent »[39].

Le passage célèbre v. 24 se lit comme le résultat d'une combinaison des exemples déjà discutés : le style abrégé est connu des Lois d'Ešnunna, où la même tendance à remplacer la casuistique par des mots-clés pouvait être observée au premier paragraphe[40] ; la solution normative, en revanche, est celle du Code de Hammourabi (pour le monde des *awīlū*), *i.e.* le talion pénal ; quant aux éléments à détailler, le rédacteur choisit ceux qui ont été établis depuis les Lois hittites comme classiques, et il les présente dans l'ordre traditionnel 'œil, dent, main, pied', sans recourir à un terme qui résume יָד et רֶגֶל.

Le vrai sens de l'expression ne devient clair qu'à partir du v. 26, où le législateur reprend le premier élément pour la version destinée au monde des non-libres et revient à un style plus classique et plus explicite. Il est alors possible de reconstituer le v. 24 – comme les l. 33*sq.* § 42 Lois d'Ešnunna sur la base de la l. 32 – d'après les formes verbales יַכֶּה et יַפִּיל « (si quelqu'un frappe) l'œil (de quelqu'un), à la place (on lui frappe) l'œil ; (si quelqu'un fait tomber) les dents (de quelqu'un), à la place (on fait tomber ses) dents ».

Pour ce qui est des dispositions concernant les esclaves, il s'agit d'abord d'une traduction presque littérale du § 8 Lois hittites[41], reconnaissable avant tout par l'accent mis sur la différence entre « esclave *ou* servante », qui

---

38 Il s'agit de la série provisoirement appelée « frais de médecin » d'après l'apodose, *cf.* les principaux exemples réunis par Westbrook, ZSS 105, p. 95 ("They all mention a doctor's fee").

39 Nonobstant la distinction qui existe entre les deux racines littéralement comprises – "the one refers to physical, the other to verbal contention" (Jackson, VT 23, p. 284) – et les différences juridiques qui en suivent théoriquement (*v.* Paul, *Studies*, p. 74 n. 3 : "a verbal dispute – an act which in and of itself is not unlawful"), la suite de l'Exode **21** 18 montre clairement que l'affrontement יְרִיבֻן (comme l'équivalent *šullanaz* dans le *Paralleltext* hittite) ne se limite pas à un échange verbal : la victime doit garder le lit à la suite de l'attaque.

40 *V. supra* 3.1, l. 33*sq.* : igi 1 ma.na $zu_2$ ½ ma.na *etc.*

41 *Cf.* וְכִי־יַכֶּה אִישׁ אֶת־עֵין עַבְדּוֹ אוֹ־אֶת־עֵין אֲמָתוֹ et *takku* arad-*an našma* $geme_2$-*an kuiški dašuwahhi.*

s'explique par le besoin de réintroduire le sexe féminin après son absence du paragraphe précédent[42]. L'apodose, par contre, est unique et inattendue, et elle ressemble, quant à l'asymétrie de la solution proposée, de nouveau à la pensée normative du Code de Hammourabi, même si l' « indignation » du législateur ne se dirige plus contre les esclaves, mais contre les maîtres : alors qu'un esclave risquait, dans la législation babylonienne, d'être mutilé pour avoir l'audace de gifler son maître, c'est maintenant le maître qui risque de perdre son esclave au cas où il lui inflige une blessure permanente[43]. La volonté de renforcer les droits des esclaves, déjà visible chez le législateur hittite, atteint ici une nouvelle dimension[44].

Le contenu du v. 25 est inconnu, et l'emploi des termes rares et recherchés indique qu'il s'agit d'un ajout par une main postérieure et « savante »[45]. Néanmoins, l'idée de décrire, par des expressions en partie synonymes, trois *manières* de blesser (ou leurs résultats) n'est pas insensée ou extravagante : outre le fait de rappeler que la loi parle dès le début des *actions* (« brûler », « blesser », « meurtrir ») et non d'un échange des éléments[46], ce supplément souligne que le principe du talion, une fois qu'il est adopté, ne se limite pas

---

42 L'absence, il est vrai, y est seulement implicite (*v.* la discussion *supra* 2.4), mais, dans la logique des législateurs, la femme n'est impliquée dans une rixe entre *awīlū* que de façon dépendante et indirecte, *i.e.* comme épouse (ou servante) d'un (ou de l'autre) *awīlum* (*i.e.* sujet potentiel de la série « vie pour vie »).

43 La possibilité que l'esclave appartienne à un maître autre que le sien (comme dans le Code de Hammourabi § 205) est exclue par l'apodose (ce qui explique la seule vraie différence d'avec le § 8 Lois hittites, l'ajout des suffixes possessifs אֲמָתוֹ et עַבְדּוֹ dans la protase) : on n'imagine pas un maître perdre son esclave pour *ne pas* l'avoir frappé (ce serait un peu trop de solidarité entre les maîtres).

44 La tradition de commencer un nouveau „Sinnabschnitt" au v. 26 (et au v. 27, *v.* Elliger *et* Rudolph, *Biblia Hebraica*, p. iv et 121) continue d'influencer la mise en page des éditions modernes, dont celle de la *Bible de Jérusalem*, qui présente les v. 26*sq.* dans un paragraphe à part (*sic*), apparemment pour mieux faire ressortir « cette loi du talion » (*ibid.* p. 124 n. a). Il n'est pas exclu que ces versets soient en réalité la couche la plus récente de tout l'ensemble, le rédacteur essayant de déguiser ces lois « inouïes » en adoptant un style classique.

45 *Cf.* Jackson, VT 23, p. 303 : "The three elements in Exod. xxi 25 are distinct, describing types of injury rather than parts of the body. They are also distinct in that they occur in neither of the other two talionic passages [in the Bible], nor, indeed, are they paralleled in the ancient Near East." Pourtant, des parallèles se trouvent dans la législation romaine (*v. infra* 4.3) ; il est d'ailleurs possible que l'ajout du premier de ces trois « nouveaux » éléments, la brûlure, soit le résultat d'une tentative de relier, de manière réaliste, le v. 24 aux dispositions précédentes, *i.e.* à la série « vie pour vie » et à l'avortement de la femme, *cf.* le cas décrit dans le *P. Oxy.* 315 l. 13*sq.* (= n° 17 éd. Biscottini, *Aegyptus* 46, p. 218*sq.*), où une femme s'en prend à la nouvelle compagne (déjà enceinte) de son ex-mari : [ἐπὶ] λόγον ταυτῆς [*sc.* de la nouvelle femme] ἠ̣νέγκ̣αντο [*sc.* l'ex-femme et sa mere] [καὶ] ὀπτήσαντο ἔνκυον [οὖ]σαν καὶ π[...]. Le texte est malheureusement très endommagé.

46 Dans cette perspective, la "slight illogicality" observée par Daube, *Studies*, p. 126 concerne plutôt les quatre premiers que les trois derniers éléments de la formule talionique.

aux endroits éminents et reconnus historiquement comme essentiels à la (sur)vie de la victime, mais s'applique en théorie à tout le corps[47], y compris les parties moins significatives et les blessures qui semblent échapper à une rédaction casuistique[48].

Ce n'est pas non plus au hasard, semble-t-il, que le rédacteur ajoute trois nouvelles expressions et obtienne ainsi un total de sept éléments qui crée chez le lecteur l'illusion d'un nombre complet ou infini de cas, ce qui correspond le mieux à la réinterprétation du talion comme un concept « omnipuissant »[49]. Un tel calcul montre d'ailleurs que le copiste responsable de l'interpolation comprenait encore, à la différence du rédacteur du Deutéronome **19** 21[50] et des traducteurs de la Septante[51], qu'il n'existe pas de lien logique entre le v. 24 et le v. 23, malgré la grande similarité de surface entre la fin de phrase נֶפֶשׁ תַּחַת נָפֶשׁ et le début de la formule עַיִן תַּחַת עַיִן.

47 On peut se demander si on ne doit pas ajouter un *et sic ad infinitum* également à la fin du v. 27, au moins pour les éléments du deuxième champ : « si quelqu'un casse la 'main' de son esclave ou la 'main' de sa servante, on lui redonne la liberté pour sa main ; si quelqu'un casse le 'pied' » *etc.* Cette interprétation expliquerait également pourquoi les deux éléments du premier champ n'apparaissent pas (comme dans les Lois hittites I. 19) dans une seule protase combinée, malgré la solution normative identique, *cf.* Jackson, *Wisdom-Laws*, p. 187 n. 79 sur ce qu'il appelle "such (cognitively, early) drafting" : de ses deux exemples, § 12*sq.* Lois d'Ešnunna et § 57*sq.* Lois hittites, le deuxième fait partie d'un ensemble plus grand, dont la redondance est soulignée explicitement au § 64 par l'apodose *uttaršet qātamma-pat* « son (ver)dict (est) *ditto* dudit (verdict) ».

48 *Cf.* Jackson, *Wisdom-Laws*, p. 207, pour lequel cette ligne exprime le souci du rédacteur du Lévitique pour l'intégrité du corps (du prêtre) : "the list … in v.25, which we may now [à la lumière de Lévitique **21** 18, 21, 23, 19 et **24** 13-23] interpret as reflecting the priestly concern with *mum*."

49 Sur le symbolisme du chiffre sept, qui apparaît également dans le chant de Lamech à côté de פֶּצַע et חַבּוּרָה (Genèse **4** 24 : כִּי שִׁבְעָתַיִם יֻקַּם־קָיִן וְלֶמֶךְ שִׁבְעִים וְשִׁבְעָה), *v.* Hehn, *Siebenzahl und Sabbat*.

50 Seul le v. 24 y est repris, précédé par la fin du v. 23 (= cinq éléments, liés par בְּ au lieu de תַּחַת, et sans le verbe) : נֶפֶשׁ בְּנֶפֶשׁ עַיִן בְּעַיִן שֵׁן בְּשֵׁן יָד בְּיָד רֶגֶל בְּרָגֶל ; pour la forme זָמַם du talion, *v.* l'introduction.

51 Le choix d'un accusatif pour l'état absolu עַיִן est révélateur de la confusion du traducteur, sauf si ὀφθαλμόν se réfère déjà, en anastrophe extrême (et sans article), à πατάξῃ v. 26, ce qui n'est pas très probable, si l'on regarde le contresens produit par les autres façons de blesser précisées au v. 25 dans une telle construction.

# IV. Le talion dans la Méditerranée au premier millénaire

Ce dernier chapitre est consacré à la suite de l'histoire du talion dans la Méditerranée au premier millénaire. Alors que le talion pénal demeure populaire jusqu'au V$^{e}$ siècle environ, et ce non seulement dans les cultures sémitiques héritières de la tradition biblique (4.2), mais aussi dans les colonies grecques de l'Italie du Sud (4.1) et chez les premiers législateurs de Rome (4.3), il disparaît graduellement comme principe de justice aux siècles suivants sous l'influence d'une nouvelle philosophie, l'aristotélisme (4.4), et d'une nouvelle religion, le christianisme (4.5). – L'attachement à un autre culte, plus ancien et d'origine phénicienne, assure la survivance de la variante réparatrice du talion, au moins sur le plan formel, jusqu'au troisième siècle de notre ère : une triple paraphrase de l'expression נֶפֶשׁ תַּחַת נֶפֶשׁ se rencontre sur plusieurs stèles trouvées en Numidie, commémorant le sacrifice d'un animal à la place d'un enfant (4.6).

## 4.1 Lois de Zaleucos selon (Ps.-)Démosthène, *orat.* 24, § 140*sq.*

Datation de l'anecdote : moitié du VII$^{e}$ siècle, colonie de Locres Épizéphyrienne « sur la côte Est de la Calabre », moderne « Canale ou Janchina ? »[1]. — Datation du discours : 353-2. — Principal codex : *Parisinus graecus* 2934 (« S »), X$^{e}$ siècle. — Une autre version de la même anecdote chez Diodore de Sicile, *Bibliothèque historique*, XII.17.3-5 (p. 19*sq.* éd. Oldfather)[2]. — Le texte suit l'édition de Dilts, *Demosthenis orationes I* (OCT), p. 372 (y compris pour la numérotation des lignes).

Dans le *Contre Timocrate*, Démosthène accuse Timocrate d'avoir introduit de façon illégale et improvisée une nouvelle loi à Athènes. Les dispositions archaïques de Locres lui servent d'exemple afin d'illustrer la nécessité de respecter la loi. Après avoir souligné que les tentatives de changer la loi étaient accompagnées dans cette cité d'une menace de pendaison pour le cas où la proposition n'était pas acceptée, Démosthène décrit les effets d'une telle mesure :

ἐν πολλοῖς δὲ πάνυ ἔτεσιν, ὦ ἄνδρες δικασταί, εἷς λέγεται παρ' αὐτοῖς νόμος καινὸς τεθῆναι. ὄντος γὰρ αὐτόθι νόμου, ἐάν τις ὀφθαλμὸν ἐκκόψῃ, ἀντεκκόψαι παρασχεῖν τὸν ἑαυτοῦ, καὶ οὐ χρημάτων τιμήσεως οὐδεμιᾶς, ἀπειλῆσαί τις λέγεται ἐχθρὸς ἐχθρῷ ἕν' ἔχοντι ὀφθαλμὸν ὅτι αὐτοῦ ἐκκόψει τοῦτον τὸν ἕνα. γενομένης δὲ ταύτης τῆς ἀπειλῆς χαλεπῶς ἐνεγκὼν ἑτερόφθαλμος, καὶ ἡγούμενος ἀβίωτον αὐτῷ εἶναι τὸν βίον τοῦτο παθόντι, λέγεται τολμῆσαι νόμον εἰσενεγκεῖν, ἐάν τις ἕνα ἔχοντος ὀφθαλμὸν ἐκκόψῃ, ἄμφω ἀντέκκοψαι παρασχεῖν, ἵνα τῇ ἴσῃ συμφορᾷ ἀμφότεροι χρῶνται. καὶ τοῦτον μόνον λέγονται Λοκροὶ θέσθαι τὸν νόμον ἐν πλέον ἢ διακοσίοις ἔτεσιν. [Notes philologiques p. 113]

[6]Pendant de très nombreuses années, [7]Juges, d'après ce qu'on raconte, une nouvelle loi seule a été établie chez eux. [8]Étant donné qu'il y avait là-bas une loi « Si quelqu'un détruit un œil, [9]il offre le sien [8]à détruire en retour » [9]et qu'il n'y avait pas d'estimation en argent, [10]quelqu'un, dont l'ennemi n'avait qu'un œil, menaçait, à ce qu'on dit, de lui [11]détruire ce seul (œil). Face à cette [12]menace, le 'un-œil' s'indigna et, considérant

1 V. Baurain, *Les Grecs et la Méditerranée orientale*, p. 291 et 607.

2 Diodore attribue l'anecdote non pas à Zaleucos de Locres, mais à Charondas de Catane, mais *v.* la critique d'Aristote *Pol.* 1274a l. 22-31 concernant la confusion des deux législateurs ; sur l'existence de Zaleucos, *v.* Cic. *Leg.* II.14*sq.* et *Att.* VI.1.18 ; Diogène Laërce (I.57) présente ἐὰν ἕνα ὀφθαλμὸν ἔχοντος ἐκκόψῃ τις, ἀντεκκόπτειν τοὺς δύο comme une loi de Solon ; *cf.* enfin l'attribution de la procédure τὸν καινὸν εἰσοίσοντα νόμον βρόχου περικειμένου τῷ τραχήλῳ τοῦτο ποιεῖν à τὸν τῶν Λοκρῶν νομοθέτην Ζάλευκον par Stobée (t. III, p. 733 l. 18-21 éd. Hense).

[13]que sa vie serait invivable s'il subissait cela, il prit, à ce qu'on dit, le courage [14]de proposer comme loi « Si quelqu'un détruit l'œil de qui n'en a qu'un seul, [15]il offre les deux (yeux) à détruire en retour », afin que les deux (parties) soient [16]sujettes [15]à un malheur égal. [16]Et cette [17]loi [16]est la seule, à ce qu'on dit, qu'aient établie les Locriens [17]en plus de deux cents ans.

La loi qu'attribue ici Démosthène au législateur « légendaire » Zaleucos est bien connue, à la fois dans son contenu et dans sa forme : si τις « quelqu'un » implique l'appartenance à la classe des hommes libres, ἐάν τις ὀφθαλμὸν ἐκκόψῃ, ἀντεκκόψαι παρεχ[έτω] τὸν ἑαυτοῦ est une paraphrase preque littérale de *šumma awīlum īn* dumu *awīlim uḫtappid, īnšu uḫappadū* § 196 Code de Hammourabi[3]. Il est possible que le paragraphe ait été suivi dans le contexte original par une disposition sur la fracture des extrémités, mais cette hypothèse ne se laisse évidemment pas vérifier dans le contexte de l'anecdote[4].

Démosthène ajoute pour corollaire l'expression καὶ οὐ χρημάτων τιμήσεως οὐδεμιᾶς à la l. 9. Au vu de la pratique hellénique qui consistait à négocier des compensations en argent pour les atteintes corporelles – attestée à Alexandrie au IIIe siècle[5] et particulièrement bien visible dans la réinterprétation d'Exode **21** *24sq.* par les communautés juives influencées par la culture gréco-romaine –[6], il s'agit très probablement d'une explication à l'adresse de

3 *V. supra* 3.2 l. 45-49.

4 *V.* pourtant, pour la familiarité de Démosthène avec les catégories classiques, l'accusation de Philippe de Macédoine dans *Sur la couronne* (*orat.* 18), § 67 de se faire – ὑπὲρ ἀρχῆς καὶ δυναστείας – τὸν ὀφθαλμὸν ἐκκεκομμένον, τὴν κλεῖν κατεαγότα, τὴν χεῖρα, τὸ σκέλος πεπηρωμένον (à lire avec κατάγνυμι comme équivalent de *šebērum*, *frangere* "to break in pieces, shatter" et πηρόω de πηρός "disabled in a limb, maimed", *v.* LSJ, p. 887 et 1401) ; pour ἡ κλείς, la « clavicule », comme un élément traditionnel, *cf. šumma* ... HA x [Š]U *ištebir* § 46 Lois d'Ešnunna, restitué d'après la copie de Ḥaddad l. 5 *kir*[*-ra-š*]*u* (de *kerrum* „Schlüsselbein(gegend)" AHw, p. 468 *alias* "*kirru* B" CAD K, p. 410) ; Philippe était un célèbre ἑτερόφθαλμος, ayant perdu son œil droit dans la prise de Méthônè en 354, *v.* OCD[3], p. 1161.

5 *V.* dans *P. Hal.* 1, l. 186-213 (p. 22 éd. Graeca Halensis) la rubrique πληγῆς ἐλευθέροις et l'apodose ὁπόσου δ' ἂν τιμήσηι τὸ δικαστήριον, τοῦτ[ο διπλοῦν] ἀποτει[σά]-τω (l. 206*sq.*) ; sur la pratique de τίμημα et ἀντιτίμημα et ἀγῶνες τιμητοί dans le droit attique et alexandrin, *v. ibid.* p. 114-116 ; Partsch, AfP 6, p. 59*sq.* et 65*sq.* ; Anagnostou-Canas *in* : *Symposion 2005*, p. 312-315 ; sur le δικαστήριον, Wolff, *Justizwesen der Ptolemäer*, p. 39 : „Nach diesen Urkunden erschienen vor dem in Rede stehenden Gericht Makedonen und Griechen verschiedener Herkunft, aber auch Thraker und Juden, dagegen keine Ägypter."

6 *V.* le commentaire sur le talion de Flavius Josèphe dans *AJ* IV.280 (p. 94 éd. Nodet) : Ὁ πηρώσας πασχέτω τὰ ὅμοια στερούμενος οὗπερ ἄλλον ἐστέρησε, πλὴν εἰ μήτι χρήματα λαβεῖν ἐθελήσειεν ὁ πεπηρωμένος, αὐτὸν τὸν πεπονθὰ κύριον τοῦ νόμου ποιοῦντος τιμήσασθαι τὸ συμβεβηκὸς αὐτῷ πάθος καὶ συγχωροῦντος, εἰ μὴ βούλεται γενέσθαι πικρότερος. L'emploi de κύριον rappelle le בַּעַל d'Exode **21** *22* et montre que la réinterprétation du texte biblique vient en quelque sorte de lui-même, *sc.* d'une interprétation du v. 24 à partir du v. *22*, *v. supra* 2.4 et 3.4 (*in fine*). La tradition rabbi-

l'auditoire contemporain, qui ne figurait pas dans le Code original de Locres[7]. Un tel rappel du sens littéral de la disposition serait d'ailleurs en parfaite harmonie avec la fonction rhétorique de l'anecdote dans le discours du Démosthène, qui vise à critiquer la manipulation des lois écrites.

La deuxième partie est plus philosophique, et Diodore de Sicile la caractérise à juste titre comme une tentative de διορθώσασθαι τὸν νόμον « corriger la loi », même si l'innovation s'inscrit dans la tradition des *Doppelgesetze* : comme le souligne Démosthène par son commentaire ἵνα τῇ ἴσῃ συμφορᾷ ἀμφότεροι χρῶνται l. 15*sq.*, une première critique regarde le contenu. Le talion classique risque, si les situations initiales de l'agresseur et de la victime ne sont pas comparables, de produire des résultats qui se heurtent au principe sur lequel il est fondé (celui de l'égalité)[8].

La deuxième critique concerne la forme, et elle est plutôt implicite : le cas particulier de l'homme qui n'a qu'un œil sert à montrer que créer l'illusion d'une suite infinie des éléments – ce qui était la solution proposée par le rédacteur responsable de l'ajout Exode **21** 25 –[9], n'est pas vraiment une réponse aux limites posées par l'approche casuistique, indépendamment du choix d'un raccourci « *x* pour *x* » à la place d'une clause conditionnelle complète. Pour intégrer dès le début le principe sur lequel repose le talion (et exclure automatiquement des cas exceptionnels de faux calcul casuistique)[10], il faudrait que le législateur ait recours à une formulation abstraite du talion qui assure que l' ἰσότης en général (κατὰ γένος), *i.e.* celle qui existe entre les deux parties, prime toujours l' ἰσότης en particulier (κατὰ μέρος), ici celle d'un œil par rapport à un œil.

---

nique s'est inspirée naturellement davantage de la pratique alexandrine (somme à déterminer par les juges) et de l'ajout וְנָתַן בִּפְלִלִים (s'il est correctement interprété), *cf.* Nodet, *Flavius Josèphe : Antiquités Juives II*, p. 94*bis* n. 4. – Ces deux réinterprétations métaphoriques du talion ont été tôt critiquées, *e.g.* par Philon, *De specialibus legibus* III.182 (p. 201 l. 4-6 éd. Cohn) : ὑπομένειν γὰρ ἀνθ' ἑτέρων ἕτερα μηδεμίαν ἔχοντα κοινωνίαν ... καταλυόντων νόμους ἐστίν, οὐ βεβαιούντων.

7 La précision manque dans la version plus « historique » de Diodore de Sicile rédigée quelques siècles plus tard.

8 Cet argument à partir de l' ἰσότης se trouve également, et dans des termes similaires, chez Aristote *Rh.* 1365b l. 17-19 (= I.vii *in fine*) : διὸ καὶ οὐκ ἴση ζημία, ἄν τις τὸν ἑτερόφθαλμον τυφλώσῃ καὶ τὸν δύ' ἔχοντα. L'emploi de τυφλῶ à la place de ὀφθαλμὸν ἐκκόπτειν rappelle le remplacement de *īnam ḫuppudum* par *d/tašuwahh-* dans le corpus hittite (*v. supra* 3.3 l. 16).

9 *V.* la discussion *supra* 3.4 (*in fine*).

10 C'est à ce point que la version de Diodore de Sicile montre sa faiblesse et celle de Démosthène sa force : c'est bien sûr la *menace* d'exploiter le vide juridique causé par le régime casuistique – et non sa réalisation – que le législateur ne peut laisser impunie.

## 4.2 Lévitique 24 17-21

Date de la rédaction : milieu VI<sup>e</sup> ou V<sup>e</sup> siècle. — Texte de la même édition qu'au paragraphe 2.4 *supra*.

17 וְאִישׁ כִּי יַכֶּה כָּל־נֶפֶשׁ אָדָם מוֹת יוּמָת :
18 וּמַכֵּה נֶפֶשׁ־בְּהֵמָה יְשַׁלְּמֶנָּה נֶפֶשׁ תַּחַת נָפֶשׁ :
19 וְאִישׁ כִּי־יִתֵּן מוּם בַּעֲמִיתוֹ כַּאֲשֶׁר עָשָׂה כֵּן יֵעָשֶׂה לּוֹ :
20 שֶׁבֶר תַּחַת שֶׁבֶר עַיִן תַּחַת עַיִן שֵׁן תַּחַת שֵׁן
*20* כַּאֲשֶׁר יִתֵּן מוּם בָּאָדָם כֵּן יִנָּתֶן בּוֹ :
21 וּמַכֵּה בְהֵמָה יְשַׁלְּמֶנָּה
*21* וּמַכֵּה אָדָם יוּמָת :

[Notes philologiques p. 114]

[17]Si quelqu'un tue un être humain, il mourra définitivement. [18]Et celui qui tue un animal doit le restituer, vie pour vie. [19]Si quelqu'un blesse son prochain, comme il a fait, ainsi on fera à lui : [20]fracture pour fracture, œil pour œil, dent pour dent ; [*20*]comme il a blessé un être humain, ainsi on le blesse. [21]Et celui qui frappe un animal (à mort) doit le restituer. [*21*]Et celui qui frappe un être humain (à mort) mourra.

Le présent passage est le résultat d'une rédaction artistique en « miroir » autour du v. 20, qui rappelle un peu le principe de construction de la מְנוֹרָה à sept branches, avec ses « trois branches ... d'un côté » et ses « trois branches ... de l'autre » (Exode **25** 32). Le centre du développement se trouve plus précisément au milieu de la deuxième préposition de comparaison תחת : en hébreu non ponctué, il est possible de lire les trois lettres dans les deux sens, et le fait que le mot qui la précède est identique à celui qui la suit invite à procéder ainsi[11]. Pour un lecteur familier de la tradition du talion, cet arrangement est relativement facile à repérer[12], puisque le rédacteur a placé la référence aux éléments du deuxième champ [13]שֶׁבֶר *devant* les éléments classiques du premier

11 L'identité ne se limite pas aux langues dans lesquelles les noms ont perdu leurs désinences, comme l'hébreu, *v.* le phénomène de *regressive assimilation* dans les formules akkadiennes *supra* 2.3.4 l. 89 et latines *infra* 4.6 l. 3*sq*.

12 Certains commentateurs n'ont pas vu l'arrangement circulaire et ont alors été stupéfaits par les redondances du texte, *e.g.* Westbrook, RB 93, p. 68 ("this extraordinarily prolix and repetitive language"). – Une bonne description abstraite de la structure se trouve chez Otto, *Kontinuum und Proprium*, p. 242 : „In die talionischen Formulierungen werden zwei konzentrische Strukturen zu Tötungsfall ... und Körperverletzung gelegt. In einer Inklusion wurde die Struktur I um die Struktur II gelegt, so daß sich eine dreigliedrige Struktur A B A der Einschließung der Talion der Körperverletzung durch den Tötungsfall ergibt."

13 Pour les objets de la fracture eux-mêmes, *v.* Lévitique **21** 19 : שֶׁבֶר רָגֶל אוֹ שֶׁבֶר יָד (*cf.* Daube, *Studies*, p. 113 ; Doron, JANES 1, p. 23 n. 1). Daube annote *ibid.* p. 149*sq.* n. 25 : "It

champ עַיִן et שֵׁן afin de souligner que le paragraphe recommence au milieu de la quatrième ligne.

Étant donné que la préposition תחת peut se comprendre littéralement « à la place de » ou, selon son sens dérivé, « contre », les formules raccourcies du talion au v. 20 servent à relier trois interprétations différentes du talion : d'abord et de façon directe le talion pénal comme la réponse à la perte d'un élément non-aliénable dans le cadre de la série « œil pour œil », *i.e.* d'une atteinte corporelle, v. 19 et *20* ; ensuite et de façon indirecte la variante réparatrice du talion comme une solution à la perte d'un élément aliénable dans le cadre de la série « tête pour tête », avec le bétail comme exemple, v. 18 et 21 ; et en dernier lieu, la peine de mort comme une réaction au fait d'avoir aliéné une personne *de la totalité de* ses biens non-aliénables, c'est-à-dire de son existence physique, v. 17 et *21*. Ce dernier cas, l'homicide, se situe à la limite du talion, et l'arrangement en « miroir » fait ressortir visuellement cet aspect par un emplacement *in extremis*, *i.e.* aux *deux* fins du paragraphe[14].

Au v. 19, le rédacteur présente, peut-être pour la première fois dans l'histoire du talion[15], une version abstraite du principe sous la forme כַּאֲשֶׁר עָשָׂה כֵּן יֵעָשֶׂה לּוֹ. À la différence des formules raccourcies v. 20, cette formulation abstraite se réfère exclusivement aux atteintes corporelles de la série « œil pour œil ». Un rapprochement avec la variante réparatrice du talion n'est pas possible, parce que la loi ne demande pas l'attaque d'une deuxième bête, mais le remplacement de la première (יְשַׁלְּמֶנָּה), même si le rédacteur essaie de brouiller les frontières, en choisissant le nom de la série intermédiaire נֶפֶשׁ תַּחַת נֶפֶשׁ pour désigner la série « tête pour tête » et en reprenant le verbe נתן, connu de

---

is quite possible that [it] means more than a broken hand or leg, it may well mean the loss of hand or foot." Si la tradition du § 19 Code d'Ur-Nammu est encore vivante (*v. supra* 3.1 et 3.3), il s'agit certainement de la perte *de la fonctionnalité* du membre.

14 À strictement parler, la peine de mort n'est pas une peine talionique (symétrique), *v.* l'introduction. Mais elle est comprise comme telle ici ("Our Lord" étant le בַּעַל) : l'argument continue et complète un développement plus ample sur le crime du blasphème, Moïse et Dieu, une sorte de מְנוֹרָה à sept branches *des deux côtés*, qui avait déjà commencé au v. 14 et s'achèvera seulement à la fin du v. 23 (*v.* la présentation de Jackson, *Wisdom-Laws*, p. 203) ; "on the possibility of viewing Lev. 24:17-21 as an independent unit", *v. ibid.* p. 202 n. 164 et p. 205-207.

15 De telles hypothèses demeurent toujours très spéculatives, parce qu'elles dépendent d'une chronologie plus exacte dont nous ne disposons pas, *cf.* à l'intérieur de la Bible Deutéronome **19** 19 (où la formule est pourtant compliquée par זָמַם) et Proverbes **24** 29 (où la formule est identique à celle du Lévitique, mais sa deuxième partie personnalisée : כֵּן אֶעֱשֶׂה־לּוֹ). – Les maximes de Dikè (δράσαντι παθεῖν) et de Rhadamanthe (citée 4.4, discussion) sont peut-être également antérieures à la rédaction du Lévitique : la première est présentée explicitement par Eschyle comme un τριγέρων μῦθος *Ch.* v. 314*sq.*, *cf.* la précision ἐκ παλαιῶν ἱερέων dans la reprise de l'idée par Platon *Lg.* 872E. – Pour un éventuel précédent médio-assyrien ... [-*š*]*u-ši-ni e-pu-*[*šu*-] ... « (comme il a fait) à elle, ils feront (à qui ?) », *v. supra* 2.3.2 l. 67*sq.*

l'Exode **21** 23 dans un sens constructif נתן נֶפֶשׁ « donner une vie », au sens destructif נתן מוּם « donner un défaut (physique) » pour décrire le talion pénal de la série « œil pour œil » v. 19 et *20*.

Une application au cas de l'homicide est également exclue par le כָּל־ qualitatif : c'est seulement l'acte de priver quelqu'un *de la totalité de* ses biens non-aliénables (*i.e.* de son corps) qui mène à la peine de mort *indépendamment* du statut de la victime. L'application du talion pénal dans les autres cas d'atteinte corporelle, en revanche, nécessite l' ἰσότης ou l'égalité entre l'agresseur et la victime – une nuance dont le rédacteur semble bien avoir tenu compte : les termes אִישׁ (pour l'agresseur) et אָדָם (pour la victime) du v. 17 sont remplacés au v. 19 par אִישׁ et עָמִית „Gemeinschafts*gleich*“[16].

## 4.3 Lois des Douze Tables : Table I, § 13-15

Date « traditionnelle » de la promulgation : 451-450. — Reconstitution du texte à partir des citations chez Aulu-Gelle, *Noctes Atticae* XX.i.12 (pour le § 15) et 14 (pour le § 13), chez Festus, *De verborum significatu*, p. 496 éd. Lindsay (pour le § 13) et de la *Collatio*[17], p. 9 l. 11-14 et p. 184*sq.* éd. Hyamson (pour les § 14 et 15). — Une paraphrase des § 13-15 chez Gaius, *Inst.* III.223 (p. 117*sq.* éd. Nelson *et* Manthe). — Éditions consultées : Bruns, *Fontes Iuris Romani Antiqui*, p. 29 ; Crawford, *Roman Statutes* II, p. 604-608.

13 si membrum rupit ni cum e<o> pac<i>to talio esto
14 <si> mani {f}<p>es <au>t os fregit libero ccc servo cl poena
15 si iniuria alteri faxsit uiginti quinque poenae sunto [Notes p. 114-116]

[13]Si (quelqu'un) détruit une partie du corps (de quelqu'un d'autre) : qu'il ne cherche pas un accord avec lui : que le même (lui) soit (infligé en retour). [14]Si (quelqu'un) casse la main, le pied ou un os : que la peine soit 300 (as) pour un libre, 150 (as) pour un esclave. [15]Si (il) commet une autre injustice [*ou* : commet une injustice envers quelqu'un d'autre] : que la peine soit toujours vingt-cinq (as).

---

16 אָדָם évoque avant tout l'homme créé par Dieu (par extension également au v. *20*), alors que עָמִית est le « concitoyen » à égalité avec l'agresseur (il s'agit d'une affaire *inter homines*), *cf.* les notes philologiques.

17 Nommée *Collatio Romanorum cum Moysis legibus* (« Charondas » 1572 ; Henri Estienne 1580) ou *Mosaicarum cum Romanarum legum collatio* (Hyamson), autrefois également *lex Dei* (*quam praecipit Dominus ad Moysen*) ; à dater "before 438" (Hyamson, *Collatio*, p. xviii), mais probablement « après [la *lex citandi* de] 426 » (*v.* Schrage *in* : *Mél. Felix Wubbe*, p. 416) ; une première allusion au texte se trouve chez Hincmar de Reims († 882). – Selon Hyamson, les versions de Berlin, Vercelli et Vienne "all emanate from one and the same source" (*Collatio*, p. xxvii), mais *v.* le stemma alternatif de Schulz (α : Berlin *et* β ; β : Vercelli *et* Vienne) chez Völkl, *Verfolgung der Körperverletzung*, p. 171 n. 8.

L'extrait des XII Tables montre dès le début que l'approche casuistique est observée principalement pour la forme et qu'il existe une tendance à adopter des termes catégoriques et plus concis[18]. La première protase *si membrum rupit*, par exemple, couvre en théorie l'attaque traditionnelle de l'œil, mais elle peut se référer en même temps à un bon nombre d'autres cas rencontrés dans les codes orientaux comme atteintes du premier champ, comme *e.g.* la morsure du nez ou l'arrachement de l'oreille Lois d'Ešnunna § 42 et même les « meurtrissures » Exode **21** 25[19]. Le champ d'application du premier paragraphe semble alors consister dans toutes les blessures de la superficie du corps ou atteintes « à la beauté » de la victime[20], probablement moins fréquentes que les fractures.

La phrase intercalée *ni cum e pacto* est plus difficile à interpréter : si on la lit avec NI = *nē*, en gardant l'impératif PAC'TO, il s'agit simplement d'une traduction du commentaire de Démosthène καὶ οὐ χρημάτων τιμήσεως οὐδεμιᾶς[21], qui se retrouverait cette fois intégré dans la loi, peut-être pour souligner que la disposition est à lire littéralement, malgré l'emploi de termes génériques comme *membrum*. – Toutefois, il n'est pas exclu que le système décrit par Josèphe dans les *Antiquités Juives*, qui laisse à la victime le choix entre une demande d'argent et une réponse talionique[22], n'ait été déjà mis en place à l'époque chez les Romains et que la « correction » de Festus *ni cum eo pacit* restaure en réalité le sens original de la phrase, même si on ne voit pas le besoin d'une telle précision dans un code public, si les *pactiones* se font de façon privée et pour éviter un contentieux[23].

Dans l'apodose, le principe du talion est de nouveau présenté sous une forme abstraite. La formulation exacte, *talio esto*, est encore plus courte que celle qu'avait proposée le rédacteur du Lévitique v. 19 « comme il a fait, (ainsi) on fera à lui » ; grammaticalement et logiquement, elle repose sur la phrase qui précède : c'est en réalité la protase *si membrum rupit*, formulée elle-même de façon assez générale, qui limite l'application du principe du talion, théoriquement ouvert à un nombre infini des cas ; la seule condition stipulée par

---

18 *eas leges ... eleganti atque absoluta breuitate uerborum scriptas*, selon la présentation (semi-ironique) de Aulu-Gelle XX.i.4 ; cf. Cic. *Leg.* II.18 (*cum breuitate, si potuero, consequar*) et *ibid.* II.23 (*sane quam breui*).

19 *V. supra* 3.1 (l. 32 et 34) et 3.4.

20 Dans cette perspective, on pourrait se demander si le deuxième élément classique du premier champ, la *dens*, n'est pas inclus dans la notion de *membrum*, même s'il ne s'agit pas d'une « partie molle du corps ».

21 *V. supra* 4.1 (l. 9).

22 *V.* 4.1 (discussion).

23 Interprétée « à l'ancienne », la précision n'est non plus vraiment indispensable : si le législateur veut interdire de tels arrangements, il vaudrait mieux n'en pas parler du tout. – Gaius n'avait peut-être pas tort de sauter le passage et de paraphraser simplement *propter membrum quidem ruptum talio erat.*

l'apodose est celle de l' ἰσότης sur le plan qualitatif, exprimée par *talis* qui implique comme corrélatif un *qualis*.

Avec *mani* et *pes*, les XII Tables retombent à la ligne suivante dans le style casuistique. Ce n'est probablement pas un hasard que le témoin exclusif de ce passage soit la *Comparaison des Lois Romaines avec celles de Moïse*, *i.e.* une source sensible aux changements terminologiques et probablement influencée dans sa transmission par des paroles « saintes » comme *manum pro manu, pedem pro pede*[24]. Paradoxalement, le terme qui résume les deux éléments classiques du deuxième champ (*eṣemtum*) – et qui est attesté dès l'époque de Hammourabi dans cette fonction –, suit directement en latin, comme s'il s'agissait d'une entrée dans un dictionnaire « *mani*, *pes* = *os* ». Gaius, dans sa paraphrase *propter os uero fractum*, ne voulait garder que le dernier élément[25], apparemment soucieux de trouver une version qui ressemble à la protase du paragraphe précédent *si membrum rupit* – à la fois en ce qui concerne l'emploi des termes génériques et la *breuitas*. Cette solution, également adoptée par Crawford (*si os fregit*), possède au moins l'avantage d'être directement compréhensible par un lecteur moderne.

L'apodose du § 14, qui prévoit le paiement d'une somme de 300 ou 150 as selon le statut de la victime, rappelle les Lois hittites § 11*sq.*, avec un montant de 20 ou 10 $gin_2$ $ku_3$.babbar pour $lu_2$.$u_{19}$.lu et arad[26]. Un tel rapprochement ne serait pas très surprenant si les XII Tables étaient le résultat d'une mission dans l'aire culturelle gréco-ionienne[27], ce qui est pourtant disputé et difficile à prouver[28]. Le fait que le législateur propose pour le deuxième champ une solution normative différente de celle qui a été adoptée pour le premier champ représente en tout cas une curieuse anomalie dans l'histoire de la loi : après le *talio esto* du paragraphe précédent, on s'attend à la même réponse pour le § 14, peut-être sous forme d'une apodose commune à des protases combinées, comme dans la loi transmise par Caton dans les *Origines*, qui sem-

---

24 Traduction de Jérôme d'Exode **21** 24 *et* de Deutéronome **19** 21 ; *v.* 3.4 pour le texte hébreu et les différences entre les deux passages.

25 À la manière du Code de Hammourabi § 197, *v. supra* 3.2 l. 50*sq.* (*šumma* $ĝir_3$.pad.$ŕa_2$ *ištebir*).

26 *V. supra* 3.3 l. 30 et 32.

27 *V.* Flach, *Zwölftafelgesetz*, p. 15*sq.* pour l'authenticité des informations que donne Tite-Live.

28 Pour Westbrook, ZSS 105, p. 97, l'influence grecque est la solution la moins probable ("the Phoenicians present a far more promising intermediary"), même s'il n'ose pas exclure définitivement cette possibilité : "whether via Etruria, Greece or Carthage" (*ibid.* p. 102). Si droit et écriture sont exportés simultanément (*v. ibid.* p. 82), l'intermédiaire le plus probable serait la culture des Étrusques. – L'indication chez Aulu-Gelle XX.i.4 (*inquisitis exploratisque multarum urbium legibus*) est vague, mais elle rappelle que toutes les lois du corpus ne doivent pas provenir de la même culture juridique.

ble appartenir au droit punique[29]. La *lex Aquilia de damno* témoigne de la préférence des Romains du début du IIIe siècle[30] – finalement repoussés par leur ancien héritage oriental et plus attirés par la « nouvelle » civilisation est-méditerranéenne ? – pour les compensations en argent : elle prévoit pour le cas de l'esclave tué et de la perte du bétail non plus le talion (ici sous sa variante réparatrice), mais une amende[31] ; de plus, la proportion classique de 2 à 1, plutôt valorisante pour l'esclave ayant subi une atteinte corporelle, est abandonnée en faveur d'une estimation de son prix sur la base du marché[32].

Le terme *iniuria* est assez général et ne renvoie pas nécessairement à une infraction en particulier[33]. Qu'il soit question d'un événement moins sérieux, qui n'entraîne pas de perte permanente ni de coût objectif, devrait ressortir de

29 Caton, *Origines* IV.4 (p. 36 éd. Chassignet) : *Si quis membrum rupit aut os fregit, talione proximus cognatus ulciscitur.* L'apodose (à l'indicatif) a laissé les commentateurs perplexes : "exaction of *talio* by cognates would be surprising in Roman law" (Crawford, *Roman Statutes* II, p. 606), « par ailleurs, lorsque le blessé était incapable d'accomplir la loi du talion, c'était à l'*agnatus* – son plus proche parent par les mâles – de le faire, et non au *cognatus*, parent par les femmes » (Chassignet, *Caton : Origines*, p. 86). Pour l'appartenance de la loi à la « civilisation sémitique [de] Carthage », *v.* les références *ibid.* ; pour des « enfants sans père », *supra* 1.2.1 (discussion du § 231 Code de Hammourabi).

30 Pour la datation de la *lex* "certainly before the Gracchan age", *v.* Crawford, *Roman Statutes* II, p. 723.

31 *si quis seruum seruam alienum alienam quadrupem pecudem iniuria occiderit, quanti id in eo anno plurimi fuit, tantum aes ero dare damnas esto* (Crawford, *Roman Statutes* II, p. 725). Ce calcul est assez raffiné et exploite les flexibilités gagnées par l'abandon du talion : le prix le plus élevé « punit » l'agresseur (cf. Daube, *Studies*, p. 102), mais il le fait de manière raisonnable, en suivant l'opinion publique, i.e. celle du marché.

32 *si quis alteri damnum faxit, quod usserit fregerit ruperit iniuria, quanti ea res fuit in diebus triginta proximis, tantum aes ero dare damnas esto* (Crawford, *Roman Statutes* II, p. 725). Au vu de *erus*, "A man in relation to his servants, master ... The man whom an animal is accustomed to obey, its master" (OLD, p. 620), et de *damnum* "loss unlawfully caused to another by injuring his beasts, slaves, etc." (OLD, p. 484), cette loi semble constituer la suite plus ou moins directe de l'autre fragment, malgré l'attribution à un « troisième chapitre » par Ulpien. Ce dernier envisage un rapprochement à la perte des membres non-aliénables D. 9.2.13 pr., *v.* Chevreau *in* : *Procéder*, p. 32 ; la forme *usserit* de *uro* « brûler » devant *fregerit* et *ruperit* rappelle en plus l'ajout כְּוִיָּה תַּחַת כְּוִיָּה Exode **21** 25, peut-être modelés tous deux à partir d'une source commune. Dans la perspective des XII Tables, *usserit fregerit ruperit* est rédigé en climax, i.e. « à l'inverse », comme s'il s'agissait d'une dramatisation de la loi, cf. le « crescendo » du chœur des *Choéphores* d'Eschyle ἀντὶ μὲν ἐχθρᾶς γλώσσης ἐχθρὰ γλῶσσα τελείσθω ... ἀντὶ δὲ πληγῆς φονίας φονίαν πληγὴν τινέτω v. 309*sq*. et v. 312*sq*.

33 *V.*, dans les extraits de la *lex Aquilia* cités dans les deux notes précédentes, l'emploi (exceptionnel ?) de *iniuria* à l'ablatif, au sens de *quod non iure factum est, hoc est contra ius* (D. 9.2.5.1 Ulpien).

l'apodose et du montant beaucoup moins élevé comparé au § 14[34]. Toutefois, l'attaque ne semble pas se limiter simplement à "insulting talk, abuse, reproof, mockery, etc."[35], si l'on compare les définitions datant de l'époque classique : toute *turpitudo*, qu'elle consiste dans un vrai coup (*pulsatio*) ou dans un autre manœuvre qui vise à interférer avec la vie de la victime, peut constituer une *iniuria* selon le témoignage du Rhéteur *ad Herennium*[36]. – L'*iniuria* par excellence, qui comprend à la fois des éléments objectifs d'une *pulsatio* et la nature subjective d'une attaque verbale, demeure alors la gifle[37], thématisée depuis les Lois d'Ešnunna comme l'atteinte corporelle la moins grave[38]. Cette interprétation justifierait également la présence de *alteri*, à première vue superflue, s'il y a seulement une classe des victimes[39] : soit il s'agit d'une précision supplémentaire pour lier le § 15 aux paragraphes précédents dans l'idée de décrire une agression « résiduelle » par rapport aux atteintes corporelles plus sérieuses, soit d'une référence à la victime dans la tradition de *ša kīma suāti* « l'autre de deux (membres d'une même classe) »[40]. Dans les deux cas, le principal travail du législateur romain semble avoir consisté de nouveau, après les opérations terminologiques concernant la perte de l'œil (*si membrum rupit*) et la fracture de la main (*si os fregit*), à retraduire une loi casuistique bien connue dans un langage plus abstrait et philosophique.

34 Il est néanmoins possible que 25 as ait été une grosse somme à l'époque, *cf.* le commentaire de Gaius *Inst.* III.223 *et uidebantur illis temporibus in magna paupertate satis idoneae istae pecuniariae poenae esse* et la dernière note philologique à la l. 13.

35 Définition de *conuicium* par le OLD, p. 440.

36 *Rhet. Her.* IV.35 : *iniuriae sunt, quae aut pulsatione corpus aut conuicio auris aut aliqua turpitudine uitam cuiuspiam uiolant* ; *cf. ibid.* II.41 *iniuriam esse nisi quae ex pulsatio aut conuicio constet*, peut-être un modèle de la définition de Gaius *Inst.* III.220, plus explicite sur le point de la *pulsatio* : *iniuria autem committitur non solum, cum quis pugno puta aut fuste percussus uel etiam uerberatus erit, sed et si cui conuicium factum fuerit.*

37 *Cf.* Westbrook, ZSS 105, p. 103-106 ; l'argument *ibid.* p. 108 en faveur d'un sens restreint de *iniuria* est certainement valable ("it is anachronistic to seek comprehensive statements of the law in the Twelve Tables"), mais ne tient pas compte du fait que le rédacteur des XII Tables déploie dès le début une terminologie plus « élégante » que celle qui est connue des droits du Proche-Orient ancien. *Cf.* l'équivalent grec, la ὕβρις, qui comprend, comme le démontre la documentation papyrologique, un nombre d'actes différentes, dont « des propos injurieux, le crachement, la destruction des vêtements et la mise à nu en public de quelqu'un » (Anagnostou-Canas *in* : *Symposion 2005*, p. 316).

38 *V.* 3.1 § 42 (l. 34). En comparant les paragraphes l. 36-38, on note néanmoins que le montant à payer sur la base de *os frangere* est proportionnellement moins élevé, la gifle étant apparemment considérée comme une faute moins grave à Rome (1/12 de 300 as) qu'à Ešnunna (1/3 de 30 sicles).

39 *Cf.* Bruns qui supprime *alteri*, suivant Schoell.

40 *V. supra* 3.2 l. 84.

## 4.4 École d'Aristote, *Magna Moralia* XXXIII, § 13*sq.*

Datation : fin III^e^ ou II^e^ siècle. — Version du passage par Aristote lui-même dans *EN* 1132b l. 21-33. — Deux paraphrases dans des commentaires byzantins à l'*Éthique à Nicomaque*, l'une par Michel d'Éphèse (XI^e^ ou XII^e^ siècle), *Comm. in Arist. Graeca*, t. 22-3, p. 31-33 (éd. Hayduck), l'autre par un commentateur anonyme *ibid.* t. 20, p. 222*sq.* (éd. Heylbut). — Éditions consultées : Bekker, *Aristotelis Opera* II, p. 1194 ; Susemihl, *Aristotelis Magna Moralia* (T), p. 40 ; Dirlmeier, *Aristoteles : Werke* VIII, p. 320-322. — La numérotation des lignes suit l'édition de Bekker.

28 ἔστι δὲ δίκαιον καὶ ἀντιπεπονθός,
29 οὐ μέντοι γε ὡς οἱ Πυθαγόρειοι ἔλεγον. ἐκεῖνοι μὲν γὰρ
30 ᾤοντο δίκαιον εἶναι, ἅ τις ἐποίησε, ταῦτ' ἀντιπαθεῖν· τὸ δὴ
31 τοιοῦτον οὐκ ἔστιν πρὸς ἅπαντας. οὐ γάρ ἐστι δίκαιον οἰκέτῃ πρὸς
32 ἐλεύθερον ταὐτόν· ὁ οἰκέτης γὰρ ἐὰν πατάξῃ τὸν ἐλεύθερον,
33 οὐκ ἔστι δίκαιος ἀντιπληγῆναι, ἀλλὰ πολλάκις. καὶ τὸ ἀν-
34 τιπεπονθὸς δὲ δίκαιόν ἐστιν ἐν τῷ ἀνάλογον· ὡς γὰρ ὁ ἐλεύ-
35 θερος ἔχει πρὸς τὸν δοῦλον τῷ βελτίων εἶναι, οὕτως τὸ ἀντι-
36 ποιῆσαι πρὸς τὸ ποιῆσαι. ὁμοίως δὲ καὶ ἐλευθέρῳ πρὸς
37 ἐλεύθερον ἕξει. οὐ γὰρ δίκαιον, εἴ τις τὸν ὀφθαλμὸν ἐξέ-
38 κοψέ τινος, ἀντεκκοπῆναι μόνον, ἀλλὰ πλείονα παθεῖν,
39 ἀκολουθήσαντα τῇ ἀναλογίᾳ· καὶ γὰρ ἦρξε πρότερος καὶ
1 ἠδίκησεν, ἀδικεῖ δὲ κατ' ἀμφότερα, ὥστε ἀνάλογον καὶ τὰ
2 ἀδικήματα, καὶ τὸ ἀντιπαθεῖν πλείω ὧν ἐποίησε δίκαιόν
3 ἐστιν. [Notes philologiques p. 117]

[28]Il y a également du juste dans le « souffrir-en-retour », [29]mais non comme disaient les Pythagoriciens ; [30]selon [29]eux, [30]le juste était : ce que quelqu'un a fait, il doit le souffrir en retour. Cela ne vaut évidemment pas pour tous (les hommes) : le juste n'est pas, pour un esclave par rapport à [32]un homme libre, la même chose. L'esclave qui vient à frapper un homme libre, [33]il n'est pas juste qu'on le frappe en retour, mais plusieurs fois. Le « souffrir-en-retour » est pourtant juste dans une dimension proportionnelle : autant [35]l'homme libre se distingue de l'esclave par sa supériorité morale, autant [36]la riposte de l'acte initial. Il en [37]sera [36]de même pour l'homme libre face à [37]l'homme libre : il n'est pas juste, si quelqu'un [38]détruit [37]l'œil [38]de quelqu'un, qu'on le lui détruise seulement, mais qu'il souffre plus, [39]ce qui découle de la proportion : non seulement il a commencé le premier, mais [1]il a également commis une injustice ; il a alors tort dans les deux sens, de sorte que [2]les transgressions [1]sont proportionnelles, [2]et il est juste qu'il souffre en retour plus que ce qu'il a fait.

Dans cette critique philosophique de l' ἀντιπεπονθός comme principe de justice, le talion est attribué aux Pythagoriciens ; toutefois, leur maxime ἅ τις ἐποίησε, ταῦτ' ἀντιπαθεῖν est bien connue de la Bible et représente simplement une traduction de la formule abstraite כַּאֲשֶׁר עָשָׂה כֵּן יֵעָשֶׂה לּוֹ Lévitique **24** 19[41]. Dans l'*Éthique à Nicomaque*, Aristote présente encore une troisième version de la même idée, cette fois issue d'un contexte poétique[42], avec un simple παθεῖν à la place de ἀντιπαθεῖν et ποιεῖν remplacé par ῥέζω[43] : εἴ κε πάθοι τά κ' ἔρεξε[44] est ici le début d'une réflexion sur la justice, attribuée à Rhadamanthe, l'un des juges de l'Hadès[45].

Pour réfuter l'idée de talion en tant que source de justice, l'auteur des *Magna Moralia* suit la même stratégie qu'Aristote dans l'*Éthique à Nicomaque* : inverser l'ordre des exemples casuistiques et commencer par le cas le moins central, à savoir la gifle[46]. Que les « coups sur la joue » n'aient pas fait partie de la législation écrite au V^e^ siècle et qu'ils soient restés tolérés entre des personnes du même rang dans la société athénienne ressort d'un passage chez Démosthène[47]. Le Code de Hammourabi montre d'ailleurs que la gifle suscite

---

41 *Cf.* la traduction de la Septante : ὡς ἐποίησεν αὐτῷ, ὡσαύτως ἀντιποιηθήσεται αὐτῷ. La version présentée par Aristote lui-même, τὸ ἀντιπεπονθὸς ἄλλῳ (l. 23), est plus comprimée (un peu à la manière d'Eschyle *Ch.* v. 314 : δράσαντι παθεῖν, dont Platon présente une version complète *Lg.* 872E δράσαντί τι τοιοῦτον παθεῖν ταὐτὰ ἀναγκαίως ἅπερ ἔδρασεν, *cf.* encore τῷ δρῶντι *var.* τὸν δρῶντα γάρ τοι *var.* τι καὶ παθεῖν ὀφείλεται parmi les fragments d'Eschyle, n° 465, et de Sophocle, n° 209 Nauck) ; elle suscite régulièrement des commentaires de la part des éditeurs, *cf.* déjà la remarque de Michel d'Éphèse, p. 31 l. 25*sq.* περὶ οὗ τί ποτέ ἐστι [*sc.* le talion selon les Pythagoriciens], σαφέστερον εἶπεν [il suppose Aristote] ἐν τῷ πρώτῳ τῶν Μεγάλων ἠθικῶν (même observation chez le commentateur anonyme p. 222 l. 18*sq.*).

42 Selon le commentateur anonyme, il s'agit d'un vers d'Hésiode – παρ' Ἡσιόδῳ ἐν τοῖς Μεγάλοις Ἔργοις p. 222 l. 23*sq.* (*cf.* Michel d'Éphèse, p. 31, l. 31*sq.*) ; Rzach, dans son édition de 1908, p. 176*sq.*, le répertorie comme un fragment (le seul) des *Opera magna* ; un emplacement parmi les *fragmenta dubia aut falsa* aurait été peut-être plus prudent.

43 *V.* LSJ, p. 1567 pour l'aoriste "ἔρρεξα ... poet. also ἔρεξα".

44 εἴ κε πάθοι τά κ' ἔρεξε, δίκη κ' ἰθεῖα γένοιτο « si (chacun) souffrait ce qu'il a fait, ce serait du droit vraiment droit » ; le triple κε (pour ἄν, "as an enclitic somewhat less emphatic" LSJ, p. 96) résulte peut-être d'une erreur de transmission : dans la version du commentateur anonyme (ainsi que dans un manuscrit de *EN*), le troisième κε est remplacé par un δέ ("II. in apodosi ... *then*", *v.* LSJ, p. 371*sq.*) ; Bywater, suivant Coraës, remplace le deuxième κε par un τε, ce qui fait du sens (τά τ' *quidque* „was auch immer"), mais *v.* le *caveat* sur "κε ... used, exceptionally, in general relative clauses" LSJ, p. 1764.

45 Μίνως καὶ Ῥαδάμανθυς, οἱ Διὸς καὶ Εὐρώπης παῖδες, ὧν οἵδε εἰσὶν οἱ νόμοι, comme Socrate présente les deux fondateurs légendaires de la civilisation grecque *Min.* 318D ; *cf.* OCD[3], p. 1311.

46 Michel d'Éphèse ne semble pas avoir compris cette manœuvre et ne peut s'abstenir de rappeler au lecteur l'ordre classique dans le cadre d'une illustration de la formule abstraite : ἐκεῖνοι γὰρ δίκαιον ᾤοντο τὸ ἀντιπαθεῖν ἃ ἄν τις πεποίηκεν, οἷον ἐτύφλωσέ τίς τινα, ἀντιτυφλωθῆναι, ἔτυψεν ἀντιτυφθῆναι (p. 31 l. 27f.).

47 *V.* le *Contre Midias* (*orat.* 21), § 147, où l'orateur compare la ὕβρις de son adversaire avec celle d'Alcibiade au siècle précédent : Ταυρέαν ἐπάταξε [*sc.* Alcibiade] χορηγοῦντ' ἐπὶ κόρρης. ἔστω ταῦτα, ἀλλὰ χορηγῶν γε χορηγοῦντα τουτ' ἐποίησεν, οὔπω τόνδε τὸν νόμον παραβαίνων, οὐ γὰρ ἔκειτό πω. Pour le contexte, *v.* Anagnostou-Canas *in* : *Symposion 2005*, p. 313*sq.*

– en tant qu'atteinte corporelle avec une forte composante subjective – toujours et indépendamment du statut de la victime une réponse asymétrique, même si le législateur adopte pour les fractures de l'os et pour le premier champ le talion pénal comme solution normative[48]. Il est en conséquence relativement facile pour l'auteur de convaincre le lecteur qu'un agresseur qui frappe une personne « meilleure » (βελτίων) ne subit pas une peine juste, s'il est simplement frappé en retour, comme le suggère une application mécanique du principe du talion[49].

Réfuter ensuite le cas classique « œil pour œil » selon la même méthode pose des difficultés plus grandes : l'argument en faveur d'une inégalité entre ἐλεύθερος et ἐλεύθερος se limite ici à la question de savoir qui a commencé la dispute (καὶ γὰρ ἦρξε πρότερος). Cette *differentia specifica* est connue du droit alexandrin, où elle servait à limiter l'application d'une loi *Sur le(s) coup(s) entre des (personnes) libres*[50]. Toutefois, sa force argumentative n'est pas absolue et dépend du contexte : alors qu'il est probablement possible, grâce aux témoins, de déterminer, dans le cas de la gifle ou d'autres coups légers, laquelle des deux parties est responsable du passage des attaques verbales à de vraies atteintes corporelles[51], cette question est secondaire et quasiment futile, si la rixe a eu pour résultat un accident plus grave, comme *e.g.* la perte d'un œil. La référence parallèle d'Aristote à la question de l'intentionnalité – ἔτι τὸ ἑκούσιον καὶ τὸ ἀκούσιον διαφέρει πολύ l. 30*sq.* – se heurte au même obstacle : si la perte est principalement imaginée et subjective, ces facteurs peuvent bien influencer la décision ; si elle est objective, un débat sur la question « Qui a commencé ? » ou « L'a-t-il fait exprès ? » a moins d'intérêt.

À la fin du passage, l'auteur des *Magna Moralia* se contente de répéter pour l'attaque de l'œil la solution déjà connue sous la forme relativement va-

48 *V. supra* 3.2, l'ensemble § 202-205 à la suite de § 196-200.

49 La réponse d'Aristote lui-même est un peu plus raffinée et formulée comme si le talion seul ne faisait pas encore partie de la peine : οὐ πληγῆναι μόνον δεῖ ἀλλὰ καὶ κολασθῆναι. Le problème principal, l'idée d'une « supériorité morale », demeure. – En ce qui concerne le cas inverse (et sans doute plus fréquent) εἰ ἀρχὴν ἔχων ἐπάταξεν, Aristote évoque en outre explicitement la solution « zéro » οὐ δεῖ ἀντιπληγῆναι – que ses commentateurs « chrétiens » ont de la difficulté à justifier, *v.* le μηδὲ ἀδικεῖν δοκεῖ (καίτοι πέπονθεν ὁ πληγείς) chez Michel d'Éphèse, p. 32 l. 20*sq.* (p. 223 l. 10*sq.* chez le commentateur anonyme).

50 *V.* le § 4 (*P. Hal.* 1, l. 203*sq.*) : πληγῆς ἐλευθέροις. ἐὰν πατάξηι ὁ ἐλεύθε[ρ]ος ἢ ἡ ἐλευθέρα τὸν [ἐλεύθερον] ἢ τὴν ἐλευθέραν ἄρχων χειρῶν ἀδίκων, 100 [δράχμας] ἀποτεισάτω κτλ. Il semble que cette idée, qui est attribuée de nouveau à Rhadamanthe, remonte en réalité à Dracon, *v.* Taubenschlag, *Law of Greco-Roman Egypt*, p. 435 n. 30 (et p. 436 et n. 35 pour d'autres attestations dans le droit ptolémaïque).

51 Pour ce passage, *v.* la note à יְרִיבֻן Exode **21** 18 (3.4 *supra*) et *v.* Eschyle *Ch.* v. 309-313 (discutés dans les notes de 4.3).

gue τὸ ἀντιπαθεῖν πλείω ὧν ἐποίησε[52]. Dans l'*Éthique à Nicomaque*, Aristote présente de plus un résumé théorique de sa critique du talion : il faudrait favoriser τὸ ἀντιπεπονθὸς κατ' ἀναλογίαν καὶ μὴ κατ' ἰσότητα. Il est clair que cette forme « proportionnelle » du talion diffère fondamentalement du talion proprement dit et ne porte ce nom que par comparaison avec la théorie des Pythagoriciens. Ce qui surprend encore plus de cette recommandation est qu'un principe qui contredit ouvertement l'idée de l' ἰσότης fait ainsi partie d'une définition de la justice[53].

## 4.5 Le sermon sur la montagne : Matthieu 5 38*sq.*

Datation : deuxième moitié du premier siècle de notre ère. — Paraphrase chez Luc **6** 29. — Texte du *Codex Sinaïticus* (milieu IV^e^ siècle), f. 202 col. iii. — Édition consultée : Nestle *et* Aland, *Novum Testamentum*, p. 11.

7 Ἠκούσατε ὅτι ἐρρέ-
8 θη· ὀφθαλμὸν ἀν-
9 τὶ ὀφθαλμοῦ καὶ
10 ὀδόντα ἀντὶ ὀδόν-
11 τος. ἐγὼ δὲ λέγω ὑ-
12 μῖν μὴ ἀντιστα-
13 θῆναι τῷ πονη-
14 ρῷ· ἀλλ' ὅστις σε ῥα-
15 πίζι εἰς τὴν δε-
16 ξίαν σιαγόνα στρέ-
17 ψον αὐτῷ καὶ τὴν
18 ἄλλην.

[Notes philologiques p. 117*sq.*]

[7]Vous avez entendu qu'il a été [8]dit « œil pour œil » et [10]« dent pour dent ». [11]Moi, je vous dis [12]qu'il ne faut pas s'opposer [13]à celui qui veut du mal ; mais si quelqu'un te frappe sur la joue droite, expose-lui aussi l'autre.

52 Cette formule signifie-t-elle concrètement que l'agresseur risque de perdre ses deux yeux, *i.e.* sa vue, comme dans la loi introduite à Locres ?

53 Les commentateurs byzantins, apparemment choqués par la « provocation » μὴ κατ' ἰσότητα de leur maître, ont essayé d'adoucir le passage en enlevant la négation et en rendant κατ' ἀναλογίαν καὶ μὴ κατ' ἰσότητα par κατ' ἀναλογίαν καὶ τὴν ταύτης ἰσότητα (Michel d'Éphèse, p. 32 l. 32*sq.*) ou bien κατὰ ἀναλογίαν καὶ τὴν κατ' αὐτὴν ἰσότητα (le commentateur anonyme, p. 223 l. 24).

La discussion du talion dans le sermon sur la montagne se distingue des autres exemples discutés dans ce chapitre par son approche plus simple et plus respectueuse de la tradition orientale : le sujet est introduit par une référence directe à l'*incipit* de Exode **21** 24, déjà repris sous cette forme par le rédacteur de Lévitique **24** 20. Le style demeure toujours casuistique et concret, et aucune tentative n'est faite pour reformuler le talion de manière abstraite. Si le § 42 Lois d'Ešnunna était non seulement le premier, mais aussi l'exemple le plus répandu de la série « œil pour œil », on pourrait même dire que l'ordre des cas est respecté et que le discours commence par les atteintes dites du premier champ qui concernent le visage[54].

Toutefois, le message du Christ est beaucoup plus révolutionnaire qu'il ne semble, et la réapparition de la gifle, absente de la législation de l'Ancien Testament (malgré sa présence dans les autres collections), en est un premier signe. Comparé à des arrangements plus classiques comme *e.g.* celui du Code de Hammourabi § 196*sq.* ou du corpus hittite § 7*sq.* et 11*sq.*, le texte omet les fractures de la main et du pied. On assiste alors de nouveau à une critique du talion par réarrangement de l'ordre classique. Mais à la différence d'Aristote et de son École, qui *partaient* du cas de la gifle pour démontrer successivement et par induction la nécessité de réinterpréter le talion κατ' ἀναλογίαν, le Christ de Matthieu présente le cas le moins exemplaire de la série « œil pour œil » seulement *in fine* et dans la position d'une abduction. C'est au lecteur de réétudier le passage après cette conclusion abrupte et d'étendre, en bon chrétien, la maxime μὴ ἀντισταθῆναι τῷ πονηρῷ aux cas où ce dernier lui casse la dent ou lui blesse l'œil. C'est dans ces conséquences implicites et tacitement effrayantes que réside le grand potentiel provocateur de la doctrine chrétienne comme une « nouvelle » ou « ultime » philosophie.

L'extension du concept de la δουλεῖα, selon laquelle l'homme libre, lui aussi, compte parmi les « esclaves de Dieu »[55], fournit une clé à la compréhension de la critique du talion par le Christ. Dans le cas où il frappe un autre homme libre, il était auparavant admis qu'il était frappé en retour comme une expression du rapport d'égalité entre pairs[56]. En invitant l'agresseur à frapper une deuxième fois, la logique chrétienne supplante cette ancienne idée normative sans pourtant la contredire ouvertement : comme il se doit entre des personnes libres, une deuxième gifle, identique à la première, aura lieu selon le principe *miḫṣe kī miḫṣe* ; mais la personne frappée est un « serviteur du Seigneur » et non plus l'agresseur. C'est l'agresseur qui s'expose, en frappant de nouveau, comme « libre » au sens de l'homme *sans* Dieu. Il est le πονηρός qui

54 La morsure du nez et de l'oreille seraient dans ce cas omis, *v. supra* 3.1 (l. 32-34).

55 *V. supra* 4.2, note à Lévitique **24** 17 et *21*.

56 *V.* le témoignage de Démosthène cité dans la section précédente ; la réponse du § 203 Code de Hammourabi (3.2) est bien sûr différente (et celle du droit grec de l'époque de Démosthène semble également l'être).

croit posséder le droit de pouvoir frapper impunément des « esclaves » en s'imaginant « supérieur » à eux (comme l'avait encore enseigné Aristote)[57]. La tendance, déjà visible dans le corpus hittite § 15*sq.* et dans Exode **21** 26*sq.*, à valoriser l'esclave par rapport à l'homme libre, semble avoir définitivement remporté, avec la doctrine chrétienne, la victoire sur l'approche aristocratique du Code de Hammourabi § 205 et de la philosophie aristotélicienne[58].

Indépendamment de ces évolutions sur le plan normatif, le passage est également précieux pour mieux comprendre le « coup de la joue ». Dans le style particulièrement vivant et direct de Matthieu, cette agression est décrite comme un coup εἰς τὴν δεξίαν σιαγόνα. La précision « droite » indique probablement, si l'on suit l'interprétation de Weismann, qui s'inspire d'une distinction faite par le Talmud babylonien[59], qu'il n'est pas question d'une gifle normale, exécutée avec l'intérieur de la main (droite) et dirigée vers la joue gauche, mais d'un coup avec le dos de la main et dirigé vers la partie droite du visage de la victime[60]. Une telle attaque, plus douloureuse qu'une gifle normale (mais moins bruyante ?), s'inscrit plus facilement dans une liste d'atteintes corporelles objectives et graves qui commence avec la destruction d'un œil, même si les blessures causées par elle ne sont pas permanentes. – L'exemple serait d'ailleurs particulièrement apte à convaincre le lecteur de la « vérité » de la philosophie chrétienne : alors qu'il est physiquement facile pour la victime de frapper l'agresseur avec la main droite sur la joue droite, la réaction recommandée par le Christ mettrait ce dernier dans l'embarras. Pour attaquer de nouveau sa victime, il devrait changer de main ou ressortir à une gifle normale. La décision de la victime de se livrer volontairement à de nouveaux coups mène alors le plus probablement à une trêve, *i.e.* au résultat que cherchait obtenir le grand *pacificator*.

---

57 εἰ ἀρχὴν ἔχων ἐπάταξεν οὐ δεῖ ἀντιπληγῆναι, *v.* la section précédente (4.4).

58 On aimerait bien savoir si Aristote, dans son οὐ πληγῆναι μόνον δεῖ ἀλλὰ καὶ κολασθῆναι *EN* 1132b l. 29*sq.*, pense concrètement à une mutilation de l'oreille comme le législateur hammourabien ou seulement à un ἀντιπληγῆναι ... πολλάκις comme ses disciples.

59 (תלמוד סְטָרוֹ — נוֹתֵן לוֹ מָאתַיִם זוּז, לְאַחַר יָדוֹ — נוֹתֵן לוֹ אַרְבַּע מֵאוֹת זוּז : 90a בבא קמא בבלי t. 24 p. 389 éd. Steinsaltz) "If he smacked him (on the face) he has to pay him two hundred zuz [correspond approx. à des deniers, *cf.* Matthieu **20** 2 pour la valeur]; (if he did it) with the back of his hand he has to pay him four hundred zuz" (trad. Kirzner *in* : Epstein, *Babylonian Talmud: Seder Neziḳim*, p. 520).

60 „[E]s ist die schwerere Form der Kränkung gemeint. Mit der flachen rechten Hand trifft man nämlich die linke Wange des Gegners; dagegen führt man den Schlag gegen seine rechte Wange, wenn man den rechten Handrücken benutzt" (Weismann *in* : *Um das Prinzip der Vergeltung*, p. 345*sq.* n. 57).

## 4.6 Stèle votive, dédiée à « Saturne »

Datation : première moitié du III^e siècle de notre ère (*v.* la discussion de la datation de la première stèle par Leglay, *Saturne africain : Monuments* II, p. 72). — Lieu de découverte : N'gaous en Algérie, ancienne *Niciuibus* en Numidie. — Conservée au Musée Gustave Mercier à Constantine. — Photographies chez Eissfeldt, *Molk als Opferbegriff*, pl. I n° 2 et Leglay, *Saturne africain : Monuments* II, pl. XXXI n° 3. — Éditions consultées : Alquier *et* Alquier, CRAI, 1931, p. 22 ; Leglay, *Saturne africain : Monuments* II, p. 72 ; Laporte *in* : *H.-G. Pflaum, un historien du XX^e siècle*, p. 97.

Stèle II [PLANCHE III]

1 QVOD BONVM FAVS$_{T}$VM FE*lici*
2 *t*ER FACTVM SIT DOM$^{I}$NO SANCTO *Sat*
3 VRNO ANIMA PRO ANIMA SANGV*ine*
4 PRO SANGV$^{I}$NE V$^{IT}$A PRO V$^{IT}$A PRO SALVTE *Co*
5 MCESSE ET VOTO PRO VOTO SAC*r*
6 *u*M SOLVERVNT MOCHOMOR C///
7 /// VS RVFINIANV*s* ///
8 /// CO*niux* /// [Notes philologiques p. 118-120]

[1]Qu'il [2]soit [1]bon, favorable et [2]fait de manière heureuse ! Au Saint Seigneur [3]Saturne, âme pour âme, sang [4]pour sang, vie pour vie, pour le bien-être de [5]Concessa, et promesse pour promesse, [6]un sacrifice ont offert « offrande de ceux qui l'ont promis » C... [7]us Rufianus ... [et [8]son] ép[ouse] ...

Hormis l'invocation officielle, la cérémonie décrite sur la stèle n'est pas camouflée de façon particulièrement soigneuse en rite appartenant à la religion romaine. Cette négligence relative pourrait s'expliquer par la situation du lieu de découverte tout au fond du *Hinterland* carthaginois, protégé par des montagnes des villes de la côte plus exposées aux influences culturelles. Dans ce milieu fermé, les pratiquants du rite continuent d'employer au III^e siècle de notre ère pour le terme-clef de la cérémonie leur langue d'origine, comme s'ils essayaient d'assurer que leur message soit bien compris par un Dieu qui n'a pas suivi la même acculturation qu'eux[61]. Toutefois, il n'est pas exclu qu'un Romain de l'époque, confronté au texte de la stèle, ait cru que les signataires s'adressent vraiment à Saturne et qu'il ait essayé de déchiffrer une expression

61 *Cf.* les formules conclusives récurrentes selon lesquelles la divinité est invitée à écouter les paroles, comme *e.g.* 𐤊 𐤔𐤌𐤏 𐤒𐤋 𐤃𐤁𐤓𐤉 (CIS I.123^a l. 5*sq.*), 𐤊 𐤔𐤌𐤀 𐤒𐤋[𐤀] ou 𐤔𐤌𐤏 𐤒𐤋𐤀 𐤁𐤓𐤊𐤀 (Berthier *et* Charlier, *Sanctuaire punique d'El Hofra*, p. 38*sq.* n° 38 et 40 ; pour 𐤔𐤌𐤀 au lieu de 𐤔𐤌𐤏, *v. ibid.* p. 41, note à la l. 3).

comme MORCOMOR en se référant à sa langue maternelle, comme le faisaient encore les archéologues au XIX$^{e}$ siècle[62].

La triple formule *anima pro anima*, *sanguine pro sanguine*, *uita pro uita* est donc certainement d'inspiration sémitique, et son modèle est très probablement la formule [63]נֶפֶשׁ תַּחַת נֶפֶשׁ, connue de la Bible comme une référence à la variante réparatrice du talion appliquée aux enfants et au bétail. Alors que *uita* est une traduction littérale de *npš* au sens premier (principalement attesté en akkadien), *anima* reprend le même terme dans un sens spirituel (attesté surtout en hébreu), tandis que *sanguis*, qui peut désigner à la fois l' « enfant » ou (sa) « vitalité » en latin[64], lie les deux idées concrètement à la cérémonie, *i.e.* au « sang » versé sur l'autel comme une représentation de la « vie » ou de l' « âme » offerte au Dieu. L'arrangement alternatif des trois termes selon un passage du plus théorique et étendu (*anima*) au plus concret et temporaire (*sanguis*) *par* la vie est peut-être encore plus logique et se trouve sur les stèles IV et VI.

La préposition *pro* dans *pro salute Concesse* n'a pas le même sens que dans *uita pro uita*, comme le montre la comparaison avec la terminologie employée dans les Lois médio-assyriennes (*kī* et *kīmū*) et dans le Code de Hammourabi (*kīma* et *ana*). Dans cet écho tardif de *ana ša libbīša* § 209 Code de Hammourabi, *pro* « pour » signifie en réalité « contre, en échange de » et non « pour, à la place de » (comme dans *uita pro uita*) ni « pour, contre » (comme dans *miḫṣe kī miḫṣe*). La question de savoir si le mot *salus* renvoie simplement à la « santé » (physique) de l'enfant (Alquier *et* Alquier) ou à une notion plus large du « salut » (Carcopino, Leglay) se décide en faveur de *tous* les intervenants, dès qu'il est clair que *salus* n'est qu'un quatrième synonyme du concept de base *npš*.

La dernière variation *uoto pro uoto*, unique dans le corpus de textes, s'explique probablement par une faute d'inattention du lapicide qui voulait en réalité écrire *ex uiso et uoto* (comme sur la stèle III). Ce « lapsus » fournit tout de même la clef à la compréhension du texte : à la promesse (non tenue) de sacrifier l'enfant[65] a été substituée la promesse (tenue) de sacrifier un agneau[66].

---

62 *V.* CIL VIII.18630 : "MOR quod Wilmanns interpretatus est *mor(ante)*, *mor(iturum)* Mommsen, offendit propterea, quod totius tituli vocabula reliqua omnia perscripta sunt. Fortasse est potius MORE i.e. *more*."

63 Alt, ZAW 52, p. 304 a cherché pour tous les éléments de la formule le pendant hébreu qui y corresponde littéralement, ce qui a donné נֶפֶשׁ תַּחַת נֶפֶשׁ דָּם תַּחַת דָּם חַיִּים תַּחַת חַיִּים comme (re)traduction.

64 *V.* AHw, p. 738 (sens B) ; BDB, p. 659 (sens 1) ; OLD, p. 1688 (sens 4 et 5).

65 Les Gaulois, par exemple, continuaient d'interpréter la promesse *uita pro uita* de manière littérale selon le témoignage de César *Gal.* VI.xvi.1-3 : *aut pro victimis homines immolant aut se immolaturos uouent ..., quod, pro uita hominis nisi hominis uita reddatur, non posse deorum immortalium numen placari arbitrantur.*

Cette interprétation est confirmée par une dernière référence à la procédure de substitution *agnum pro uicario* au pied des stèles III et IV[67], où *pro* est employé encore dans un troisième sens « en tant que » et où *uicarium* est une traduction de *pūḫum*, le terme akkadien pour les remplacements[68]. Toutefois, *pro uicario* n'est pas vraiment identique à *pūḫšu* § 172 Lois des Hittites ou *meḫeršu* § 35 Lois d'Ešnunna, parce que l'agneau n'est pas un équivalent *-šu* de la fille. L'appartenance au même genre, comme elle était clairement formulée dans saĝ saĝ.gin$_7$ § 12 Code de Lipit-Ištar ou arad$_2$ *kīma* arad$_2$ § 231 Code de Hammourabi, n'est plus respectée[69]. Cette asymétrie s'explique probablement par le fait que l'affaire ne se limite pas aux humains, mais concerne des humains face à un Dieu. La transposition d'un concept juridique dans la sphère religieuse a mené à une réinterprétation profonde, comme l'avait déjà souligné Carcopino en citant Servius : *in sacris simulata pro ueris accipi*[70].

66 Sur une éventuelle troisième ou (dans l'ordre du temps) première promesse de la femme de sacrifier son (premier) enfant, si le Dieu lui en « offre » un, *v.* Février, JA 250, p. 6*sq*. La situation serait donc identique au cas discuté dans le premier chapitre : la variante réparatrice du talion comme la réponse à la « perte » d'un élément aliénable (ici absent du « menu » du Dieu).

67 La formule est abrégée AVK sur la stèle I et AG[N]VIK sur la stèle VI, peut-être pour des raisons de place.

68 Même observation par Dhorme *apud* Carcopino, RHR, 1932, p. 597 n. 1.

69 Pour l'analogie entre un enfant et un serviteur, *cf.* « garçon » en français, παῖς en grec (LSJ, p. 1289) ou le signe TUR (dumu) suivi par .nita (UŠ), .ARAD (nita$_2$) ou .SAG pour désigner le /ib/ila/ « celui qui le prendra (*sc.* l'héritage, plus tard) » en sumérien, en akkadien *aplum*, lu à l'époque néo-assyrienne, selon Parpola, OLZ 74, col. 25, simplement *mar'u* « fils » ; *cf.* le phénomène, observé par Gelb *in* : *La lingua di Ebla*, p. 14, d'un remplacement (ou plutôt prolongement) de dumu par 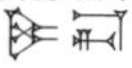 ou  dans les listes généalogiques sémitiques.

70 Serv. *A.* II.116 ; Carcopino, RHR, 1932, p. 599.

# Conclusion

Dans les pages qui précèdent, le talion a été compris comme un principe général de justice, fondé sur un simple *quid pro quo*, avec la condition supplémentaire que le premier *quid* soit équivalent au deuxième. Plus particulièrement, nous avons essayé de démontrer que le principe du talion ne se limite pas à la forme pénale, mais qu'il existe également sous une forme réparatrice, qui est historiquement la solution préférée par les législateurs pour répondre à la perte d'un membre aliénable. Cette argumentation, ainsi que la théorie juridique à laquelle elle est associée, *sc.* celle de la « propriété vivante », découlent d'une étude du formulaire du talion et de considérations purement philologiques.

Pour comprendre ce raisonnement, il faut se rappeler deux opérations logiques qui sont habituellement réalisées par les commentateurs de manière inconsciente. La première consiste à *réduire une formule abrégée à son élément principal*. Par 'formule abrégée', nous comprenons une apodose qui ne contient que deux objets, direct et indirect (*e.g.* « œil » et « œil »), et un opérateur de comparaison (*e.g.* « pour »). L'expression 'œil pour œil, dent pour dent' est alors composée de *deux* formules abrégées. L'ajout « dent pour dent » ne change pas sa portée générale, mais seulement le champ d'application, qui est en théorie infini (comme le montre la suite « main pour main, pied pour pied » *etc.*). Il est alors possible de la réduire au premier exemple « œil pour œil ».

La deuxième opération consiste à *considérer une formule abrégée comme interchangeable avec les formules intermédiaires et complètes*. Par 'formule intermédiaire', nous comprenons une apodose qui ne consiste qu'en un objet direct et un verbe sans opérateur de comparaison et dont le caractère talionique ressort alors exclusivement du contexte. Une formule est en revanche considérée comme 'complète', si elle contient, outre le verbe et l'objet direct, au moins un objet indirect[1]. Si on compare § 196 Code de Hammourabi « si un

1 À noter que l'objet indirect peut se cacher dans le pronom anaphorique en rendant l'opérateur de comparaison superflu, comme dans *-šu* de *īnšu* « son œil > l'œil *à lui* ». S'il faut en revanche donner « un mouton » « comme, pour ou contre » le « mouton (perdu) », et s'il est précisé, comme au § 263 Code de Hammourabi, qu'il faut le donner *ana* « au » propriétaire (du mouton), ce dernier est le deuxième objet indirect (après l'objet direct et le premier objet indirect, qui dépend de l'opérateur de comparaison). Il est alors théoriquement possible de construire des apodoses avec trois, quatre ou cinq objets « pour *x* comme *x* contre *x* tu donnes *x* à *x* », mais des exemples aussi explicites – au moins les trois premiers *x* y seraient *de facto* identiques – ne sont pas attestés.

*awīlum* blesse l'œil d'un fils d'*awīlum*, ils blesseront *son* œil » et « œil pour œil » Exode **21** 24, par exemple, on passe de la formule complète à la formule abrégée[2] ; un rapprochement de « vie pour vie » Lévitique **24** 18, « il remplacera la vie » § 50 et 52 Lois médio-assyriennes (A) et « tu donnes vie pour vie » Exode **21** 23 réunit par contre l'ensemble des trois versions d'une apodose avec « vie », abrégée, intermédiaire et complète[3].

Paradoxalement, l'opérateur de comparaison de l'exemple classique du talion *pénal*, עַיִן תַּחַת עַיִן « œil à la place de l'œil », renvoie étymologiquement non à une peine, mais à un remplacement[4]. De la même manière, l'équatif .gin$_7$, de la version abrégée saĝ saĝ.gin$_7$ « tête comme tête » de l'apodose § 12 Code de Lipit-Ištar, renvoie non à un remplacement, mais à une équivalence[5]. Recourir au verbe ba.ab.sum.mu ne résout pas tous les problèmes, parce que l'équivalent hébreu de la racine sum « donner » se rencontre Lévitique **24** 20 également dans un sens pénal : נתן מוּם « donner un défaut ». L'idée de différencier les apodoses selon leur structure grammaticale est également erronée : la rétro-assimilation de l'objet direct (*e.g. miḫṣe* « coup ») à l'objet indirect (*kī miḫṣe* « comme coup ») au profit de la liaison naturelle avec le verbe (**miḫṣa ... išakkunūš* « ils lui imposeront ... un coup ») se rencontre – malgré les traductions dans la Septante (τραῦμα ἀντὶ τραύματος), la Vulgate (*oculum pro oculo*) et dans l'édition des lois mésopotamiennes de Roth (*alpam kīma alpim*) – *dans les deux cas*, comme le montre la formule *uita pro uita* (et non **uitam pro uita*) sur la stèle de Nicivibus.

Comment sortir de ces ambivalences sur le plan sémantique ? La seule solution consiste à distinguer plus clairement entre les termes qui sont potentiellement ouverts aux deux interprétations et ceux qui ne le sont pas. Un langage précis existe pour quasiment tous les exemples étudiés, au moins à partir d'une certaine étape dans l'évolution de la langue. La référence simultanée de *kīma* à une équivalence et un remplacement, par exemple, est clarifiée dans le dialecte médio-assyrien par le contraste entre *kī* et *kīmū*. L'aspect adversatif de תַּחַת ou *pro* peut être rendu plus explicite par un בְּ *pretii* ou ἀντί. Et, pour ce qui est du verbe, les rédacteurs disposent depuis le paléo-babylonien d'un choix d'alternatives pour éviter le terme particulièrement vague *nadānum*, *tadānu*, נתן, *dare* : *riābum*, *malā'u*, שׁלם pi.[6], *sarcire*, *soluere* d'un côté et *ḫuppudum*, *šebērum*, *maḫāṣu(m)*, נכה hi., שׁבר, *rumpere*, *frangere* de l'autre.

2 *V.* 3.2 l. 45-49 et 3.4 v. 24.

3 *V.* 4.2 v. 18 ; 2.3.2 l. 69 et 81 et 2.3.4 l. 91 ; 2.4 v. 23.

4 *V.* 2.4, note philologique au v. 23.

5 *V.* 1.1, l. 21 et 1.2, note philologique à la l. 79.

6 En dehors des lois, שׁלם pi. peut se référer également au talion pénal, mais de manière plutôt exceptionnelle (et avec une nuance subjective ou même ironique ?), *cf.* la réflexion d'Adoni-Bézeq sur son destin *Juges* **1** 7.

Il est intéressant d'observer ici que 'la langue des peines' est incluse dans la 'langue de la restitution' de façon légèrement maladroite et qu'elle ne développe son propre vocabulaire que subséquemment de manière autonome et sans superposition réciproque. Cela est non seulement la preuve de l'existence, voire de la dominance historique, de la variante réparatrice du talion, mais peut également expliquer pourquoi il était si facile d'isoler le talion pénal par la suite, à la différence du talion « civil » qui a toujours existé en symbiose potentielle avec son complément pénal.

Dès qu'on retraduit toutes les attestations dans un langage précis, une autre particularité apparaît : l'attribution homogène de deux catégories d'objets concrets aux deux variantes du talion, les membres de la corporation juridique – servante, esclave, bœuf, mouton – à la variante réparatrice[7] et les membres du corps physique – œil, dent, main, pied – au talion pénal. Les frontières commencent seulement à se brouiller s'il est question d'une perte qui échappe à cette classification, comme celle d'un confrère, d'une femme et / ou de l'enfant (à naître) : dans ces cas, les réponses des législateurs perdent leur cohérence, le talion est abandonné au profit de la peine de mort ou des compensations en argent, des obscurités terminologiques comme l'emploi de SAG.DU « tête » (pour les hommes libres ?) ou *npš* « vie » (pour un enfant qui n'a pas encore vécu ?) apparaissent[8], et la répétition habituelle d'éléments concrets, comme gu$_4$ *kīm*[*a* gu$_4$] udu *kīma* [udu] « bœuf pour bœuf, mouton pour mouton » ou תַּחַת עַיִן שֵׁן תַּחַת שֵׁן עַיִן « œil pour œil, dent pour dent », cède la place à la répétition de termes largement synonymes, comme dans *anima pro anima* (=) *sanguine pro sanguine* (=) *uita pro uita*[9].

Quant à la reformulation abstraite du talion – un phénomène relativement tardif et non attesté avant la deuxième moitié du IIᵉ millénaire – des processus linguistiques similaires à ceux des formules concrètes peuvent être observés.

7 L'inclusion des animaux dans la propriété vivante ne doit pas surprendre. Dans le corpus hittite, on trouve même la tentative de transposer les deux atteintes corporelles typiques au monde des animaux : au § 77, le rédacteur discute les cas du bœuf qui est aveuglé et de la vache qui avorte (*sic*) en employant la même terminologie que dans les cas de l'homme privé d'une partie de sa vue (§ 8) et de la femme ayant perdu son petit (§ 17*sq.*). La réponse n'est évidemment pas le talion, mais la demande d'une somme d'argent, plus conforme à l'approche *muškēn*-esque, *i.e.* plus modeste, du législateur hittite. Mais l'élargissement du raisonnement à des espèces d'animaux « nobles » – les équidés, âne et jument, sont mentionnés comme une alternative par le législateur –, montre jusqu'à quel point les Anciens se sont laissés guider dans leur réflexion par des analogies entre animal et *animal rationale* (*cf.* aussi *supra* 1.2.3).

8 *V.* Lois hittites § 1-4 (1.4.3) ; Lois médio-assyriennes A § 50 et 52 (2.3.1 et 2.3.3). Étant donné le caractère particulièrement diffus du terme « vie », on voit pourquoi il était si facile pour le rédacteur du Deutéronome de tirer la formule de substitution Exode **21** 23 du côté pénal, en réinterprétant נֶפֶשׁ תַּחַת נָפֶשׁ par נֶפֶשׁ בְּנֶפֶשׁ. L'opération inverse aurait posé de plus grosses difficultés.

9 *V.* § 263 Code de Hammourabi (1.2.4) ; Exode **21** 24 (3.4) ; stèle II de Nicivibus l. 3*sq.* (4.6).

Dans la reformulation כַּאֲשֶׁר עָשָׂה כֵּן יֵעָשֶׂה לּוֹ « comme il a fait, ainsi on fera à lui », par exemple, le verbe עשׂה « faire » correspond, en ce qui concerne son degré d'ambiguïté, à *nadānum* « donner » dans les formules concrètes intermédiaires et complètes. Le sens pénal n'est confirmé que par le contexte : quand le roi de Babylone écrit au roi d'Égypte [*ūl eppuš š*]*a attā tēpušu* « je ne ferai pas ce que, toi, tu as fait »[10], il ne parle pas de lui infliger des peines corporelles, mais de l'inviter à un banquet. Une reformulation précise, qui n'est pas ouverte à plusieurs interprétations, est attestée sous la forme כַּאֲשֶׁר יִתֵּן מום בָּאָדָם כֵּן יִנָּתֶן בּוֹ « comme il a blessé un homme, ainsi on le blesse », *i.e.* avec נתן מום « donner un défaut ». Pour la variante réparatrice, de tels exemples n'existent pas, parce que la concentration sur le verbe rend l'inversion de l'action visible et aurait eu pour résultat la maxime « *comme tu m'as *détruit* je te *donne* », qui ne semble pas être, à première vue, une réponse juste ou réconciliable avec le critère de l'équivalence. Il est possible que la décision du rédacteur du Code d'Hammourabi de recourir au talion pénal symétrique s'explique en partie par cette difficulté de reformuler abstraitement la variante réparatrice[11].

Les termes techniques et simples, avant-coureurs d'une véritable doctrine du droit, sont encore plus rares et tardifs et datent de l'époque du « rayonnement », *i.e.* du milieu et de la fin du Ier millénaire. Toutefois, les mécanismes de superposition et de séparation terminologiques s'y rencontrent de nouveau : représentant le langage précis, τὸ ἀντιπεπονθός ne renvoie qu'à la variante pénale, comme le signale déjà le préverbe ἀντι- devant le 'faux' passif de ποιεῖν « faire », qui dérive en réalité de πάσχειν « souffrir »[12]. On voit facilement pourquoi cette description, qui reprend en quelque sorte la reformulation כַּאֲשֶׁר עָשָׂה כֵּן יֵעָשֶׂה לּוֹ (en y supprimant les trois premiers mots), n'a pas connu beaucoup de succès : elle décrit simplement le résultat d'une action sans en fournir de justification normative. Le terme *talio*, par contre, souligne l'idée du talion de façon affirmative : exiger qu'un acte ait « la même qualité » renvoie de plus, si la protase le permet[13], à

---

10 EA n° 3, l. 29 ; copie par Abel, *Thontafelfund von El Amarna*, pl. 1, première ligne de la „Rs." ; le passage est à peu près aussi cassé (et sa reconstruction spéculative) que l'exemple des Lois médio-assyriennes discuté *supra* 2.3.1 (et 4.2) ; la fin semble être claire, *cf.* Knudtzon, VAB 2, p. 70 n. d sur la cassure après ŠU : „Hier ist kaum noch etwas gefolgt" ; mais le BU a un clou de trop. Knudtzon proposait alors *ibid.* de lire [*la e-pu-uš š*]*a at-ta te-pu*[!]*-šu* ; la reconstruction ici retenue est celle de Moran, LAPO 13, p. 68 n. 14.

11 De la même façon, le talion pénal (simple) n'existe pas dans une formule intermédiaire, parce que le critère d'équivalence n'y ressortirait pas suffisamment : une apodose « qu'ils blessent *un* œil » pourrait être interprétée « peu importe si c'est son propre œil ou l'œil de quelqu'un d'autre, si c'est l'œil droit ou l'œil gauche *etc.* », *i.e.* contrairement à l'idée du talion.

12 *V.* 4.4, note philologique à la l. 28.

13 Outre le témoignage d'Isidore, cité à la fin de l'introduction, l'exemple de Caton, cité *supra* 4.3, est une illustration de ce mécanisme : *talione* s'y réfère, comme dans les XII Tables, au

la possibilité de remplir le critère de l'équivalence de façon constructive. Le choix de *talio* (et non de τὸ ἀντιπεπονθός) par les langues modernes européennes était alors bien justifié pour se référer aux formules concrètes de la Bible et, par extension, également aux autres lois du Proche-Orient ancien, plus récemment découvertes.

Si on veut poser de nouveau la question de la chronologie[14], on devrait y répondre dans les termes d'une hiérarchie conceptuelle et en distinguant selon les deux catégories de biens vivants : pour les pertes irréparables, le talion pénal précède certainement les amendes sur le plan conceptuel, parce qu'il représente une réponse substantielle (sauf si l'argent était, dans un esprit magique des premiers temps, considéré comme une substance et non un moyen d'échange). Pour les pertes réparables, les compensations en argent semblent également suivre la variante réparatrice du talion, avec laquelle elles partagent encore la volonté de compenser la victime – même si la restitution se fait de manière indirecte[15] –, mais elles *sont suivies* par le talion pénal symétrique, qui est une réponse excessive, artificielle et certainement tardive, probablement inspirée par l'idée de revenir à la solution ancienne pour la perte des membres non-aliénables[16]. Le changement de position du talion pénal par rapport aux amendes – antérieur dans le cas classique, postérieur dans le cas de la perte d'un membre aliénable – pourrait expliquer pourquoi le débat sur la place du talion dans l'évolution du droit a été si vif et si intensif.

Les hypothèses sur l'origine géographique ou ethnique du talion perdent également de leur pertinence. Si le talion est un principe général de justice, il est accessible à tous les êtres raisonnables. Cela n'exclut pas une première apparition historique dans un certain lieu ou chez un certain peuple, mais la rend largement contingente[17] : il est simplement naturel de demander qu'un dommage soit réparé par la personne qui en est responsable, et il est au moins humain, si cette option n'est pas possible, de vouloir voir l'adversaire souffrir

*membrum rumpere* (ou *os frangere*) de la protase, alors que *ulciscitur* va avec *proximus cognatus* : la peine n'est pas encore infligée par le public (qui ne se vengerait pas).

14 *V.* le début de l'introduction.

15 Elle se fait « à tout prix », pour ainsi dire ; la *lex Aquilia* (discutée *supra* 4.3) en est une bonne illustration.

16 Le législateur tient à la symétrie sur le plan théorique, mais sans se soucier de l'asymétrie réelle quant à l'innocence de la personne « interposée ». Cette stratégie n'est pas inconnue, et elle est proprement pédagogique dans le sens où elle représente une menace qui n'admet pas d'être vérifiée.

17 *V.* Mühl, *Untersuchungen*, p. 45 : „Wir dürfen nicht sagen, daß in der Talion überhaupt ein spezifisch orientalisches Prinzip rechtlichen Denkens zum Ausdruck kommt, denn das Bedürfnis nach Vergeltung ist ein allgemein menschlicher Zug".

une perte comparable[18]. Le talion est en conséquence un concept universel, autant que l'est le message du Christ, selon lequel il faudrait l'abandonner, bien entendu *sous ses deux formes*, en faveur d'un jugement rendu par Dieu.

Nous redéfinissons donc le talion comme un principe de justice (terrestre) qui cherche à *réparer* la perte encourue par la victime en infligeant à l'agresseur une peine *égale*. Il le fait de manière directe et sentie réellement par la victime, s'il s'agit d'une perte réparable, et de manière symbolique (mais sentie réellement par l'agresseur), s'il s'agit d'une perte irréparable. D'un point de vue normatif, la variante réparatrice du talion est clairement supérieure à une compensation en argent, et ce par le simple fait qu'elle est la solution la plus directe : la victime ne doit pas racheter un mouton, mais voit le mouton qu'elle croyait perdu réapparaître. Toutefois, l'idée selon laquelle (tous) les êtres vivants sont remplaçables n'a aujourd'hui plus la même plausibilité qu'elle avait autrefois, et le modèle de la propriété vivante, selon lequel certains êtres vivants appartiennent à d'autres êtres vivants, a été – au moins formellement – abandonné dans les sociétés modernes. L'apport de l'histoire du talion à la discussion normative actuelle se limite alors au talion pénal. Dans ce domaine, le talion est également supérieur à une compensation en argent sur le plan de la théorie[19] ; une amende est « médiocre » dans la mesure où elle dérive d'une décision collective de placer l'intérêt personnel au-dessus de l'intérêt général. Bien entendu, une société est toujours libre de choisir des solutions modestes qui conviennent à tous ses membres au lieu de solutions radicales qui ne servent personne en particulier. Le problème est ailleurs : il s'agit des tentatives, attestées depuis l'Antiquité, de réinterpréter les anciennes formules concrètes du talion pénal comme une référence à des compensations en argent[20]. Nous espérons avoir montré que de telles opérations sont dépourvues de base philologique et qu'elles représentent en conséquence une manière assez ambiguë et peu appropriée de conserver la mémoire des lois anciennes.

---

18 *Cf.* Frymer-Kenski, BA 43, p. 230 : "The idea of legal symmetry is so well known in law and so in accord with our own sense of justice and fair play that we tend to think it universal and primeval, almost a part of the Natural Law of Mankind."

19 *V.* Cardascia, *Mél. Jean Dauvilliers*, p. 175 : « Sur un plan strictement rationnel, on conviendra que le talion est la seule peine qui soit pleinement justifiable. » *Cf.* Piatelli, *Israel Law Review* 23, p. 66 : "Retaliation is the only punishment equivalent exactly to the infraction. All other punishments of any kind ... are arbitrary ... in the sense that they are rationally unjustified."

20 *V.* 4.1 et 4.3 *supra*.

# Notes philologiques

## 1.1 Code de Lipit-Ištar § 12*sq.*

14 – Sur l'aspect *temporel* de la conditionnelle tukum.bi, *v.* SG § 14.2.2 et *cf.* *takku* 1.4.1, l. 9.

15 – Comme on le voit, la variante plus récente arad pour arad$_2$ (ARADxKUR, *v.* 1.2.1, l. 77+) n'est pas vraiment un ARAD *sans* KUR, mais seulement sans KUR *supplémentaire*, puisque le centre du signe principal commence à ressembler lui-même à un KUR, *cf.* les exemples que donne Mittermayer dans aBZL n° 16 et 17 ; pour la lecture ir$_{3/11}$ « fort », *cf.* 1.3.2, l. 4*sq.* (commentaire sur sag̃.ir$_3$).

15 – Une lien entre ~n~ du ba~n~gen l. 20 et lu$_2$.u$_3$ comme un ergatif (< *lu$_2$.e, *v.* SL § 14 et SG § 5.4.2.2) est logiquement possible, mais grammaticalement étrange ; Steele et Roth traduisent par un génitif, même si ce génitif ne se distingue pas, en théorie, du cas absolu /lu/, si l'on respecte les règles selon lesquelles le *k* apparaît seulement devant une voyelle (comme dans arad.lu$_2$.ke$_4$ quelques lignes plus bas, où arad est à l'ergatif) et le *a* "does not appear when the element [*ak*] directly follows a vowel" (Jacobsen, JNES 32, p. 161).

16 (et 17) – Grammaticalement, ša$_3$~uru~k~a semble être la même combinaison d'un génitif avec un locatif comme e$_2$.lu$_2$.ka à la ligne suivante (Roth transcrit pourtant ša$_3$.uru.ka *vs.* e$_2$ lu$_2$.ka).

16 – zah$_2$ (HA.A), pour le plus ancien AxHA (zah$_3$), correspond en akkadien (entre autres) à *duppurum* "to move away; withdraw", *nābutum* "escaped", *narqûm* „sich verstecken; Zuflucht suchen" et *ḫalāqum* „verschwinden; zugrunde gehen" (AHw, p. 310, 700 et 958 ; MSL II, p. 127 l. 18-20 ; PSD) ; sur le préfixe ba. comme "medio-passive marker", *v.* Woods, *Grammar of Perspectives*, p. 221*sq.* (avec une discussion de ba./zah/ p. 235).

19 – tuš (KU) ≈ *wašābum*, litt. « être assis ; s'asseoir », signifie ici « résider », à savoir „zu Dienst u. Arbeit" (AHw, p. 1481) : "to be at home ... to serve" (SLex, p. 282).

20 – La base verbale ~gen, écrite d'abord GI (gin$_6$) ou gi.in (PSD), semble être un emprunt à l'akkadien et dériver du *D-Stamm* de *kânum*, écrit *u*-GI-*i*[*n*], mais prononcé /*yukēn*/ (< **yukayyin*) selon Hasselbach, *Sargonic Akkadian*, p. 44 et p. 45 n. 65, au sens de „überführen ... bestätigen, bezeugen etc." (AHw, p. 440), *cf.* in.ge.en ≈ *ú-ki-in* MSL I, p. 11 n° 66 et *ukta''inūš*, employé à côté de *b''r* « rendre évident » 2.3.1, l. 101.

21 – Pour la prononciation de la liaison entre /sag̃/ et /gin/, *v.* SG § 3.1.2 (p. 17) : "there may have been a difference between [g̃] and [g̃g] or [g̃g̃] comparable to that between English singer and finger" ; l'équatif GIM semble être prononcé /gin/ (SG § 5.4.2.10) ou même /gen/ (aBZL n° 67), *cf.* les exemples de Cavigneaux

dans SZett, p. 220 ; la lecture en *-i-* et *-m* résulte probablement d'un rapprochement avec l'équivalent en akkadien *kīma* (SG § 5.4.2.10) ; dans ce cas, la transcription « akkadisante » de Steele (gim) serait plus fidèle à la langue de la tablette que $gen_7$, *cf.* ~gen l. 20.

21 – Pour le *b* dans ba~b~sum~e comme une référence à une personne, *cf. id* et *res* pour l'esclave dans la *lex Aquilia*, citée 4.3 (dans les notes à la discussion) et Buckland, *Roman law of slavery*, p. 10-38 et 39-72.

22 – SUM est lu alternativement $šum_2$ (aBZL n° 388 ; PSD) ; pour le problème des sifflantes en sumérien et la possibilité que sum aussi ait été prononcé à un moment donné /šum/, *v.* SG § 3.1.2 (p. 20*sq.*) ; la lecture $si_3$, en revanche, est „weniger gut“ (MesZL, p. 399 n° 209), même si on traduit, comme Steele, $si_3$(m), parce qu'elle cause une confusion potentielle avec $si_3$(g), dont le champ sémantique est proche, mais différent de SUM « donner » (au sens de « fournir »), *cf.* SZett p. 583 et 599*sq.* (SIG et SUM commencent d'ailleurs à se ressembler dans l'écriture cursive, *v.* aBZL n° 388 et n° 437).

1 – Sur la photographie, le deuxième U de la copie de Lutz est beaucoup plus visible que le premier (le scribe ayant appuyé deux fois par erreur ?), d'où la correction « 15 » de Steele (suivie par Roth) ; sur le témoin E, "the sign is clear" (Steele), mais la suite est cassée : 10 [+ 10 $^?$ + 5] n'aide pas à résoudre la question définitivement.

1 – Sur $gin_2$ *alias* $gi\hat{g}_4$, *v.* 2.1, note philologique à la l. 13'.

## 1.2.1 Code de Hammourabi § 231

77 (et 79) – ARAD « sans » KUR (*cf.* 1.1, l. 15) ne se réfère dans le Code de Hammourabi jamais au « serviteur », mais possède seulement la valeur syllabique *ìr* (MesZL, p. 254 n° 18) ; mais *v.* aussi 3.2, l. 92.

78 – Pour *uštamīt*, von Soden propose dans le présent contexte la traduction „(fahrlässig) zu Tode br[ingen]" (AHw, p. 635) ; sur l'infixe *ta*, *v.* GAG § 161*h* : „In den aB und mA Gesetzen wechselt in den Beding.-S. präteritale mit perfektischer Diktion ohne noch erkennbaren Bedeutungsunterschied“ ; ailleurs, *-ta-* dans la clause conditionnelle semble souligner soit la *consecutio temporum* (*v.* les exemples GAG § 161*e*), soit le potentiel (et / ou l'alternance des clauses, GAG § 161*f*), soit une combinaison des deux : „aus der *Fut*[*urum*] *exactum*-Funktion des P[er]f[ekts] erklärt sich wahrscheinlich auch sein Gebrauch in hypothetisch-potentialen Bedingungssätzen“ (GAG § 80).

79 – *kīma*, souvent proposé comme traduction de l'équatif GIM tout court (*v.* le florilège lexical CAD K, p. 366), l'est plus précisément de $gin_7$.nam, *i.e.* de GIM + „einen gewissen, durch die Kopula [$am_3$] bewirkten Nachdruck ... ‚(*genau*) *wie*'“ (Römer, *Sumerisches Kurzepos*, p. 92 et 94), à cause de *kī* « comme » + *ma* „identifizierend ... im Sinne v. *derselbe* ... *ebenfalls* ... *auch*“ (AHw, p. 569*sq.*) : „ebenso wie“, dans le présent contexte peut-être „gleichwertig mit“ (AHw, p. 476), sinon "instead of, in lieu of" (CAD K, p. 369).

79 – Il n'est pas sûr que arad$_2$ *kīma* arad$_2$ ait vraiment été lu *wardam kīma wardim* (Roth), même si cette solution est sans doute celle qui est grammaticalement la plus orthodoxe ; la lecture *wardim kīma wardim* devrait être également envisagée, *cf.* 2.3.4 (l. 89) et 4.6 (l. 3-5).

81 – *inaddin* : de *ndn* « donner » – ou plus précisément „*hin*geben", si l'on veut respecter la fonction du „Wurzelaugment *n*" comme „richtungsbestimmendes Element" (GAG § 102*b*).

## 1.2.2 Code de Hammourabi § 219

84 – Pour l'étymologie de a.zu *alias asûm* « médecin », *cf.* „Wasserkundiger" (AHw, p. 76) *vs.* la personne qui prescrit de l'az(a) « myrrhe » (SLex, p. 25) ; dans le contexte de *karzillum* (l. 86), Driver *et* Miles comparent en outre l'expression *bēl imṭi* "master of the knife" (*Babylonian Laws* II, p. 251 n. 1) avec *imṭum* „eine Art Meißel" ≈ umbin, *v.* AHw, p. 380 et CAD I/J, p. 141.

84 – Le signe ZI de *simmum* « plaie » se lit non *zi-* (Scheil) ou *ṣí-* (Driver *et* Miles), mais *sí-*, indépendamment de sa prononciation /*ts*/ ; l'emploi de la Z- (et non de la S-)série confirme la règle de la *Deaffrizierung*, selon laquelle „die Affrikate am Wortanfang ... erhalten (bleibt)" (GAG § 30).

84 – *kabtum*, ici "transf. *grave, serious*" (CDA, p. 140) ; sur  KAB, *v.* MesZL, p. 638 n° 148.

85 – Les signes MAŠ EN GAG sont lus, avec Wilcke, *Early Ancient Near Eastern Law*, p. 51 n. 137, maš.ka$_{15}$:en et non /mašga'en/ (PSD) ou mašda$_2$ (SLex, p. 171) ; après les § 215-217 sur *awīlum*, *muškēnum* et *wardum* et le § 218 sur l'*awīlum*, on s'attendrait à une disjonction implicite arad$_2$ (*ū lū*) maš.ka$_{15}$:en, mais cette solution est irréconciliable avec l'apodose arad$_2$ *kīma* arad$_2$ l. 88 ; il faut alors construire en akkadien *warad muškēnim*.

86 – La préposition *ina*, litt. « dans » (de *in*, harmonisé en babylonien avec *ana*, *v.* Hasselbach, *Maarav* 13, p. 266), possède „mit Werkzeugen und Waffen" un sens „instrumental" (AHw, p. 380) : « par, avec ».

86 – Le signe après GÍR est un NI comme aux l. 57, 61, 76, 80 et 90 (aBZL n° 261), à lire zal pour obtenir gir$_2$.zal *alias karz/ṣillum* "physician's lancet or scalpel" (PSD ; CAD K, p. 240) ; la lecture gir(i)$_2$.gag dans AHw, p. 450 ; Römer, *Lišān mitḫurti*, p. 287 ; MesZL, p. 264 n° 6 (mais alors qualifiée de „unsicher") semble résulter d'une confusion des signes  NI et  GAG ; sur l'étymologie, *cf.* Civil, *Early Dynastic Vocabulary*, p. 66 n° 52 : "The word gír-sal/zal could be considered perhaps the older form of $^{na4}$gír-zú-gal, the common form for *ṣurru* A 'flint' or 'obsidian'" ; le gir$_2$.zal classique était alors en pierre.

86 – zabar, écrit UD.KA.BAR < KA$^{xUD}$.BAR (PSD) ou ZA.BAR (à Suse, *v.* AHw, p. 1048), renvoie à l'alliage, obtenu par l'ajout d'une petite quantité de an.na à urud (afin de rendre ce dernier plus dur), qui est devenu éponyme de l'époque : « bronze » ; von Soden construit *k. siparrim* (AHw, p. 450), alors que Borger se demande „als nachgestellte[r] Determinativ aufzufassen?" (MesZL, p. 264 n° 6).

87 – Bonne illustration de la règle « moindre classe, moins d'espace » : le TA se présente, plutôt exceptionnellement (*cf.* la l. 89), comme une ligature « GUD.DIŠ ».

88 – *irīab*, de *riābum* (< paléo-akkadien *re'ābum* ?, *cf.* AHw, p. 978 et CDA, p. 303) "to replace, to repay, to give restitution" (CAD R, p. 53), est écrit normalement, *i.e.* sans contrainte d'espace, *i-ri-a-ab* (*v.* 1.2.3, l. 13 ; 1.2.4, l. 43 ; 1.3.1, l. 21 ; 1.3.3, l. 13), sans doute pour signaler la présence du aleph (*i-ri-'a-ab*).

## 1.2.3 Code de Hammourabi § 245

7 (et 11, 12) – Le signe pour le « bœuf », en sumérien gu$_4$ avec /dr/-*Auslaut* (SZett, p. 255), correspond, à cause de sa lecture et vocalisation sémitiques 𐤀𐤋𐤐 (en akkadien *alpum*), à la première lettre de notre Alphabet, *v.* Driver, *Semitic writing*, p. 153 et 189*sq.*

7 – Sur le signe 𒄥 GUR, *v.* MesZL, p. 641 n$^{o}$ 180 ; sur les biens qu'on peut *agārum* « louer », *v.* Lautner, *Personenmiete*, p. 3 : „allen Mieten von Mobilien, unbelebten (z.B. Schiffen, Wagen, Mühlsteinen) wie belebten (Sklaven, Vieh), eigen".

8 – *mēgūtum*, formé sur le modèle *mepres* (GAG § 56*b*) et à partir de la racine *egûm* „ermüden, nachlässig sein" (AHw, p. 640) + la terminaison *-ūt(um)* pour signaler l'abstraction (GAG § 56*s*), possède non un sens passif qui s'opposerait à l'expression qui suit, mais un sens actif, parallèle à *ina maḫāṣim* « par des coups » : « par le fait d'en trop user, d'en abuser » ; *cf.* en hébreu יגע "*toil, grow* or *be weary*" (BDB, p. 388).

## 1.2.4 Code de Hammourabi § 263

37 – Devant gu$_4$, il reste en théorie de la place pour un sujet ; mais s'il s'agit d'une suite thématique du paragraphe précédent, ce qui est assez probable, le sujet n'a pas besoin d'être répété et l'espace peut rester vide ; le texte du § 262 est malheureusement trop fragmentaire pour déterminer si l'*awīlum* de la l. 28 y est le sujet principal ou secondaire (et continue de l'être dans le présent paragraphe) ; du point de vue du contenu, on penserait plutôt au na.gada du § 261 (l. 22) ou au sipad du § 265 (l. 61), tous deux des termes pour désigner le « berger », l'un d'origine sémitique (*nāqidum*, נֹקֵד) et de la racine נקד désignant "a kind of small sheep with very abundant wool" (BDB, p. 667), l'autre d'origine sumérienne, formé à partir de si "to keep in order" (SLex, p. 235) et écrit PA.LU (le « surveillant » des « moutons » ?).

37 – Reconstitution des idéogrammes gu$_4$ et udu à partir de la l. 29 gu$_4$ *ū lū* u[du] (§ 262) et par comparaison avec le début de l'apodose l. 40*sq.*

38 – Reconstitution du dernier signe ŠUM par comparaison avec les paragraphes suivants § 264 (l. 48 *in-na-x-nu-šum*) et § 265 (l. 65 *in-na-ad-nu-šum*), où la forme se réfère aux « troupeaux » ab$_2$.gu$_4$.hi.a *ù* u$_8$.udu.hi.a, *i.e.* à deux pluriels "of heterogeneous items" (SG § 5.3.5) ; néanmoins, il n'est pas nécessaire que le verbe

soit également au § 263 au pluriel (comme le suggèrent Pohl *et* Follet, p. 50 en traduisant *qui ei dati erunt* et encore Roth : “which were given to him”) ; la présence de la disjonction *ū lū* et les « déterminatifs » simples gu$_4$ et udu pencheraient en faveur d’un singulier *ša innad*[i]*n~ŭ~šum* “which *has* been given to him” (Driver *et* Miles).

39 – Sur UD.KÚŠU, *v.* MesZL, p. 670 n° 611 (Driver *et* Miles par erreur *uḫ*) ; le verbe *ḫalāqum* possède déjà à la forme D un sens causatif „Verlust verschulden“ (AHw, p. 310) ; dans le contexte donné par le paragraphe précédent, l’infixe *-ta-* marque plus probablement un *eventualis* “If he should cause” (Roth) qu’une simple *consecutio temporum* “If he has then lost” (Driver *et* Miles), *v.* la note philologique à *uštamīt* 1.2.1 (l. 78).

40*sq.* – Répétition des idéogrammes gu$_4$ et udu après *kīma* par comparaison avec les formules déjà discutées du § 219 l. 88 (1.2.2) et du § 245 l. 11-13 (1.2.3).

42 – Il faut compléter *be-lí-* par un simple ŠU (Driver *et* Miles) et non par *-šu-nu* (la solution initiale de Scheil), parce que la protase est rédigée à partir du singulier et que la disjonction *ū lū* l. *37* peut être exclusive (Driver *et* Miles comparent § 178-181 et 192*sq.*) ; la copie de Bergmann est d’ailleurs trompeuse, le NI étant en réalité plus long : il ne reste ainsi pas suffisamment de place pour un deuxième signe après ŠU, même si un NU ne serait pas très grand.

## 1.3.1 Lois d’Ešnunna § 23

19 – Lecture de *eli* lu$_2$ *mimma* par comparaison avec la formulation identique à la l. 15 (§ 22).

19 – *mimma*, de **mīn=ma* „(was auch >) irgendetwas“, signifie „in Verbindung mit einer Negation“ (ici *lā*) „nichts“ (GAG § 48*e*) ; l’expression (délibérément ?) vague est remplacée dans la protase (sinon identique) du § 114 Code de Hammourabi par še *ù* ku$_3$.babbar « grain ou argent » (éd. Bergmann, p. 14 l. 19).

19 – *išûm* « avoir » se dit ici d’un créancier au sens spécifique de „etwas gut haben bei jmd.“ (AHw, p. 403) “*be owed s.th.* by” (CDA, p. 136) ; en babylonien, le rapport asymétrique entre les deux parties est souligné par l’emploi de la proposition *eli* „auf, über, zu Lasten von“ (AHw, p. 200), alors qu’en paléo-akkadien, on pouvait encore avoir des avoirs « chez » (*itti*) quelqu’un (CDA, p. 136).

20 – Reconstitution de *it-te-pé* par comparaison avec la forme identique à la l. 16, où seul le premier signe Á n’est pas vraiment lisible, et avec la protase du § 114 Code de Hammourabi (éd. Bergmann, p. 14 l. *21*) ; *nepûm*, “the catch-word of the three sections [§ 22-24]” (Goetze, *Laws of Ešnunna*, p. 69), signifie dans le contexte “to take persons (mostly women) or animals as distress, pledge, to distrain” (CAD N/2, p. 171).

20 – À la différence de la *Nebenform nepītum* “woman distrained (for debt)” (CDA, p. 250), *nipûtum* “debt slave, distrainee” n’est pas immédiatement reconnaissable comme une référence à une femme, ce qui explique l’ajout d’un déterminatif MUNUS (dont on n’a ici, après MUNUS.KUR, pourtant pas besoin) ; la *figura etymo-*

*logica ... ittepe, nipûtam ... à travers* deux clauses résulte probablement d'une confusion du copiste, *cf. nipûssu ittepe* § 114 Code de Hammourabi (éd. Bergmann, p. 14 l. 21) comme la façon plus orthodoxe de s'exprimer (et *nēpû ša ippû* quelques lignes plus bas au § 24).

20 – *ikla*, de *kalûm* "to detain, delay, hold back (a person)" (CAD K, p. 96) ou plutôt "withhold" au sens de "refuse to give (something that is due to or is desired by another)" (BDB, p. 476 *s.v.* כלא ; OAD), est employé également pour l'esclave *fugitif, cf.* § 50, où *ina* e$_2$-*šu iktala* l. 9 se réfère (entre autres) à la geme$_2$ *ḫaliqtam*, et *ina bītīšu iktalāšu* § 19 Code de Hammourabi, *sc. lū* arad$_2$ *lū* geme$_2$ *ḫalqam* (éd. Bergmann, p. 6 l. 50*sq.* et l. 70*sq.*).

## 1.3.2 Lois d'Ešnunna § 49

4 – L'emploi de *ina* est curieux, étant donné que la préposition n'indique pas vraiment le lieu comme *e.g.* au § 28 « le jour où elle est saisie *dans les bras – ina sūn* lu$_2$ – d'un (autre) homme » ; la solution „bei" de von Soden (AHw, p. 380), probablement inspirée par l'expression *in flagranti* ≈ „*beim* Stehlen ertappt", conviendrait davantage, si *šarqim* était à l'actif, ce qui n'est pas le cas ; il faut alors plutôt traduire « avec, en possession de » afin de souligner que *ina* décrit un état, même si la saisie elle-même est ponctuelle.

4 (et 5) – Sur le déterminatif SAG, *v.* Farber *in* : *An experienced scribe who neglects nothing*, p. 109*sq.* : "saĝ is used especially when the person mentioned is not considered as an individual but as a countable entity or object, just as we would speak of a head-count and not of a man-count. saĝ refers to slaves of both sexes. If it is necessary to specify, munus or nita can be added." Dans ce sens, ARAD précise le sexe de l'esclave (nita$_2$) et en même temps la qualité principalement recherchée chez lui, à savoir ir$_3$ / *īru* « fort (comme un homme) » (*cf.* SLex, p. 129 et CDA, p. 131) ; pour la servante (MUNUS.KUR), l'ajout est superflu.

4 – *šar$^i$q(t)um*, de *šrq* « voler (quelque chose) », est un adjectif verbal, qui désigne „ohne Rücksicht auf die Zeitstufe" „den sich aus der Verbalhandlung ergebenden Zustand" „in passivische[r] Bedeutung" (GAG § 77*e*).

5 – L'infixe *-ta-* dans *ittaṣbat*, de la forme N de *ṣbt* « saisir » au sens de „ertappt, festgenommen werden" (AHw, p. 1070), marque le plus probablement un potentiel, étant donné qu'il ne s'agit pas d'une suite thématique, *cf.* la traduction de Roth "If a man should be seized".

5 – *redûm* signifie ici "to take along, escort ... slaves, persons under legal obligations" (CAD R, p. 228), *cf.* l'emploi dans le même sens au § 17 Code de Hammourabi *ana bēlīšu irtedi'aššu* « (s')il le ramène chez son (ancien) maître » (éd. Bergmann, p. 6 l. 54*sq.*), où *-šu* se réfère à l'esclave fugitif saisi à la campagne[1].

---

1 On peut se demander si l'apodose § 3*sq.* Lois d'Ešnunna *kala ūmim ireddēši* (*sc.* la *ereqqum*) ne signifie pas également « il doit la rendre à la fin de la journée (< la journée complète) » plutôt que "he shall drive it the entire day" (Roth).

5 – Parmi les lectures akkadiennes de saĝ.ir$_3$ saĝ.ir$_3$ geme$_2$ geme$_2$, la première lecture proposée par Goetze, *Sumer* 4, p. 86 – *wardam wardam amtam amtam* – demeure la plus intuitive et la plus convaincante ; sa deuxième lecture de 1956 *warad warad amat amat* (*id.*, *Laws of Ešnunna*, p. 127) est plus difficile à réconcilier avec la grammaire, en l'absence d'un point de référence pour les quatre états absolus ; la solution de von Soden *wardum wardam amtum amtam* (AHw, p. 965) nécessiterait l'ajout de terminaisons qui indiquent le changement entre « esclave » (sujet) et « esclave » (objet), comme dans l'exemple BM 20195 que von Soden cite pour sa solution : ku$_3$.babbar$^{um}$ ku$_3$.babbar$^{am}$ *lirdi* « que l'argent rende l'argent » (CT VI.19 l. 19) ; mais cette expression est isolée, elle ne se trouve pas dans un contexte similaire et ne se réfère pas à des personnes[2] ; elle ne peut en conséquence servir de "decisive proof" (*contra* Yaron, *Laws of Ešnunna*, p. 73).

## 1.3.3 Lois d'Ešnunna § 35

12 – Les premiers signes ne sont malheureusement pas plus lisibles sur le témoin B (l. 22), où le texte reprend après une cassure seulement avec le .ŠA de LI (ce qui permet au moins de comparer les KU).

12 – Les signes TUR et MUNUS.KUR pour dumu geme$_2$ sont bien lisibles sur la copie du témoin B (l. 22).

12 (et 13) – Sur cette façon d'écrire É, *cf.* MesZL, p. 659 n° 495.

13 – Reconstitution du signe IL par comparaison avec B, où le signe est bien lisible à la fin de la l. 22.

(12 et) 13 – La *figura etymologica lēqû ša ... ilqû*, participe de *leqûm* + subordonnée avec un verbe de la même racine (**ilqe-ŭ*), signifie littéralement "the taker, who took" (Yaron, *Laws of Ešnunna*, p. 65), mais possède ici, comme souvent dans les documents juridiques, un sens spécifique : "to adopt (a son, a brother, etc.)" (CAD L, p. 137, *cf.* AHw, p. 545).

13 – *meḫrum* (ou *miḫrum*) est un déverbal *pirs* de *mḫr* „gegenübertreten" (AHw, p. 577) „mit Bedeutungsübergang ins Konkrete" (GAG § 55*c*), d'où le sens "counterpart", "(person of) equal rank" (CAD M/2, p. 55) ; pour la vocalisation en *e* devant „Zungen-*r*", *v.* GAG § 8*b*, § 9*h* et § 35*a*-*b*.

13 – Pour cette forme réduite du signe GAL, *cf.* les deux dernières variantes dans aBZL n° 213.

13 – Le signe AB est bien visible sur le témoin B, fin de la l. 23.

---

2 Le sens approximatif en est : 'Réclame ton argent d'abord auprès de la tierce partie que je t'ai envoyée avant de me le demander directement.'

## 1.4.1 Lois hittites § 172

9 – *takku* „wenn nun“ (sur  DAG, *v.* HZL n° 243), l’équivalent hittite de *šumma*, est probablement construit à partir de *ta-* sur le même modèle que τότε « alors » (EDHIL, p. 816) ; pour la “simple future (open or fulfillable) condition”, avec les deux verbes au présent, *v.* GHL § 30.49 (p. 420*sq.*).

9 – L’une des particularités du législateur hittite est de souligner explicitement que l’homme (libre) est « libre », *v.* Hoffner, *Laws of the Hittites*, p. 169 et *cf.* HED A/E/I, p. 119 sur *arawanni-* “‘free’ (as opposed to unfree)” comme équivalent de *ellum* en hittite.

9 – Sur la forme *New Hittite*  de DU, *v.* HZL n° 128 et Hoffner, *Laws of the Hittites*, p. 169.

9 – *kišduwant-* : “possessive denominal adjective[]” en *-ant-* (GHL § 2.24), dérivé de „*kašt-* ‚Hunger, Hungersnot‘“ (HW, p. 105 et 112) (mais *v.* GHL, p. 57 n. 12 sur la possibilité d’un déverbal).

9 – Sur la forme hittite  du signe KAM, à l’origine HIxBAD, *v.* HZL n° 128 ; la copie $e_1$ (« d ») saute l’ajout ~(a)k~$am_3$ et écrit simplement mu-*ti* (KBo VI.13, col. i l. 19 ; copie par Hrozný, p. 52) ; dans la copie aa (« q »), l’expression est entièrement en hittite : *ú-i-it-ti* (KUB XXIX.32 l. 2’ ; *v.* EDHIL, p. 1014*sq.*) ; avec *kišduwanti*, mu.kam-*ti* signifie “a year characterized by famine” (Hoffner, *Laws of the Hittites*, p. 283) ; pour le datif-locatif “used for temporal expressions, usually simply expressing a period within which something occurred”, *v.* GHL § 16.74.

9 – Sur la position du pronom indéfini *kuiški* « quelqu’un » dans la phrase, *v.* GHL § 18.33 : “When it is used substantivally, it tends to take a position quite close to the finite verb (i.e., toward the end of the phrase)” ; *cf.* Hoffner, *Laws of the Hittites*, p. 264 : “appears usually immediately before the verb”.

10 – *huišnu-* (ou *hueš-*, *huš-*), un causatif de *huiš-* “live, be alive, stay alive” (HED H, p. 332), possède dans le contexte le sens de „am Leben erhalten“ (HW, p. 72), *cf.* *appa h.* ≈ *blṭ* à la forme D (*ibid.*).

10 – Sur les trois façons de lier l’apodose à la protase – (*a*) l’asyndéton, (*b*) une liaison „mit *nu*“, (*c*) une liaison avec *ta* –, *v.* Friedrich, *Hethitische Gesetze*, p. 88 ; selon GHL § 29.21*sq.*, l’emploi avec une “single conditional clause[]”, comme ici, est attesté “so far only in post-OH copies”.

10 – *pūḫum*, de *puḫḫum* „(ein)tauschen“, signifie „Tausch, Ersatz“ (AHw, p. 877) “substitute, replacement” (CAD P, p. 496*sq.*), *cf.* l’équivalent sumérien ki.bi.$še_3$—ĝar “to put (back) in its place” (SLex, p. 137).

10 – *pai-* “to give, pay ... hand over” (CHD, p. 40), équivalent hittite de sum (1.1, l. 22) et *nadānum* (1.2.1 l. 81).

## 1.4.2 Lois hittites § 200*b*

30 – L'enclitique *-an* reprend le d u m u -*an* « jeune homme » désireux d' « apprendre un métier » *an*[*nanumanzi*] du début du paragraphe (l. 27) comme objet direct de *walkiššarahhi*.

30 – Pour les pieds des clous dans la cassure, Friedrich proposait „[$^{\text{LÚ}}$U]M.[M]E?.[A?-a]š?", tout en qualifiant cette lecture de „sehr unsicher" (Friedrich, *Hethitische Gesetze*, p. 56) ; une référence à un u m . m e . a ou u m . m i . a *alias ummiānum*, *i.e.* un « artisan expérimenté » (de u m u "wise or skillful teacher" + m e « de profession » SLex, p. 298), ne serait pas inattendue, même si une telle interprétation mène, avec *walkiššara-* comme sujet, à l'idée circulaire d'un « expert (qui) fait un expert » ; *cf.* le d u m u *um-mi-an*, le « jeune homme » qui est lui-même « un expert » § 176*b* (et qui explique peut-être pourquoi le mot est omis dans le témoin « x »).

30 – *walkiššara-* (de *ulkiššara-* ou *vice versa*, *v.* la discussion EDHIL, p. 913*sq.*), qui correspond en akkadien à *lē'um* „fähig" (AHw, p. 548), est complété sur le témoin « x » comme un verbe factitif en *-ahhi* „perfekt ausbilden" (HW, p. 243) "to make ... an expert" (Hoffner, *Laws of the Hittites*, p. 306) ; pour la conjugaison de ces verbes "as *hi*-verbs in OH (OS), but mostly ... as *mi*-verbs in the later language", *v.* GHL § 13.6.

31 – Sur *nu-* comme "default clause conjunctive" "from MH onwards", *v.* EDHIL, p. 801 (et *cf.* 1.4.1, la note philologique à *ta* l. 10) ; l'enclitique *-ši*, en vieux-hittite *-še*, représente un *datif* au sens propre et renvoie à l'objet indirect de *pāi* (comparable à un *-šum* dans *inaddinaššum*).

31 – SAG.DU, d'abord écrit  SAGxDU (avec le DU placé également dans la première partie du SAG, *v.* Schneider, *Miscellanea Orientalia dedicata Antonio Deimel*, p. 300), est lu par le PSD s a ĝ . d u , et Halloran propose même une étymologie pour . d u (SLex, p. 223) ; Borger, en revanche, doute du „*L*[*aut*]*w*[*ert*] sagdu?" (MesZL, p. 85 n° 187), évite une lecture sumérienne et traduit directement *qaqqadum* „Kopf" (MesZL, p. 294) ; sur la façon dont le rédacteur hittite gère les sumérogrammes lus en akkadien, *v.* les postpositions en *-(s)su* (discussion), qui suggèrent que SAG.DU est lu ici, malgré le DU, *qaqqadam* (comme *el-lam* au § 172 discuté 1.4.1, mais *cf.* d u m u -*am* en A et B § 31*sq.*) ; quant au sens, l'équation „K[opf] = Person" de von Soden (AHw, p. 900) convient bien au contexte ; il est moins sûr, en revanche, que s a ĝ . d u désigne plus précisément l' « esclave » comme s a ĝ tout court en sumérien : "denotes persons, probably slaves" (Hoffner, *Laws of the Hittites*, p. 168).

## 1.4.3 Lois hittites § 1-4

1 (et 4, 6, 8) – *na-aš-ma* « ou », de *naššu=ma* "by syncope" (GHL § 29.59) : "*na-* 'not' ... followed by *-ššu* 'so'" "followed by the adversative conjunction *=ma*" (EDHIL, p. 596) : "not so, but (so)".

1 (et 4) – *šullanaz*, ablatif indiquant la cause ou les circonstances (GHL § 29.59) de *šullatar*, un déverbal, par l'ajout *-ātar* "form[ing] neuter abstract/action nouns" (GHL § 2.33), de *šullē/iya-*, dont la traduction classique est „streiten, zanken" (HW, p. 196) ; plus récemment, Melchert proposait, en comparant avec *insolesco*, la traduction "to become swollen > to become arrogant", qui donnerait pour *šullatar* "swollen state > reckless act" (EDHIL, p. 778*sq.*) ou, si on préfère un nom abstrait, "wantonness, disrespectfulness" (GHL § 2.33) et pour *šullanaz* "out of (sheer) wantonness" (GHL § 2.33) plutôt que "as a result of a quarrel" (HED A/E/I, p. 163).

1 (et 4) – *kuenzi*, *Nebenform* de *kuēnzi* (attesté dans le témoin plus ancien A l. x+1 : *k*[*u*]*-e-e*[*n-zi*], *cf.* GHL § 12.6), de *kuen-* „schlagen" au sens élargi de „erschlagen, töten" (HW, p. 112) "slay, kill" (HED K, p. 206).

2 (et 4, 7, 9) – *apūn*, accusatif de *apā-* désignant la "you-*deixis*" (GHL § 7.3) : "that (one) ... the (very) one in question ... viz. the body of [the] deceased person" (HED A/E/I, p. 86 et 163).

2 (et 4, 7, 9) – *arnu-*, causatif de *ar-* "to arrive" au sens de « (faire arriver >) apporter » "bring, transmit, produce" (HED A/E/I, p. 108, 162, 167), *cf.* en grec ὄρνυμι (LSJ, p. 1254*sq.*).

2 – Sur la forme hittite  du signe Ù, *v.* HZL n° 265 et Hoffner, *Laws of the Hittites*, p. 238.

2 (et 5) – *-na-ku* ... *-na-ku* : "a pair of enclitic disjunctive markers" (GHL § 29.60), où est repris, après le *n~* de *nu* « et » (EDHIL, p. 608) et *pace* la lecture *antuhša*($lu_2$)*-n* de Tischler, *Etymologisches Glossar*, p. 601 (pour qui le NA serait „rein graphisch zu erklären"), très probablement le *-kku* "now ... and" de *takku*, même si la première syllabe ouverte /na/ reste mystérieuse (Kloekhorst suggère une "lenition of *-kk-* in post-post-tonic position") et qu'il n'est pas clair "whether we should divide it further in *=(y)a=ku*" (EDHIL, p. 484).

3 (et 5, 7, 9) – *pár-na-še-a*, qui s'écrit, à d'autres endroits du corpus, également *-še-e-a* (pour */šeya/*) ou *-še-ia* (*cf.* l'index de Hoffner, *Laws of the Hittites*, p. 292*sq.*), est un *Richtungskasus* (allatif) de *per*, *parn-* „Haus" (HW, p. 162) au sens de "household including both human members (family) and the total aggregate of property" (CHD P, p. 273) + datif enclitique *še* « à/de lui », ici apparemment une référence au(x) saĝ.du(.meš) + *ia* "and, also" de "*=$h_3$e [which] acts identical to PIE *=$k^w$e [*i.e.* *-kku*]" (EDHIL, p. 379) et qui se trouverait ici, de manière exceptionnelle, non dans le *host slot*, mais – comme dans *an-da-še-a* (pour *an-da-ia-ši*) *supra* 1.4.2, discussion du § 149 – à la fin du mot (GHL § 30.17) ; une solution « *sa* maison », comme au § 27 *n~an* [*sc.* sa femme] *pár-na-aš-š*[*a*] *pētuhezzi* (KBo XII.49, col. ii, l. 14'), semble être exclue par la vocalisation, *v.* Hoffner, *Laws of the Hittites*, p. 168 ; pour *-(m)a*, *cf.* GHL, p. 411 n. 10.

3 (et 5, 7, 9) – *šu-wa-a-ez-zi*, écrit *šu-wa-i-ez-zi* dans le témoin plus ancien (l. 6') et lu alors très certainement *šuwayezzi*, était traduit par Friedrich „stößt er", apparemment à cause d'une confusion de *šuwe/a-*$^{zi}$ "to push (away)", dont "the oldest forms show a stem *šuwe-* besides *šuwa-*", avec *šuwaye/a-*$^{zi}$ (EDHIL, p. 798 ; *cf.* encore *šuwe/a-*$^{zi}$ "to fill") ; la proposition "turn one's attention to > look at" de

Kimball, *Hittite historical phonology*, p. 368 pour *šuwaye-* semble avoir trouvé le soutien de Hoffner, *Laws of the Hittites*, p. 169, mais non celui de Kloekhorst (EDHIL, p. 795*sq.*), qui favorise la nuance "to spy" (dans la tradition de Starke, StBoT 23, p. 36*sq.* : „spähen, schauen" ?). – Haase, *WO* 11, p. 95 a proposé le rapprochement avec *dagālum* „schauen, blicken, ansehen", attesté en paléo-assyrien deux fois au sens de „(als Sicherheit) ansehen, sich vorbehalten" (AHw, p. 149) : « sa maison, sa femme et son enfant » (Eißer *et* Levy, MVAG 33, p. 16 l. 15*sq.*), « la maison, NP, la petite et la servante » BIN IV.190 l. 6-8.

6 – *el-lam* : au masculin, parce que l'adjectif se réfère à la fois à lu$_2$-*an* et à munus-*an* ; au singulier, parce qu'il s'y réfère de façon disjonctive.

6 – Pour 𒀠 AL, *v.* HZL n° 183 ; *wa-al-ah-zi*, de *walh-* „schlagen ... angreifen" (HW, p. 242), en akkadien *mahāṣum*, est écrit dans le témoin A *wa-la-ah-zi*, *i.e.* encore plus maladroitement, s'il se prononçait /*walhzi*/, comme on le croit, *v.* GHL § 1.12 et 12.8.

6 – Après *el-lam*, le rédacteur semble avoir oublié *kuiški* qu'il insère maintenant – de façon exceptionnelle, *cf.* la l. 8 et -]*zi na-aš a-ki* dans le témoin A (l. 7') – *derrière* le verbe.

6 (et 8) – *keššar* „Hand" (Friedrich, HW, p. 108, qui compare χείρ), au nominatif comme le suffixe possessif qui s'accorde, est écrit à la l. 8 en akkadien *qa-as-sú* ; on trouve même, dans le *Paralleltext*, une version en partie en sumérien, à savoir šu-*aš-še-et*, où le rédacteur semble avoir confondu le nominatif en *-aš* avec l'accusatif en *-šet* (comparable à la confusion inverse, attestée à l'époque impériale, de *attaš~min* pour *attan~min* „mein(en) Vater" ?, *v.* HGL § 6.9).

7 (et 8) – Sur *wašt-* "to sin, to offend", *v.* EDHIL, p. 985*sq.* et la première note à la discussion.

## 2.1 Code d'Ur-Nammu § 23*sq.*

2' – Reconstitution de la ligne par comparaison avec la l. 9' (*Doppelgesetz*) ; une réponse satisfaisante pour les deux signes après tukum.bi, dont au moins le deuxième est relativement bien visible à la fin de la l. 9', n'a pas été encore trouvée : Civil y voyait un RI et lisait tur.re, tout en admettant qu'il n'y avait "no reason why the law should be restricted to 'young boys'" (p. 6) ; pour la lecture [ba(?)-r]i(?) « 'étranger' (à la famille) » de Szlechter, *Lois sumériennes*, p. 80, *cf.* la note à nita l. 8' ; la solution de Wilcke a$_2$.suh[3] „mit dem Ellenbogen" semble s'inspirer de zag—us$_2$ sur la tablette de Yale, traduit "jostle" par Roth au sens de "push, elbow, or bump against (someone) roughly, typically in a crowd" (OAD *s.v.*

3 Habituellement lu aškud (PSD ; SLex, p. 25), *cf.* en akkadien *aškuttum* (AHw, p. 81), qui est également le terme – sans ou avec ĝiš – pour le « bras » qui ferme la porte ; une attaque avec cet instrument devrait être également envisagée (si la lecture de Wilcke est bonne), *cf.* al—ra(h) § 19, discuté 3.1 et 3.3.

jostle) ; il faudrait donc voir dans les traces sur la copie de Civil un Á suivi par un MÙŠ ou un MÚŠ (et non un HU).

3' – dumu.munus lu$_2$.ka, une version sumérienne de *mārat awīlim*, écrit dumu.munus *awīlim* dans le Code de Hammourabi (*v. infra* 2.2 l. 24+), est le terme technique pour désigner la *femme* libre, *cf. mār awīlim* "free man" (CDA, p. 199) ; le choix d'un locatif en *-a*, qui fait réapparaître le *k* du génitif, irrite un peu dans le contexte, étant donné que ce cas se superpose en néo-sumérien au datif (SL § 181), dont la fonction principale est "to indicate that an action or state is in a person's favour" (SG § 5.4.2.5).

3' et 10' – i$_3$~ni~n~rah$_2$, de la base verbale ra(-g/h) "to strike, stab, slay" (SLex, p. 217), est en correspondance directe avec l'équivalent en akkadien *maḫāṣum* (SZett, p. 556), contrairement aux verbes de la tablette de Yale[4] ; le préfixe ni appartient au "complex of directive and locative 2" (SG § 12.8.1.22) signifiant « sur, à proximité de qqn » (ÉLS § 152), *cf.* des exemples comme tug$_2$ i$_3$~ni~n~dul "he draped a garment *over* her" (SG § 12.8.1.22) ou ceux de Thomsen pour "look *at*" (SL, p. 237 § 478 n° 666 et p. 239 § 479 n° 678).

4' et 11' – niĝ$_2$ šag$_4$.ga.na est différent de niĝ$_2$.šag$_4$.ga(.na) „Herzensangelegenheit, Herzenswunsch" (SZett, p. 502), puisque šag$_4$ « intérieur » renvoie de façon concrète au *ventre* de la femme, avec le ŠÀ écrit encore de manière assez archaïque () ; le suffixe possessif ~ani a changé en ~a.na(-k) à cause de la subordination « *de* son intérieur » (*cf.* SL § 105), une règle que l'auteur de la tablette de Yale ne connaît apparemment plus (deux fois l. 3 et 8 niĝ$_2$ šag$_4$.ga.ni).

5' et 12' – À la place de šu mu.un.da.an.lal, la tablette de Yale emploie l'expression a im.šub.šub, où la référence à l'eau "seems to refer to premature rupture of the amniotic membrane" (Roth, *Law collections*, p. 45 n. 1) et la base verbale šub correspond à l'équivalent *nadûm* de l'expression en akkadien, *v.* 2.2 l. 27+ ; la base dans le présent cas est probablement šu.še$_3$—la$_2$ "to hold in the hands, grasp, suspend from the hands" (SLex, p. 265) ; si le préfixe mu. renvoie à l' "instigating participant ... who ... sets volitionally to initiate the event, and so bears the responsibility for the event" (Woods, *Grammar of Perspectives*, p. 47 et 112), ce serait l'agresseur qui « s'arrache l'embryon », mais il n'est pas exclu que munda~, comme ventif + comitatif, s'explique par le contenu et qu'il y ait un changement implicite du sujet, selon lequel la femme « tient » « la chose de son cœur » dans sa main ; *cf.* encore MSL XIII, p. 57 n° 13' et p. 120 n° 214, où šu.še$_3$—la$_2$, à côté de a$_2$—la$_2$.la$_2$, est rendu par *šuqallulum* „hängen" (AHw, p. 1281) "to be suspended, to hang loose, to dangle" "said of parts of the body"

4 Le scribe de l'exercice emploie zag—us$_2$ « toucher (par) la côte » et sag$_3$ > sig$_3$ (PA) « frapper », mais il « oublie » munus dans la deuxième protase l. 7 et présente le cas « à 20 sicles » après celui « à 10 sicles », contrairement à la règle selon laquelle une attaque involontaire constitue une exception à l'agression délibérée (comme par exemple Lois hittites § 1-4 sur l'homicide, discutées *supra* 1.4). On n'est donc pas vraiment sûr qu'il soit question d'une distinction entre un coup volontaire et involontaire, et il vaut mieux ne pas tirer des conclusions de nature générale d'un témoin "replete with ambiguities and mistakes" (Roth, *Law collections*, p. 42).

(CAD Š/3, p. 330*sq.*) avec des exemples comme šag$_4$-*šú* bad-*ma* tun$_3$-*šú ušqal-lal* « (si) son ventre est ouvert avec son estomac sortant » dans *šumma izbu*[5], auxquels on pourrait associer la traduction de Wilcke „so daß ihre Leibesfrucht abgeht (?)" avec niĝ$_2$ comme sujet intransitif de la phrase.

8' – nita (UŠ) "male" (SLex, p. 208), en akkadien *zikarum*, mais également traduit par *awīlum* (SZett, p. 536), possède dans le contexte très probablement un sens péjoratif « ce type-là », *cf.* le commentaire de Roth, *Law collections*, p. 35 n. 2 : "The term is used elsewhere in the law collections ... to refer to the ... 'not-husband' who violates the husband's exclusive procreative rights" ; pour le démonstratif .bi, *cf.* SG § 7.2 ("transition ... from 'its, relating to something' to 'that, the aforementioned'") et SL § 103 (confusion entre *person-* et *non-person class* par des akkadophones employant des suffixes possessifs).

13' – Le signe  pour l'unité de mesure gin$_2$ ou giĝ$_4$ (PSD) "axhead used as money" (SLex, p. 82) est ici encore assez soigneusement écrit pour être clairement distingué d'un DÙN simple  "container" (PSD).

## 2.2 Code de Hammourabi § 209-214

25 et 34 – Pour les deux principales variantes formées à partir du signe PIRIG, *v.* Mittermayer, *Entwicklung der Tierkopfzeichen*, p. 15*sq.* (AZ) et p. 21 (sur l'évolution de l'indicateur SU > ZU > UD de UG).

26 – Le pronom déterminatif *ša* ‚den, die, das des *x*' (*cf.* GAG § 46*b*) est ici construit, comme niĝ$_2$ dans la version en sumérien, „ohne jeden Bezug auf ein Subst." (GAG § 137*c*) ; l'emploi après *ana* à la l. 29 (au lieu de *ana ši*) montre qu'il n'est plus senti comme un accusatif.

26 – Pour l'allongement de la deuxième syllabe de *libbīša*, *v.* GAG § 65*a* : „offenbar infolge von Akzentverlagerung auf die Silbe vor dem Suffix".

27 – *uštaddīši*, écrit *plene* à la l. 38 (et 41 : *uš-ta-ad-di-ši*), *Š-Stamm* parfait de *nadûm* (sur l'allongement de l'avant-dernière syllabe, *v.* GAG § 105*d* et § 15*c*), en hébreu ידה, signifie « jeter » (*cf.* AHw, p. 705), mais ici involontairement, *i.e.* "lose a part of the body" > "have a miscarriage" (CAD N/1, p. 79) "as the result of accident" (OAD *s.v.* miscarriage) ; *cf.* *nīd libbi* "[as] the most common expression" "for the product of a premature birth" en babylonien (Stol, *Birth in Babylonia*, p. 28).

27 – *ana*, litt. « à, dans la direction de », n'est pas employé ici „*dativisch*", comme généralement avec *nadānum*, *riābum* ou *šaqālum* (*cf.* *ana bēl x* dans les lois discutées 1.2.), mais au sens de „gegenüber (etwas)" „(als Gegenleistung) für", peut-être même „*kausal*" „wegen ... hinsichtlich ... was anbetrifft" (AHw, p. 47*sq.*), à la manière de *aššum* (< *ana šumim*) „wegen, um – willen, betreffs" (GAG § 114*s*).

31 – Le pronom anaphorique *šī*, écrit à la l. 41 par inadvertance sans la voyelle supplémentaire (mais *cf.* la l. 51) et avec un  allongé, n'est pas un pronom démonstra-

---

5 Leichty, TCS 4, p. 163 n° 51'. Pour le préfixe *i-* et l'emploi transitif („hängen lassen"), attesté pour l'époque médio-assyrienne, *v.* GAG § 109*g* et *h*.

tif, même si nous l'avons traduit comme tel „mit Rücksicht auf den [französischen] Sprachgebrauch“ (GAG § 41*b*).

32 (et 42 et 52) – *imtūt*, un équivalent assez direct de ba.uš$_2$ employé 2.1 l. 7' (sauf pour l'infixe), désigne, comme *idukkū* de *dâkum* l. 34 et „zahlreiche [andere] Verben II ū“, „den Übergang oder die Überführung von einem Zustand in den entgegengesetzten“ (GAG § 104), ici de la vie à la mort, la seule différence étant que *mâtum* est intransitif (*Übergang*) « être mort » (dit des animaux, dont des êtres humains, *v.* CDA, p. 204), alors que *dâkum* est transitif (*Überführung*) : « tuer ».

33 – L'expression dumu.munus-*sú*, litt. « sa fille », doit être interprétée, en raison de l'emploi du terme technique dumu.munus *awīlim* l. 24 (*v.* 2.1, note philologique à la l. 3'), comme une abréviation de « fille (d'*awīlum*) », *i.e.* « sa *femme* » ; l'ajout de -*šu* après *awīlim* aurait créé des confusions quant à la personne qui doit subir la peine.

38 – *ina maḫāṣim* : la suite identique de la loi indique que l'expression compte pour un premier verbe et qu'il ne s'agit que d'une variation de *imḫaṣ=ma* (*cf.* GAG § 85*g* sur la position de l'infinitif entre nom et verbe).

## 2.3.1 Lois médio-assyriennes § 21

99 – Avec *ša-a lìb-bi-ša*, le rédacteur rétablit, à la différence du Code de Hammourabi § 209-213, un lien visuel avec la formule en sumérien nig̃$_2$ šag$_4$.ga.na par la reprise du signe ŠÀ sous sa forme évoluée 𒊮 (dont la valeur syllabique *lìb* sera d'ailleurs répandue à l'époque néo-assyrienne, *v.* MesZL, p. 383 n° 600) ; le pronom déterminatif est régulièrement écrit avec une voyelle supplémentaire dans le corpus des Lois, *v.* l'index de Driver *et* Miles, *Assyrian laws*, p. 525 ; l'écriture délibérément énigmatique ŠÀ ŠÀ ŠÀ de *ša libbīša* se rencontre seulement dans les *omina*, *v.* CAD L, p. 176.

99 – Pour *ultaṣlēš* comme un équivalent de *uštaddīši* (2.2, commentaire à la l. 27), *v.* CAD Ṣ, p. 72 : “MA *ṣalā'u* corresponds to Babylonian *nadû*” ; analysé comme *Š-Stamm* parfait[6] sur le modèle *ultapris* (GAG § 89*a*) avec AHw, p. 1007 ; pour la vocalisation en *ē*, *v.* GAG § 99*a* ; le suffixe sans „Auslautvokal“ -*š* pour -*ši* est unique dans la documentation médio-assyrienne, *v.* Mayer, *Untersuchungen zur Grammatik des Mittelassyrischen*, p. 17*sq.* § 11.3 et p. 33 § 29.2 (et *cf.* GAG § 42*k* n. 5 : „vor allem -*š* aus -*šu*“).

100, 101 – *ubta''erūš*, forme D de *b'r* „in Erscheinung treten“ au sens de „deutlich machen“ (AHw, p. 108*sq.*), en hébreu באר pi. “make distinct, plain” (BDB, p. 91), *i.e.* également redoublé, se rencontre „meist vor *ukta''inūš* als Hendiadyoin“ (AHw, p. 109 ; *cf.* § 9, 15*sq.*, 20, 40 et 53 sur la tablette A) comme une référence à la (première) étape de la procédure de vérification, *v.* la note à la discussion. Le

6 L'interprétation de l'infixe comme une référence à un sous-système II (ainsi Cardascia, *Lois assyriennes*, p. 136 n. a) est moins probable dans une perspective comparée, *cf.* *taṣli* et *ušaṣlīši* § 50-52 (2.3.2-4).

suffixe se réfère à l'agresseur : "prove s.o. (to be s.th.)" (CDA, p. 40). Pour la forme D de *k'n* au sens de « corroborer (un fait) », ici dans la construction "establish (s.o.'s guilt)" (CDA, p. 146), *cf.* 1.1, l. 20.

102 – GÚ.UN (MesZL, p. 641 n° 179), de gun$_2$ GÚ « nuque » (PSD ; SZett, p. 246) + UN (?) (SLex, p. 92), en akkadien *biltu* (de *wbl*) : „Talent als Gewicht = 60 *manû*" (AHw, p. 126).

102 – Sur an.na « plomb » „lead" (CAD A, p. 129) comme „Grundlage der innerassyrischen Wertverrechnung" à l'époque, *v.* Müller *in* : *Societies and Languages in the Ancient Near East*, p. 272 ; une interprétation comme « étain » nécessiterait une spécification par babbar « étain blanc », *v.* Freydank *ibid.* p. 68.

103 – Sur le sens „instrumental" de *ina* „mit Werkzeugen, Waffen", *v.* AHw, p. 380*sq.* et *cf. ina karṣillim* 1.2.2 l. 86.

103 – $^{GIŠ}$PA « bâton (en bois) » est lu ĝidru, parce que le déterminatif semble être identique à la première syllabe, *cf.* SLex, p. 99 et la lecture [ĝ]iš-tu-ru à côté de gi-[id-ru] dans Aa I/7 (MSL XIV, p. 237 l. 12' et 10').

104 – La lecture *iltēn uraḫ ūmāte* de 1 itud u$_4$.meš est indiquée par la variante 1 itud u$_4$.meš$^{te}$ col. ii l. 79 et 91 et *verso* col. i (= v) l. 87 (mais de nouveau sans TE à la fin de la col. i = v, l. 106).

104 – Le signe 𒁇 BAR "(out)side" ne se distingue plus dans l'écriture médio-assyrienne du signe 𒈦 MAŠ « moitié », *v.* MesZL, p. 635 n° 120 et 121 ; pour l'état construit de *špr* dans *šipar šarre* – "the king's service" (Roth), „Frondienst" (AHw, p. 1246), « corvée royale » (Cardascia, *Lois assyriennes*, p. 136) –, *v.* GAG § 64*f.*

## 2.3.2 Lois médio-assyriennes § 50

63 – Reconstitution de *šum-ma* lu$_2$ dam$^{at}$ par comparaison avec le modèle général *šumma* lu$_2$ ... lu$_2$ § 21, la référence à l'épouse l. 65 (probable) et l. 75 (certaine) et le début identique § 51 l. 82*sq.*

64 – La lecture d'Ehelolf – „Photo Ass. 717 deutlich: *ú* (teilweise erhalten)-*šá-ad-di-ši*" (*Altassyrisches Rechtsbuch*, p. 41 n. 11) – est un bon point de départ, même s'il s'agit d'un ŠA simple (pour le DI, *cf.* l. 42 et 44). L'explication de Driver *et* Miles, par contre, n'est pas nécessaire ("probably reflects a period of linguistic transition"), et elle est peut-être trop scientifique : il est possible qu'il s'agisse simplement d'un malentendu de la part du scribe ayant causé une graphie approximative et unique (comme *ultaṣlēš* à la l. 99 § 21) ; l'orthographe se stabilisera par la suite, *v. ta-aṣ-li*, *ú-šá-aṣ-li-ši* et *ú-ša-aṣ-li-ši* l. 77, 84 et 88.

65 – Driver *et* Miles proposent la reconstitution [dam *ša-a* lu$_2$] *ša* dam$^{at}$ lu$_2$, qui est grammaticalement assez compliquée, mais *cf.* le développement aux l. 74-77, également très complexe.

66 – Le premier signe n'est pas un ŠA (ainsi Driver *et* Miles), mais plutôt le début d'un Ú ; on voit que l'avant-dernier signe est également un Ú, sans doute d'une subor-

dination en *-ú-ni* (GAG § 83*b*), *v.* dans le même sens Ehelolf, *Altassyrisches Rechtsbuch*, p. 41 n. 14.

67 – Le premier signe n'est évidemment pas le KI que cherchaient Driver *et* Miles pour restituer *ki*[*-i ša e-pu*]*-šu-ši-ni* sur le modèle de כַּאֲשֶׁר עָשָׂה כֵּן יֵעָשֶׂה לּוֹ Lévitique **24** 19 (*v.* en détail 4.2) ; il s'agit plutôt d'un Ù (*cf.* Ehelolf, *Altassyrisches Rechtsbuch*, p. 41 n. 14), d'où la solution de Roth *u* [*kî ša ēpuš*]*ušini.*

68 – Si *e-pu-* se réfère vraiment à *eppušū*, il resterait à décider si la sanction porte sur la femme de l'agresseur, ainsi Driver *et* Miles : *e-pu-*[*šu-ši*], ou sur l'agresseur lui-même (Roth : *eppušušu*). – Y a-t-il suffisamment de place après *e-pu-*[*šu-ši*] pour restituer *ki-(i-)mu-u* devant [*ša*]*-a lìb-bi-ša* d'après le modèle des l. 72 et 78 ?

69 – En choisissant un pluriel de *napaltu*, le rédacteur souligne que le mot n'est pas ici employé au sens concret « gorge (pour respirer) », mais au sens abstrait « vie ; personne vivante », *cf.* AHw, p. 736, 738, 742 et CAD N/1, p. 296 ; Westbrook, RB 93, p. 64 n. 52 parle d'un *plurale tantum*, mais cette désignation n'est pas très heureuse, étant donné que le mot existe également au singulier.

69 – *umalla*, forme D de *malā'u* avec le sens littéral « remplir », signifie ici « compenser (entièrement) » (*cf.* AHw, p. 598), sans qu'on sache définitivement s'il s'agit d'une restitution par une personne vivante comme dans *pūḫšu ... ana* aga.us$_2$.meš *mulli* « fournis ... un substitut de lui [*sc.* du boulanger exempté du service militaire] aux soldats » (King, *Letters and Inscriptions*, p. 2 l. 22) ou d'une compensation en argent dans le sens "to pay or deliver in full (contracted obligations and fines imposed)" (CAD M, p. 174).

72 – À la différence de *kī(ma)* (*v.* 1.2.1, l. 79 et 2.3.4, l. 89), la variante *kīmū* (avec le locatif-adverbial en -ū, *v.* GAG § 66*d*) met l'accent exclusivement sur l'idée de la substitution et n'exprime plus l'idée de l'équivalence, comme le montre d'ailleurs la possibilité de l'employer avec des suffixes (un peu à la manière de *pūḫšu*) : „Nur im Sinne von ‚anstatt' steht die Variante *kīmū*, die mit Pron.-Suff. schon aB (z. B. *kīmū-šu*) bezeugt ist, m/jB und mA aber auch ohne diese vorkommt" (GAG § 114*h*).

75*sq.* – Il vaut mieux ignorer l'allongement de la voyelle dans *im-ḫu-ṣu-ú-ma* et y voir un subjonctif « qu'il a frappée (*sc.* l'agresseur l'épouse) » que de lire *imḫuṣū* et de chercher ensuite une explication pour ce pluriel inattendu, comme le font, dans la tradition d'Ehelolf, Driver *et* Miles, *Assyrian laws*, p. 492 ("indefinite plur. 3rd person") et encore Cardascia, *Lois assyriennes*, p. 240 n. d (« sujet indéfini »).

## 2.3.3 Lois médio-assyriennes § 51

83 – Parmi les différentes interprétations proposées pour la négation de *murabbītu*, de la forme D de *rb'* au sens de „Kinder ... Tiere ... Pflanzen" „groß machen, aufziehen" (AHw, p. 939, *cf.* CAD R, p. 45*sq.*), celle de Delitzsch[?], "a woman who is not far advanced in pregnancy" (*apud* Driver *et* Miles, *Assyrian laws*, p. 114), semble être exclue par la grammaire (même si elle représente une suite assez naturelle de

l'ensemble précédent selon le sens) : un participe décrit normalement une habitude ou une qualité en général (GAG § 85*d*).

85 – Pour *ṭu* (DÙNgunu), *v.* MesZL, p. 686 n° 836 et *cf.* 2.1, l. 13' ; *ḫiṭṭu* ou *ḫīṭu* (la forme plus ancienne et babylonienne), de *ḫṭ'* "to do wrong, commit a crime" (CDA, p. 112), en hébreu חטא "go wrong, sin" (BDB, p. 306), signifie d'abord „Verbrechen" (AHw, p. 350), d'où la traduction – avec *anniu* pour la „Hier-Deixis (‚dieser')" (GAG § 45*a*) – "this is a crime" par le CAD Ḫ, p. 211 ; à partir de l'époque moyenne, « peine » est attesté comme un sens alternatif : *ḫīṭu anniu* serait alors une remarque qui introduit l'apodose "this punishment (shall be inflicted):" (Driver *et* Miles, *Assyrian laws*, p. 421) ; le § 32, où il est question de la responsabilité d'une femme pour le(s) *ḫubullē arna u ḫīṭa* de son mari (col. iv l. 53*sq.*), ne permet pas de trancher ; mais le § 23 est plus explicite : lu$_2$ dam-*sú ḫīṭa kī libbīšu* (col. iii l. 38) ne peut signifier autre chose qu' « il *punira* sa femme à sa guise » ; Roth opte pour le compromis "it is a punishable offense".

## 2.3.4 Lois médio-assyriennes § 52

87 – KAR.KID : Alster renonce lui-même à sa lecture kar.ke$_4$ (répertorié dans SLex, p. 135) dans *Ancient Wisdom*, p. 83 et p. 411 en faveur de la solution traditionnelle kar.kid (MesZL, p. 378 n° 590), apparemment à cause de la variante kar.kid$_2$ ; il demeure alors possible que *karkittu* ait existé comme synonyme de *ḫarimtu* « prostituée » en akkadien, comme le proposent AHw, p. 449 et 493 et CAD K, p. 217 et 465 sur la base de CT XVIII 18b l. 15 col. ii' *kar-*[*kit-tu* = MIN (= *ḫarimtu*)] et la lecture « à l'envers » *ki-te*$_9$*-e-qa-ru-u* à la suite de [*ḫ*]*a-a-ri-im-du* dans une liste lexicale hittite (KUB III.112 *verso*, l. 3*sq.* = MSL XII, p. 83).

89 – Pour le génitif en *-e* de *miḫṣu* « coup » après *kī* pour *kīma* (GAG § 114*f* et *g*), *v.* GAG § 63*d* et AHw, p. 641 ; il ne semble pas nécessaire d'allonger la terminaison afin de rendre le pluriel explicite, comme le font le CAD M/2, p. 61 – *miḫṣē kī miḫṣē* "blows like the blows (he gave)" – et, partiellement, Roth : *miḫṣī kî miḫṣī* "blow for blow". – La terminaison identique du premier *miḫṣu* était expliquée par Driver *et* Miles, *Assyrian laws*, p. 492 comme "sing. acc. case … by regressive assimilation" ; il n'est pas exclu que le génitif soit authentique, *cf.* les deux états absolus dans l'expression *ana kār kār=ma* discutée 1.3.2 (et GAG § 63*e* : „mA werden die Endungen *-u*, *-a* und *-i* (*-e*) meist noch sauber auseinandergehalten").

90 – *išakkunūš*, pour lequel on s'attend plutôt à un allongement de la dernière que de l'avant-dernière syllabe (*cf.* la transcription *išakkûnūš* de Driver *et* Miles), signifie « on placera sur lui » au sens de « on lui infligera » (Cardascia, *Lois assyriennes*, p. 243 et n. b), *cf.* AHw, p. 1135 „auf(er)legen" ; l'emploi du suffixe à l'accusatif et non au datif en *-šu* (*cf.* GAG § 42*e* et la traduction de Roth : "they shall assess him") se rencontre avec *šakānu* également aux § 26 et 28, mais dans un contexte différent (« donner 'la femme' des bijoux »).

## 2.4 Exode 21 22*sq.*

22 – Le *nifal* יִנָּצוּ de נצה, qui se réfère toujours concrètement à “physical struggle, wrestling, and the like”, a ici un sens réciproque “struggle with each other” (BDB, p. 663), *cf.* *nṣj* en ge’ez „sich beim Schopfe nehmen“ (HAL, p. 675).

22 – Pour l’adjectif הָרָה “pregnant” (BDB, p. 248), *cf.* en akkadien *arītu* „Schwangere“ (AHw, p. 68).

22 – יָצְאוּ correspondrait en akkadien à une forme de (*w*)*aṣûm* : “*go* or *come out*”, ici “[said] of untimely birth” (BDB, p. 423) ; pour le « pluriel de généralisation » יְלָדֶיהָ, *v.* Joüon § 136*j* ; Schwienhorst-Schönberger, BZAW, p. 97*sq.* pense à un rédacteur soucieux d’inclure, à la manière de *ša libbīša*, toute forme d’enfant („gerade auch dann ..., wenn ... ein Kind noch gar nicht zu erkennen ist“) ; dans le Pentateuque samaritain, l’expression est au singulier et dérivée de la variante וָלָד “offspring, child” (BDB, p. 409), qui se rapproche encore plus de *walad* en akkadien (וְיָצָא וְלָדָהּ), *cf.* καὶ ἐξέλθῃ τὸν παιδίον αὐτῆς dans la Septante.

22, 23 – אָסוֹן, “alw. abs. without art.” (BDB, p. 62), renvoie à « quelque chose d’assez vague » (Cazelles, *Études*, p. 55), mais certainement de négatif : “mischief, evil, harm” (BDB, p. 62) ; dans le contexte de נגף “*strike, smite*, of serious (even fatal) injury” (BDB, p. 619), il s’agit très probablement d’une référence aux conséquences fatales (ou non) de l’attaque : „tödlicher Unfall“ (HAL, p. 71), “tragic death” (Cohen *apud* Eichler *in* : *Studies Shalom M. Paul*, p. 24 n. 36), *v.* Doron, JANES 1, p. 22 n. 10 pour les interprétations rabbiniques dans ce sens (Rashi reliant la « mort » explicitement à la femme). – La traduction dans la Septante („Übersetzung oder besser Umschreibung“ Budde, ZAW 11, p. 108) par ἐξεικονισμένον (*sc.* le παιδίον), de ἐξεικονίζω “*fully shapen* or *formed*” (LSJ, p. 589 ; *cf.* Lampe, p. 494), ne donne pas de sens satisfaisant pour les autres attestations de אָסוֹן Genèse **42** 4, **42** 38 et **44** 29 (que la Septante traduit d’ailleurs par μαλακία) et semble s’inspirer plutôt d’une distinction hellénistique (*i.e.* tardive ?) entre un enfant « reconnaissable » (αἰ μέγ κα διάδηλον ἦι) ou « non (encore) reconnaissable » (αἰ δέ κα μὴ διάδηλον ἦι), *v.* § 17 des Lois Sacrées de Cyrène, datant de la fin du IVe siècle (Rhodes *et* Osborne, *Greek Historical Inscriptions*, p. 498).

*22* – עָנוֹשׁ יֵעָנֵשׁ : pour l’absence du *waw* d’apodose devant l’infinitif, *v.* Joüon § 176*m* ; pour la « nuance *devoir* » comme une possibilité (parmi d’autres) de rendre l’infinitif, *ibid.* § 123*h* ; à l’origine, ענש semble avoir désigné simplement une somme d’argent servant d’ « amende », mais le terme prend par la suite – un peu à la manière de *ḫiṭṭu* (*supra* 2.3.3 l. 85) – un sens plus moral « peine, punir », surtout dans des constructions verbales avec l’infinitif (BDB, p. 778*sq.*), *cf.* la traduction „büßen müssen“ proposée dans HAL, p. 832.

*22* – Pour le suffixe de (י)על, ici employé au sens “a duty, obligation … imposed *upon* a person” (BDB, p. 753), *v.* Joüon § 103*l.*

*22* – Au vu de l’emploi de בעל pour « se marier à une femme » (*cf.* BDB, p. 127 et HAL, p. 136), il n’est pas très probable que בַּעַל se réfère à d’autres « maîtres » que le mari de la femme (dans ce sens pourtant Cazelles, *Études*, p. 55 : « peut être le beau père »).

22 – Pour בִּפְלִלִים, on a traditionnellement comparé פְּלִלִים Deutéronome **32** 3, interprété comme un pluriel au sens de "judges, umpires" (BDB, p. 813), *cf.* en akkadien *pālilum* „Wächter" (AHw, p. 816), le בְּ exprimant dans ce cas « l'idée d'accompagnement (*avec*) » (Joüon § 133*c*) "*with arbitrators* (arbitrators being employed)" (BDB, p. 89) „vor Schiedsrichtern" (HAL, p. 880). L'interprétation de Speiser, JBL 82, p. 303, selon laquelle il s'agit d'un nom abstrait au singulier à partir de la racine *pll* "assess", "(according to) estimate" (*cf.* la traduction par la Septante μετὰ ἀξιώματος), est grammaticalement différente, mais elle n'est pas irréconciliable, selon le sens, avec l'idée d'une 'présence des arbitres', contrairement à l'idée de Westbrook, RB 93, p. 58-61, pour qui toutes les occurrences bibliques de *pll* renvoient à la "notion of sole responsibility" "at least in a legal context". L'émendation de Budde, ZAW 11, p. 107, sur la base de נֵפֶל « avortement » (avec *beth pretii*), aurait pour résultat une expression analogue à *ana* (ou *kīmū*) *ša libbīša*, sans doute inconsciemment.

23 – La préposition תַּחַת, attestée dans quasiment toutes les langues sémitiques (hormis l'akkadien) comme une référence à ce qui est « en bas » (*cf.* HAL, p. 1586*sq.*), signifie littéralement « *au* dessous *de* » ; le sens dérivé « à la place de » se rencontre également en ougaritique, *v.* Aartun, AOAT 21/2, p. 61*sq.* ; si la substitution concerne deux éléments du même genre, il est possible que le mot établisse un rapport d'égalité entre eux : "in part., of things mutually interchanged, *in place of, in exchange* or *return for*" (BDB, p. 1065).

## 3.1 Lois d'Ešnunna § 42-45

32 – Von Soden caractérise la voyelle finale de l'état construit de *appum* « nez » comme „Hilfs-" ou „Murmelvokal *ə*", „der in der Regel als *i*, manchmal auch als *e* geschrieben wurde" (GAG § 8*d* et § 64*e*) ; Goetze et Yaron préfèrent alors lire *ap-pé*.

32 – *iššuk*, de *našākum* « mordre », se dit principalement des animaux, *e.g.* des chiens, mais également des hommes au sens de „an-, abbeißen" (AHw, p. 758), ici plutôt « croquer *dedans* ».

32, 35 – La lecture du dernier signe IŠ (Goetze a corrigé lui-même AASOR 31, p. 118 sa faute de frappe *it-ta-ki-is Sumer* 4, p. 94) est confirmée par la variante *it-ta-ki-ìs* (AB) dans B l. 17 et 21 ; *nakāsum* en i, onomatopéique „*kis* machen, abschlagen" (GAG § 102*b*), *sc.* un seul objet (*cf.* GAG § 88*f*), se rencontre, comme une référence aux „Körpert[eile]" (AHw, p. 720), généralement dans l'*apodose*, *i.e.* pour préciser la peine, *e.g.* dans le Code de Hammourabi § 192 (langue), 194 (poitrine), 195, 218, 226 (main) et 282 (oreille).

33 – Parce que le « nez » était déjà mentionné en akkadien à la ligne précédente, KA désigne le plus probablement ce qui est *dans* (et non *au dessus de*) la « bouche », à savoir la « dent » $zu_2$ ≈ *šinnum* ; seulement l'ajout KAxUD ($zu_9$) « (ce qui est) blanc (dans) la bouche » dans les textes hittites permet d'établir avec certitude cette lecture, *v.* 3.3 l. 16 et 19.

34 – *uznu(m)*, écrit également dans B l. 19 sans la mimation (mais avec un UZ plus visible), est un mot au féminin, ce qui exclut un pluriel (ou plutôt un duel) “the ears” (*cf.* Finkelstein, JCS 22, p. 77) : « *une* oreille » ; Roth transcrit en conséquence les idéogrammes qui précèdent également par *īnu* et *šinnu*.

34 – L’état construit de *mḫṣ* (*me-ḫi-iṣ* Goetze, *Sumer* 4 ; AHw, p. 546) est à vocaliser symétriquement (avec Goetze, AASOR 31), si l’on veut suivre GAG § 64*f* : „ein dem ersten Vokal entsprechender Hilfsvokal“.

35 – Le témoin B l. 20 permet de vérifier les deux premiers signes de l’état construit de *ubānum* qui signifie aussi bien le doigt (de la main) que celui du pied (AHw, p. 1398*sq.*).

36 – *i*[*-na* ...], dont au moins le I est confirmé par B (l. 23), est d’habitude complété, sur le modèle de *ina risbatim* Ḥaddad, l. 9 (« dans une rixe / mêlée », mais *v.* la discussion 2.2 *supra*), soit en *ina ṣaltim* « au cours d’une lutte » (Szlechter, *Lois d’Ešnunna*, p. 28) soit en *ina ikkim* “in a (bad) temper” (Yaron) soit en *ina ekletim* « dans l’obscurité » (Böhl, Bottéro, Landsberger *apud* Yaron, *Laws of Eshnunna*, p. 70) soit en *ina šūqim* « dans la rue » (CAD S, p. 70 ; Roth) ; mais il est également possible que l’expression se réfère à l’*instrument* avec lequel l’agresseur attaque la victime (*v.* 1.2.2 l. 86), *cf.* § 19 Code d’Ur-Nammu l. 7’ $^{giš}$tu-kul.ta « avec (< à partir d’) une arme (il détruit l’os) ».

37 – La lecture *ís-ki-im-ma*, de *sakāpum* “push away” (CAD S, p. 70), était proposée par Goetze, sans doute sur la base de *ik-ki-im-ma* (de *nakāpum* : en B *ik-ki-ip-ma*) et de *i-qa-am-ma* col. ii (= iv) l. 13 et 25 (pour *qâpum*, *cf.* § 233 Code de Hammourabi) ; l’assimilation de *p* à *m* est toutefois rare (GAG § 27*c* et 96*q*) ; le plus troublant est que le témoin B (l. 23) ne confirme pas cette lecture : IM y est remplacé par un IN (et non par un IB), KI (DI ?) à peine visible et IŠ cassé ; *cf.* le doute exprimé par von Soden : „B anders?“ (AHw, p. 1011).

37 – *ištebir*, de *šbr* „(zer)brechen“ – à savoir „Knochen, Körpert.“ (AHw, p. 1206) –, est ici écrit avec NAM, à lire « à l’akkadienne » *piḫ*$^{atum}$ et à prononcer /peḫ/ ou plutôt /-ber/$_5$ (Goetze) ; la forme syllabique avec .BI.IR se rencontre dans le Code de Hammourabi (*v.* 3.2 l. 51+) ; pour la réalisation « nordique » de la voyelle fermée devant *ḫ* et *r* „trotz sehr vieler Schreibungen mit *i*“, *v.* GAG § 9*h*.

## 3.2 Code de Hammourabi § 196-205

47 (et 49, 55, 61) – La racine *ḫpd* est rare : dans le Code, le verbe se trouve toujours à la forme D avec *īnum* comme complément direct (écrit une fois, au § 247 l. 24, igi-*šu*) ; von Soden traduit „Auge zerstören“ (AHw, p. 357), le CAD Ḫ, p. 240 “to cause an eye injury” “perhaps to blind” („durch Blendung?“ Haase, ZAR 3, p. 197) d’après l’entrée $^{lú}$igi.nu.gal$_2$ = *ḫuppudu* dans lú >> *ša* B, col. v, n° 2 (MSL XII, p. 183) ; *cf.* encore la traduction du § 218 par le CAD Ḫ, p. 240 : “*pierces* the eye of a man”.

50 (et 52, 56, 62) – Les discussions sur la bonne lecture de GÌR.|U.NÍĜ|.DU – gìr-pad-DU(rá) (MesZL, p. 403 n° 701 ; SZett, p. 223), ĝiri$_3$.pad.ra$_2$[DU] (SLex,

p. 102 ; SZett, p. 227 ; PSD), ĝìri.pa$_x$.rá (ETCSL) – cessent dès qu'on adopte le "single phoneme or rather consonantal cluster" /dr/ pour (d)ra$_2$, *v.* SG § 3.1.2 (p. 18) ; le mot désigne l' « os » en général (*eṣemtum*), pour la formation à partir de ĝiri$_3$ « pied », *cf.* en allemand „Gebeine" ou „Skelett" (de τὸ σκέλος "leg" LSJ, p. 1606), pour /padra/ le parallèle en sumérien ku$_3$.pad.ŕa$_2$/da "block or lump of silver" (SLex, p. 148) ; à la l. 56, le scribe a oublié le U. de U.NÍĜ : le „*sic*" de Bergmann est alors bien justifié (*contra* Ungnad, qui parle, *apud* Driver *et* Miles, *Babylonian Laws* II, p. 249, d'un "middle sign ... miswritten *GAR* and ... corrected to *PAD*").

*54* (et *56*) – Sur la lecture de MAŠ EN GAG, *v.* 1.2.2 l. 85 ; le scribe (sculpteur) avait apparemment commencé à remplir le triangle du dernier signe par erreur, ce qui expliquerait la rasure NI > GAG à la fin de la l. *54* ; à la fin de la l. *56*, il ne s'agit pas d'une 'RASURA' (Bergmann), mais d'un trou comme dans le GÌR à la ligne précédente (l. 56) au dessous du „*sic*".

60 (et 62, 92) – Le signe KUR à l'intérieur de arad$_2$ l. 60 et 62 est bien distinct sur la photographie, alors qu'il manque évidemment à la l. 92, où l'on a affaire, de façon exceptionnelle, à arad ; Bergmann, soucieux de l'orthographe, l'y ajoute sous forme de petits points.

68 – À la place de *meḫeršu* (*v.* 1.3.3 l. 13), le rédacteur choisit maintenant la forme *meḫrīšu*, puisqu'il ne s'agit plus de l'objet direct du verbe qui suit, mais d'une précision du génitif qui précède (un pluriel est improbable) ; pour le sens, *cf.* l'expression moins élégante, mais plus ou moins synonyme, *ša kīma šuāti* l. 84.

69 (et *70*, 72) – La solution la plus simple pour *it-ta-di* et *i-na-ad-du-ú* est une forme G de *nadûm* « jeter », pour laquelle von Soden propose la traduction „Zahn ausschlagen" (AHw, p. 706) ; d'autres propositions sont discutées chez Driver *et* Miles, *Babylonian Laws* II, p. 249.

71 – Une transcription "ši-in-kak(!)" (Driver *et* Miles) n'est pas nécessaire, puisque le petit clou vertical à l'intérieur du triangle du dernier signe (rendu par Bergmann par de petites hachures) est bien visible sur la stèle.

77 – Le positif *rabû(m)* peut exprimer, en particulier à côté de *elīšu*, un comparatif „älter" (AHw, p. 937) ; dans le contexte, il désigne plus précisément la supériorité sociale, par opposition à l'égalité entre l'agresseur et la victime décrite par *meḫrīšu* l. 68 et par *ša kīma suāti* l. 84.

79 – Driver *et* Miles écrivent *pú-uḫ-ri-im* à la place de *pu-úḫ-ri-im*, sans doute une simple faute de frappe.

80 – Pour les signes NUNUZ.ÁBxAŠGAB, *v.* aBZL n° 373 ; le "early spelling" u$_2$.sa.an fait ressortir le sémantisme du mot : sa « corde » et an « gouverner » (SLex, p. 288) ; pour le déterminatif kuš (SU) et le sens „Peitsche" (en akkadien *qinnāzum*), *v.* AHw, p. 922 et MesZL, p. 386 n° 619 ; la précision gu$_4$ à la fin du mot s'explique sans doute par l'emploi auquel le « fouet » était normalement destiné, *sc.* inciter les bœufs à avancer, *cf.* la construction *qinnaz alpim* proposée par Roth en akkadien.

81 – Le deuxième signe de *immaḫḫaṣ* est MAH (aBZL n° 6) et non MA (Driver *et* Miles) ; le ZA de AZ manque.

84 – Le génitif *šuāti* du pronom anaphorique signale le respect de la „Amtssprache“, la langue courante employant plutôt *šuātu* à la place (GAG § 41*f* et *g*).

95 – Pour le UN, écrit encore de façon très archaïque et donc visiblement différent de KALAM, *cf.* MesZL, p. 660 n° 500*sq*.

## 3.3 Lois hittites § 7, 8, 11-16

16 (et 29, 33, 37) – La différence entre lu$_2$.u$_{19}$(URU).lu (HZL n° 78) « être humain, personne » (*cf.* Hoffner, *Laws of the Hittites*, p. 270 *s.v.* *antuhša-*) et lu$_2$ tout court « homme, quelqu'un » (employé dans le *Paralleltext*) n'est pas très significative ; toutefois, le premier terme souligne l'idée de plusieurs hommes (et l'affrontement qui peut en résulter) et se prête mieux à inclure les femmes (libres), *cf.* l'expression équivalente pour le monde des non-libres arad*(-na)-an našma* geme$_2$*-an*.

16 (et 19) – Pour un lecteur contemporain de la rédaction de B, la forme de *d/tašuwahh-* „blind machen, blenden“ (HW, p. 218) avait certainement un parfum archaïque, d'abord par le DA non encore durci en TA et ensuite par la “deliberate scribal adherence to the OH (hyp)archetype *-ah-hi* [à la place de *-ah-zi*]” (Hoffner, *Laws of the Hittites*, p. 175).

16 (et 19) – Le signe KAxUD pour la dent (HZL n° 143), bien visible en A (l. 9 et 11), réapparaît également en B grâce au joint KBo XXII.63.

16 (et 19) – *lāk-*, de “*leg$^h$- ‘to lie down’”, se rencontre exclusivement dans des textes vieux-hittites et dans des contextes spécifiques : “When used with ‘tooth’ as object, it means ‘to knock out’”, peut-être à partir de “to make lie down” (EDHIL, p. 515), *cf.* la traduction de Friedrich : „seinen Zahn schief schlägt“.

17 – Avec le verbe *pai-* au prétérit, *karū* signifie « autrefois » (GHL § 22.16) ; dans *piškeṛ*, il est en plus complété par un infixe itératif *-ške-* exprimant “habitual, regular, customary, or characteristic behavior” (GHL § 24.31), ce qui explique le choix de la 3ème personne du pluriel en *-er* „weil man Wiederholung des Straffalles in der Vergangenheit annimmt“ (Friedrich, *Hethitische Gesetze*, p. 92) ; alors que la vocalisation « originale » en *i* BI.IŠ.GIR se trouve encore en A l. 10 (*cf.* GHL § 12.31 sur “piške- < pai-”), le témoin B reflète une prononciation qui a déjà évolué vers le *e* : BI.EŠ.GIR.

17 – *kinun-* „jetzt“ (HW, p. 100 ; *cf.* *nun-c* de “**num* + **ḱi*” EDHIL, p. 479) + “enclitic clause-linking conjunction” *-a*/*-ma* “topicalizing, contrasting” (GHL § 29.29).

18 (et 20, 30, 32, 34, 36, 38) – Sur la formule *parnaššea šuwayezzi*, dont une variante écrite *extra-plene* *šu-wa-a-i-e-ez-zi* se trouve à la l. 34, sans doute à cause de l'espace disponible, *v.* 1.4.3, note philologique à la l. 2.

20 – Le montant de dix sicles est confirmé par le témoin A (l. 12).

29, 33 et 37 – Pour exprimer que l'agression est dirigée vers la victime, *i.e.* une partie de son corps, B emploie seulement une fois, l. 37, la construction « classique » avec un génitif lu$_2$.u$_{19}$.lu-*aš ellam-aš ištamana(n)-šan* (à condition qu'on accepte la correction de Hoffner *el-lam<-aš>* et qu'on ne se heurte pas à *ellam-aš* pour *ellim-aš*), qui est typique du témoin A et dont la traduction littérale serait celle que Friedrich, *Hethitische Gesetze*, p. 53 propose pour le *Paralleltext* : „eines freien Mannes [sein][7] Ohr (verstümmelt)" ; sinon, B préfère une construction σχῆμα avec un double accusatif κατ' ὅλον καὶ μέρος arad(-*na*)-*an na-aš-ma* geme$_2$-*an el-lam* kir$_{14}$-*šet* ... *wak(k)i* "bites a slave boy or slave girl, namely his/her nose" (GHL § 16.24) ; le non-accord entre lu$_2$.u$_{19}$.lu-*an* et l'adjectif l. 29 devient systématique dans le *Paralleltext*, où l'on trouve toujours lu$_2$-*an ellum* (l. 14, 18, 27, 30, 33, 37).

29 (et 31) – PIRIĜxZA „ohne untergeschriebenes ZA" dans le témoin A l. 20 et 22, *v.* HZL n° 92.

29 (et 31) – Les deux formes du verbe *tuwarn-* „brechen, zerbrechen" (HW, p. 231 ; C et PT *duwarn-*) ne viennent pas ici du mi-*stem* en *-iya-* (*duwarniya-*), ni en *-āi-* (*duwarnāizzi*) (non plus du hi-*stem* en *-a-*, trop récent), mais d'un mi-*stem ablautend* en *e/a duwarne(z)zi*, *v.* GHL, p. 213 n. 135 ; la variante *tuwarnazi* l. 31 s'explique probablement par le manque d'espace à la fin de la ligne.

30 – Sur la particularité d'une apodose introduite par *nušše*, *v.* GHL § 29.10 et *cf.* 1.4.2 l. 31.

33 (et 35) – Le signe KAxGAG pour le nez (HZL n° 140) est plus clairement visible sur le témoin A l. 24 (cassé après cette ligne) ; à la différence des paragraphes précédents, le rédacteur choisit des suffixes hittites, en commençant par un suffixe possessif neutre *-šet*.

33 (et 35) – *wak(k)-*, équivalent hittite de *našākum* (*cf.* 3.1 l. 32) : „beißen, abbeißen" (HW, p. 241).

35 – Le montant à la fin de la ligne n'est pas lisible sur B ; C montre trois clous verticaux, *i.e.* « 3 sicles », *v.* la discussion.

37, 39 – Au lieu de désigner l'oreille simplement par le signe PI comme à la l. 39 (ce qui est économique, mais moins explicite), le rédacteur choisit d'abord le terme hittite *ištamana-*, avec élision de l'accusatif au suffixe possessif (comitatif) (HED A/E/I, p. 458 ; GHL § 6.5 p. 140).

37 (et 39) – *iškallari*, moyen de *iškalla(i)-*, toujours écrit avec KAL et une troisième syllabe généralement longue (l'allongement *-a-* étant omis à la l. 39 sans doute pour des raisons de place), signifie "to slit, slash, split, crack, tear, rip, mangle" (HED A, p. 413) ; Friedrich traduit par „das Ohr ... zerschlitzt", Puhvel "slashes the ear", Hoffner "tears off the ear" ; le *Paralleltext* n'emploie plus le moyen – ce que Friedrich essaie de signaler par la traduction „[das] Ohr verstümmelt" –, et on y trouve *iš*-GAL (l. 37) à côté de *iš*-KAL (l. 39).

---

7 Pour le „pleonastischen Gebrauch" du suffixe possessif, aussi appelé "split genitive", *v.* GHL § 16.38.

## 3.4 Exode 21 24-27

24 – עַיִן se trouve dans la Septante, comme les six autres éléments qui suivent, à l'accusatif : ὀφθαλμόν.

24 – יָד "hand" (BDB, p. 388), mais également „(Vorder-) Arm" (HAL, p. 370), *cf.* en akkadien *idum* „Arm" (AHw, p. 365), écrit $a_2$ "arm" (PSD A/2, p. 1*sq.*).

25 – כְּוִיָּה "burning, branding" de כוה ni. "burn, scorch, brand" (BDB, p. 464*sq.*) ; le Pentateuque samaritain choisit une substantivation מִכְוָה avec la préformante מ (*v.* Joüon § 49*e* et § 88 L *d* et *f*), qui souligne davantage l'idée du *résultat* de l'attaque : "burn-spot, scar of a burn" (BDB, p. 465) ; *cf.* la même tendance dans le dérivé κατάκαυμα, de καίω "kindle, set on fire, burn" (LSJ, p. 860 et 893), choisi par la Septante.

25 – פֶּצַע "bruise, wound" (BDB, p. 822), traduit dans la Septante par τραῦμα (de τιτρώσκω « blesser, trouer » DÉLG, p. 1122), mais *cf.* פצע „mhe. *zerquetschen, spalten, verwunden*" et Deutéronome **23** 2 פְּצוּעַ־דַּכָּא „durch Zermalmung zerquetscht (Hoden)" (HAL, p. 899) ; pour l'emploi à côté de חַבּוּרָה, *cf.* Genèse **4** 23.

25 – Pour חַבּוּרָה "stripe, blow" (BDB, p. 289) „Wunde, Strieme" (HAL, p. 274), différencié par Rashi (*apud* Prévost, *Mél. Jacques Teneur II*, p. 621) de פֶּצַע (« un coup qui fait sortir le sang ») comme un simple « hématome » et traduit dans 𝔊 par une forme de μώλωψ "mark of a stripe, weal, bruise" (LSJ, p. 1158), comparer en akkadien *ibāru* „eine Art Narbe" (AHw, p. 363) "a mark or discoloration on the skin" (CAD I, p. 1).

26 – יַכֶּה : hi. imparfait de נכה "*smite* (with a single, non-fatal, blow)" (BDB, p. 645), dont la présence en akkadien (sous la forme *nakû*) est débattue, *cf.* AHw, p. 724 *vs.* CAD N/1, p. 724 ; pour un sens équivalent de *maḫāṣum* (+ *lētum*), *cf.* I Rois **22** 24.

26 – עֶבֶד "slave, servant" (BDB, p. 713), que la Septante traduit par οἰκέτης « domestique », est en akkadien seulement attesté comme "West Semitic loanword" *abdu* (CAD A, p. 51), „jB dicht." (AHw, p. 6).

26 – שחת pi. "spoil, ruin, destroy" (BDB, p. 1007*sq.*) „*tatsächlich* verderben" (Jenni, *Hebräisches Pi'el*, p. 260) + rappel de עַיִן (f.).

26 – אוֹ pour marquer la disjonction (HAL, p. 19), comme *ū* en akkadien (GAG § 117*c*).

26 – יְשַׁלְּחֶנּוּ, pi. imparfait de שלח « envoyer » au sens de "*let go, set free*", est ici construit "*c.* חָפְשִׁי" au sens de "free from slavery" (BDB, p. 1019 et 344 ; *cf.* HAL, p. 1402) ; dans la Septante, le suffixe et l'adjectif sont au pluriel : ἐλευθέρους ἐξαποστελεῖ αὐτούς.

27 – Pour יַפִּיל, hi. imparfait de נפל "fall, lie" (BDB, p. 656), ici au sens de „hinabwerfen ... (Zahn) ausschlagen" (HAL, p. 671), *cf.* נֵפֶל "untimely birth, abortion" (BDB, p. 658) et en akkadien *napālum* „zu Fall bringen ... abbrechen, zerstören" (AHw, p. 733).

## 4.1 Démosthène 24.140*sq.*

7 – Pour l'expression νόμος τεθῆναι, qui est à la l. 16*sq.* au moyen, *v.* "τιθέναι νόμον *lay down* or *give* a law" (LSJ, p. 1791) ; *cf.* le sens concret de τίθημι "put down in writing" (LSJ, p. 1790).

8, 11, 14 – ἐκκόψῃ : pour les yeux comme objet de ἐκκόπτω "cut out, knock out" (LSJ, p. 510) « amputer, détruire » (DÉLG, p. 862), *cf.* Ar. *Av.* v. 342 πῶς κλαύσει γάρ, ἢν ἅπαξ γε τὠφθαλμὼ 'κκοπῇς; « Comment pourras-tu pleurer une fois les yeux arrachés ? » (trad. Thiercy, Pléiade, p. 497).

9 – Pour la construction de παρέχω avec un infinitif, *v.* Bailly, p. 1488 et *cf.* Ar. *Nub.* v. 440*sq.* τοὐμὸν σῶμ' αὐτοῖσι παρέχω τύπτειν « mon corps, je (le) leur livre à battre ».

10 – ἀπειλῆσαι, de ἀπειλέω, litt. « se faire fort de » (« Il faut partir … du sens d'*engagement, affirmation vigoureuse* » DÉLG, p. 96), est ici employé, comme il l'est habituellement, dans le sens négatif de « menacer » (Bailly, p. 207) "threaten" (LSJ, p. 182) ; l'étymologie est pourtant obscure, *cf.* ἀπο- (Schwyzer II, p. 445) *vs.* « L'ἀ- initial est-il une prothèse ? » (DÉLG, p. 96) ; pour la construction avec ὅτι (parmi d'autres), *v.* TGL A/2 col. 1238 et *cf.* LSJ, p. 183.

10 – Le sens figuratif de χαλεπῶς φέρειν, litt. « difficilement (sup)porter », peut aller jusqu'à « *s'irriter* ou *s'indigner* » (Bailly, p. 2061) ; Diodore de Sicile emploie περιαλγῆ γενόμενον à la place, traduit par Oldfather "taking the matter strongly to heart".

12 – Le terme ἑτερόφθαλμος, litt. « celui dont un œil diffère de l'autre », est également employé par Diodore de Sicile pour désigner le ἕν' ἔχων ὀφθαλμόν (et par Aristote dans la *Rhétorique*, *v.* la discussion).

13 – αὐτῷ εἶναι (ainsi dans « S », dans les autres manuscrits : εἶναι αὐτῷ) était corrigé par Bekker en αὑτῷ εἶναι, ce qui est justifié d'un point de vue logique, même s'il devrait être clair à qui αὐτῷ se réfère.

15 – Pour συμφορά dans un sens négatif, *v.* la définition *Fortuna adversa quae alicui accidit* (TGL Σ col. 1146) et *cf.* LSJ, p. 1688 : "mishap, misfortune" ; Diodore de Sicile emploie une expression plus directe et plus liée à la logique pénale : τὴν ἴσην … τιμωρίαν.

15 – χρῶνται de χράομαι "*experience, suffer, be subject to*, esp. external events or conditions" (LSJ, p. 2002).

17 – Dindorf a changé πλέον en πλεῖν (*v.* LSJ, p. 1415 et Schwyzer I, p. 236 et 249 pour cette "short form") afin de souligner l'atticisme du texte, *cf.* πλεῖν ἢ πέντε τάλαντα *orat.* 21 § 173 ; mais la règle n'est pas toujours respectée, et il vaut donc mieux garder la lecture des *codices*.

## 4.2 Lévitique 24 17-21

17, 19 – Pour la position de אִישׁ en tête de la protase, *v.* BDB, p. 473 : "with כִּי = *if* or *when*, the subject is oft[en] prefixed for distinctness and emphas[is] … esp. in [the] laws of [the] P[riests' Code]".

17, 18, 21 et *21* – Pour יַכֶּה et מַכֵּה (participe état construit) de נכה hi., *cf.* 3.4 *supra* v. 26 ; ici au sens „*er*schlagen" (HAL, p. 659) "*smite* fatally" > "*kill, slay*" (BDB, p. 645*sq.*), comme le confirme la suite כָּל־נֶפֶשׁ.

17 – כָּל־נֶפֶשׁ, litt. « totalité-de-la-vie », ne veut pas dire « tous les vivants », mais avec un כָּל־ „*qualitativ* ... von jeglicher Art, irgend ein" (HAL, p. 452) « toute *sorte* de vie », *i.e.* sans considération pour la position sociale de la victime, *cf.* le commentaire sur "all" *and* "any" BDB, p. 482.

17 (et *20*) – אָדָם : terme plus noble et général pour l'homme comme créature de Dieu que אִישׁ au début de la ligne.

17 – Pour l'infinitif absolu préposé מוֹת comme une affirmation de יוּמָת, *v.* Joüon § 123*e*.

18, 21 – יְשַׁלְּמֶנָּה, de שלם pi. au sens de "*make whole* or *good, restore*" (BDB, p. 1022) „unversehrt, vollständig machen, Ersatz leisten" (HAL, p. 1420) + נ énergique (*v.* Joüon § 61*f*) + suffixe féminin, qui peut se référer grammaticalement à la vie *ou* à la bête (et se réfère logiquement à la vie *de* la bête).

19 – עָמִית s'explique „durch Wegfall v[on] גֶּבֶר" dans la locution abstraite גֶּבֶר עֲמִיתִי „Volksgemeinschaft" et possède le sens concret de „Gemeinschaftsgleich, Mitbürger" (HAL, p. 799).

19 – נתן מוּם, litt. « donner un défaut » (*cf.* HAL, p. 527 et BDB, p. 548 sur le rapprochement avec מְאוּם et מְאוּם), renvoie à un défaut physique – grave et permanent, si l'on compare l'emploi du terme Lévitique **21** 17+.

19 – Pour la construction כַּאֲשֶׁר—כֵּן, litt. „wie-wo — so", *v.* Joüon § 174*a-c* (« comme — ainsi »).

19 – יֵעָשֶׂה « il subit » : *nifal* imparfait de עָשָׂה (comme יִנָּתֶן de נתן v. *20* : « il reçoit »).

20 – שֶׁבֶר, aussi vocalisé שֵׁבֶר („letzteres wohl die urspr[üngliche] Form"), garde le sens de *šebērum* (*v.* 3.1, l. 37 et 3.2 l. 51+) : „das Brechen, der Bruch" (HAL, p. 1306) "breaking, fracture, crushing" (BDB, p. 991).

## 4.3 Douze Tables I.13-15

13 – Le terme *membrum* ne couvre pas seulement, comme μηρός en grec, toutes les « parties » du corps, mais en particulier, si on compare *māṃsaṃ* en sanscrit et *mimz* en gotique « viande », les parties molles, *i.e.* non-osseuses, du corps, *v.* en vieil-irlandais *mir*, probablement de **mēmsro-*, « morceau de viande » (DÉLL, p. 604).

13 – La forme *rupit*, de *rumpere* "to cause to split open or explode, burst (something inflated, a container … [*e.g.*] tumours, sores)" (OLD, p. 1667), est celle de Aulu-Gelle, confirmée par Gaius (*propter membrum quidem ruptum*) ; sur son statut grammatical, *v.* Coleman *in* : *Aspects of Latin*, p. 416 § 6.5 : "the correct forms in XII could after all be *nocuīt*, *rūpīt*, *frēgīt*, *iēcīt*, all perfect subjunctives, employed aspectually". La variante *rap-* de Festus (*rapit* ou *rapserit*, selon la lecture) ne change pas fondamentalement le sens ; pourtant, *rapere* semble être réservé à l'enlèvement des objets aliénables, *cf. sacrum … qui clepsit rapsitque* Cic. *Leg.* II.22 (*Rep.* III.13 *effodiantur oculi* ; *oculum eruit* Suet. *Ner.* 5).

13 – *ni* est normalement lu *ni(si)*, c'est-à-dire comme une suite de la protase, à cause de la forme verbale *pacit* qui se trouve chez Festus et dans un seul manuscrit d'Aulu-Gelle (« O » : *pacto* corrigé en *pacit*, "perhaps from Festus" Crawford, *Roman Statutes* II, p. 606) ; mais NI est également attesté, à côté de NEI, comme une variante de NE dans les inscriptions (OLD, p. 1175), et *nē* se rencontre régulièrement „in der Gesetzessprache" avec l'impératif *-to* pour exprimer des interdictions (Hof.-Sz. § 187*d*), *e.g.* dans IS EVM AGRVM NEI HABITO NIVE FRVIMINO (CIL I$^2$.584 l. 32) ou PARENTVM SACRVM NI VIOLATO (CIL I$^2$.1596 l. 3*sq.*).

13 – *cum e* est lu, avec Festus, *cum eo* « avec lui » (à savoir la victime).

13 – *pacto*, qu'on devrait lire, si l'on veut garder toutes les lettres, *pac<i>to* plutôt que *pac<i>t{o}* (comme Festus), dérive de *pacere* "come to an agreement" (OLD, p. 1280), *i.e.* régler un désaccord de manière paisible, *cf.* I.6 *ubi pacunt*, *orato* « où ils se mettent d'accord, là-bas le discours d'accusation est à prononcer » (suivant l'interprétation de Crawford, *Roman Statutes* II, p. 594).

13 – Le lien entre *talio* et *talis*, adopté intuitivement par Mühl, *Untersuchungen*, p. 45 ; Cardascia, *Mél. Dauvilliers*, p. 170 ; Haase, ZAR 3, p. 195, mais disqualifié par Ernout *et* Meillet comme « étymologie populaire » (DÉLL, p. 1013), était expliqué de façon assez convaincante par Leumann comme une formation en -ίων, qui se rencontre au masculin „individualisierend" (*e.g.* Κρον-ίων) et au féminin – „speziell in juristischer Sphäre" – *abstrahierend* (p. 364-366) ; la base est souvent un verbe (comme par exemple dans *usucapio*), mais dans le présent cas un adjectif (*talis*), *cf. duplio*, de la formule récurrente *duplione damnum decidito*, comme un autre *Adjektivabstraktum* dans les Douze Tables (VIII.5, VIII.9 et XII.3 Crawford).

14 (protase) – Pour la leçon du manuscrit de Vercelli *manifestos fregit* (Vienne : *manifestus fregit* ; codex Pithou *om.*), Lachmann proposait, de façon assez ingénieuse, la lecture *manu fustiue si os fregit*, en comparant la définition de l'*iniuria* par Gaius *inst.* III.220 *quis pugno puta aut fuste percussus* ; on se rapproche encore plus du texte si on ferme FES en PES : *man-* et *pes* peuvent bien être l'objet direct de *fregit*, peut-être à l'origine dans une construction *mani pes … qui fregit* (*cf.* 4.2 *supra* l. 17). Pour MANI (à l'origine MANV ?), *cf.* le grec μάρη et la possibilité d'un nominatif *pendens* (à la manière de Plaute *Poen.* v. 659 *tu, si te di amant*) ; le T serait dans ce cas à lire *aut* (plutôt que *et*), *cf.* „daß *aut* vielfach dazu dient, nicht scharf konträre, sondern lediglich verschiedene, oft sogar mehr oder weniger synonyme Begriffe zu trennen" (Hof.-Sz. § 269).

14 (apodose) – *poena*, "the penalty paid in satisfaction for an offence" (OLD, p. 1395), est un autre emprunt au grec (Mommsen, *Strafrecht*, p. 13 n. 2), *cf.* chants 9 v. 633 et 18 v. 498 de l'*Iliade* ; Crawford préfère le pluriel ποίναι (*poenae*) ; mais à la différence de la ligne suivante, un montant seul est choisi parmi les deux, *cf.* la paraphrase par Gaius *trecentorum assium poena erat, ueluti si libero os fractum erat; at si seruo, CL* (avec „präzisierende[m] *uelut(i)*", abrégé *uu* dans le manuscrit, *v.* Nelson *et* Manthe, *Gai Institutiones*, p. 260*sq.*).

14 – La leçon *poenam subito*, qui se trouve dans les *codices* de Berlin et de Vercelli (Vienne *om.*), est très certainement une paraphrase, parce que la *Collatio* la propose également pour la fin du paragraphe suivant (*qui ... poena subit*), où ce résultat se heurte visiblement au témoignage littéral d'Aulu-Gelle *poenae sunto, cf.* Mommsen, *Strafrecht*, p. 13 n. 2. Crawford remplace alors *subito* par *su<n>to*, mais on s'attendrait plutôt à *esto* (*v.* pour le raisonnement la note précédente), ou même à rien, si le verbe reste inchangé depuis l'apodose précedente, *cf.* Cic. *Leg.* II.22 lois 5 et 6 ; Daube, *Forms*, p. 108.

15 (protase) – *iniuria* est à l'accusatif dans deux témoins de la *Collatio*, mais sans *-m* dans les témoins des *Noctes* et dans le manuscrit de Vercelli, ce que Crawford considère comme "insignificant" "given ancient habits of abbreviation" (sinon, s'agirait-il d'un autre indice d'une construction différente des protases ?).

15 – *alteri* : interprété habituellement, à la suite de *libero* et *seruo* § 14, comme une référence à la victime, *i.e.* un datif ; sinon, on pourrait penser, si l'on ne considère pas la paraphrase de Gaius *propter ceteras uero iniurias* comme anachronique[8], à un adjectif qui qualifie *iniuria* ; *v.* la discussion pour la question dans quelle mesure les deux interprétations (ne) font (pas) de sens.

15 – Dans certains contextes, comme le présent, le statut grammatical des formes sigmatiques comme *faxit* ("[a]lso spelt *faxs*- in inscript." OLD, p. 668) est ambigu, au moins en théorie, *v.* Coleman *in* : *Aspects of Latin*, p. 412 § 4.6 : "Certainly the[ir] occurrences in the XII ... with subjunctives ... suggests that they too should be taken as subjunctives. It is conceivable however that the shift from subjunctive to future, from *faxīt* to *faciet* ... was facilitated by the existence of the future ... **faxet* (> *faxit*)" ; sur la question de savoir quand le remplacement (dans les lois principalement par *fecerit*, l'indicatif futur parfait) a eu lieu, *cf. ibid.* p. 418 § 8.1.

15 (apodose) – « As » est sous-entendu comme au paragraphe précédent, *v.* Festus : '*uiginti quinque poenae*' *in XII significat* '*uiginti quinque asses*' (p. 508 éd. Lindsay, *cf.* Aulu-Gelle : *aeris ... asses*) ; mais il s'agit des *asses librales*, comme le précisent Aulu-Gelle XX.i.31 et Gaius *Inst.* I.122. – La *Collatio* parle, de façon ouvertement anachronique, mais en évitant des malentendus à la manière de L. Veratius, de *quinque et uiginti sestertiorum* (écrit *quinque ex ui|ginti restertiorum* dans le manuscrit de Berlin), *i.e.* de 62 ½ ou cent *asses* (selon l'époque).

---

8 Une tentative similaire de corriger l'emploi logiquement maladroit de *alter-* « l'un de deux » pour *ceterae* « les autres » se trouve-t-elle aussi chez Ulpien quand il introduit la protase *si quis alteri damnum faxit* de la *lex Aquilia* en ajoutant les mots (partiellement exclus par Bruns, entièrement par Crawford) *ceterarum rerum praeter homines et pecudes occisos* D. 9.2.27.5 ?

## 4.4 Magna Moralia XXXIII.13*sq.*

28 – τὸ ἀντιπεπονθός, de ἀντιπάσχω et alors en directe correspondance avec ἀντιπαθεῖν l. 30 et ἀντιποιῆσαι l. 35, est un terme technique, également attribué aux Pythagoriciens par Aristote dans *EN* : "requital" (LSJ, p. 160) ; *cf.* en mathématiques ἡ ἀντιπεπόνθησις "reciprocal proportion" (LSJ, p. 161).

29 – Au lieu de ᾤοντο, Aristote parle dans *EN* d'une véritable « définition » par les Pythagoriciens (ὡρίζοντο).

30 – Pour τὸ δή – ce que Dirlmeier traduit par „bekanntlich" –, Susemihl proposait τὸ δέ, plus élégant et plus souple ; mais δή se trouve dans tous les manuscrits, y compris dans la paraphrase de Michel d'Éphèse (p. 31, l. 28) et du commentateur anonyme (p. 222 l. 20).

30 – Le commentateur anonyme, p. 222 l. 21, enlève l'article de ὁ οἰκέτης γὰρ κτλ. : οἰκέτης γὰρ κτλ. ; Dirlmeier le garde „als *lectio inusitatior*".

32 – Alors que l'auteur choisit ici une construction ἐάν + subjonctif « au cas où », ce qui rend l'action un peu moins réelle (mais non forcément moins rare), une vraie conditionnelle avec εἰ + la forme augmentée se rencontre quelques lignes plus bas (l. 37*sq.*), *cf.* Schwyzer II, p. 684*sq.*

32 – πατάξῃ, du présent πατάσσω (rarement employé en grec attique), „wird gewöhnlich für das Versetzen e i n e s Schlages gebraucht" (Dirlmeier), ce qui rend l'ajout ἅπαξ des commentateurs byzantins (pour rendre μόνον ? : p. 31, l. 29 et p. 222 l. 21), superflu ; le verbe désigne à l'origine le bruit produit par l'action – *v.* DÉLG, p. 862 *s.v.* πάταγος « fracas » – et se prête alors particulièrement bien à la description de la gifle, *cf.* πατάξαι ἐπὶ κόρρης "smack on the jaw" (LSJ, p. 982 ; *vulgo* „eine knallen").

33 – ἀντιπληγῆναι correspond directement à πατάξῃ l. 32, étant donné que "ἐπλήγην is used instead of … ἐπατάχθην, ἐτύφθην (ἐτύπην)" pour l'aoriste passif (comme παίω ou τύπτω pour πλήσσω au présent, *v.* LSJ, p. 1421) ; *cf.* Arist. *Rh.* 1377a l. 21 (= I.15) πατάξαι ἢ πληγῆναι « frapper ou être frappé ».

## 4.5 Matthieu 5 38*sq.*

12*sq.* – À la place de l'infinitif passif ἀντισταθῆναι (de ἀνθίστημι dans son sens actif et transitif de « placer en face *ou* contre » Bailly, p. 161), la majorité des témoins ont l'infinitif ἀντιστῆναι, de la forme intransitive ἀντέστην ; le sens est quasiment le même : "*stand against*, esp. in battle, *withstand*" (LSJ, p. 140) ; mais le passif, qui est attesté chez Homère et Hérodote, semble être plus expressif et plus facile à comprendre, surtout à l'oral ; *cf.* ἀντιστατέω comme une autre variante de ἀνθίσταμαι au même sens de "resist, oppose" (LSJ, p. 163) et surtout ἀνθιστάω pour ἀνθίστημι, employé au passif par Jean Damascène dans son premier *Dialogue contre les Manichéens* § 68 (au sens identique de "withstand", *v.* Lampe, p. 137).

14*sq.* – ῥαπίζι (à lire ῥαπίζει de ῥαπίζειν, de ῥαπίς „Rute“ « fouet ») a le sens principal de “strike with a club or rod”, et prend ici, par analogie, le sens “*to strike with the open hand*, esp. in the face, *slap*” (BDAG$^3$, p. 903) ; Luc emploie, comme Platon *Grg.* 486C, τύπτειν à la place : τῷ τύπτοντί σε « à celui qui te *frappe* ».

15 – La correction de εἰς en ἐπί – frapper non « dans » mais « sur » la joue (*cf.* Schwyzer II, p. 455 et 465) – s’explique par la tentative de rapprocher le texte de Matthieu de la version de Luc (ἐπὶ τὴν σιάγονα).

16 – σιαγών, aussi écrit συα- ou σεαγών à l’époque, ne désigne pas à l’origine la « joue », mais ce qui est *à l’intérieur* de la joue, *i.e.* the “jaw-bone”, *cf.* ψίω “chew” (BDAG$^3$, p. 922 ; LSJ, p. 1595) ; plusieurs témoins ajoutent après (ou devant) σιάγονα un σου : « (te frappe sur la >) ta joue ».

16*sq.* – στρέψον, de στρέφειν « tourner », ici dans une construction avec datif intercalé qui évite toute confusion avec l’idée de « tourner quelque chose [à l’accusatif] *vers* (πρός) quelqu’un » ; Luc préfère, un peu à la manière de Démosthène (*v.* 4.1 l. 9), un impératif de παρέχειν „darbieten“ (mais sans infinitif supplémentaire).

## 4.6 Stèle de *Niciuibus* II

1*sq.* – *quod* ... *sit* : reconstitution de l’adverbe par comparaison avec la stèle I (l. 2 : *feliciter sit fac-*) et la stèle V (l. 1 : *feliciter sit fectum*) ; la formule classique *quod bonum faustum felix fortunatumque sit* (Cic. *Div.* I.102) ne se trouve sur aucune des six stèles ; sur les stèles III et VI, l’expression se rencontre sous la forme abrégée QBETFFS, probablement un renvoi à la variante *quod bonum fau*[*stum fel*]*ix sit* citée par Laporte (p. 98).

2*sq.* – *Domino Sancto Saturno*, abrégée DSS sur les stèles III et VI, est une « énumération au datif des titres les plus caractéristiques du dieu [Saturne *alias* Baal-Hammon] : *dominus* = adôn et *sanctus* = qâdos » (Leglay, *Saturne africain*, p. 336).

3 (à 5) – *anima pro anima* : le premier élément de la formule s’assimile grammaticalement, comme dans *miḫṣe kī miḫṣe* (2.3.4, l. 89) et נֶפֶשׁ תַּחַת נָפֶשׁ, mais à la différence de ψυχὴν ἀντὶ ψυχῆς (Exode **21** 23 traduit par la Septante) et de *animam pro anima* (Lévitique **24** 18 traduit par Jérôme), au cas du deuxième, *cf.* *uoto pro uoto* l. 5 et *sang pro sang* sur les stèles III et VI (*contra* Alt, ZAW 52, p. 304*sq.* selon lequel la „punische Formel“ „dem syntaktischen Gefüge des ganzen Formulars nur lose und eigentlich ungenügend eingegliedert [sei]“).

4*sq.* – Restitution de [*Co*]*mcesse* à partir de la stèle III *pro Con*[*ces*]*se salutem*, *v.* Leglay p. 73 n. 32 pour l’emploi de M à la place de N (et *vice versa*) comme une « faute courante du lapicide » ; à la place d’une double émendation *pro salute concess*<*e*>[*a*] et *pro concess*<*e*>[*am*] *salutem* (Alquier *et* Alquier), Carcopino, RHR, 1932, p. 598*sq* proposait de lire, sur la base de « la fréquence en Afrique des surnoms *Concessus* et *Concessa* », *pro salute Concess(a)e* avec haplographie du *e* dans le *et*[9], *cf. pro salu*[*te*] *Donati* sur la stèle IV (CIL VIII.4468 l. 4*sq.*) et *pro* [*Do?*]*nato filio* (stèle VI l. 6).

5 – À la place de *et uoto pro uoto*, les autres stèles ont toutes une formule plus classique avec *ex* : *ex uoto* (I), *ex uiso et uoto* (III), *ex uiso capit*[*e*] (IV).

5*sq.* – Au lieu de parler simplement d'un *sacrum*, les cinq autres stèles précisent toutes que la cérémonie a lieu pendant la nuit : SACRVM MAGNVM NOCTVRNVM.

6 – *soluere*, de *se* + λύω, signifie ici „ein Versprechen einlösen" "to offer in fulfilment of a vow" (OLD, p. 1789) et devient ainsi un synonyme de « donner », *cf.* HERCVLEI SACRVM ... DAT comme un résumé de HERCVLEI SACRVM ... SERVOS VOVIT LIBER SOLVIT sur la face de CIL I$^2$.1617.

6 – *Mochomor*, écrit sur les autres stèles [*m*]*orcomor* (IV), *mor*[*c*]*homor* (I), *morch-* (VI) et *molc*[*ho*]*mor* (III), se lit très probablement (re)translitéré en sémitique 𐤌𐤋𐤊 𐤀𐤌𐤓 ; 𐤌𐤋𐤊 est connu dans le monde phénicien comme une référence au sacrifice d'un enfant 𐤌𐤋𐤊 𐤀𐤃𐤌, au moins en théorie (Roschinski, TUAT II/4, p. 607), même si en pratique, 𐤀𐤃𐤌 était sans doute remplacé par d'autres « viandes », *cf.* l'ajout 𐤁𐤔𐤓𐤌, interprété „*anstelle* seines Fleisches" par Müller, BZ 41, p. 240. – Étymologiquement, le terme, qui se trouve également au féminin (*mlkt*) et avec Baal (*v.* Roschinski, TUAT II/4, p. 615*sq.* § 5), ne renvoie pas, comme l'a vu le premier Eissfeldt, *Molk als Opferbegriff*, p. 36-40, à une personne appelée *Malik* ou מלך « roi » – le 𐤁 dans 𐤁𐤌𐤋𐤊 n'étant pas un datif « à MLK », mais un *beth essentiae* „als *molk*-Opfer" (PhPG § 283), comme le ל dans le pendant biblique למלך Lévitique **18** 21+ est un *lamed essentiae* (*cf.* לעלה Génèse **22** 2 « pour > en (tant que) Brandopfer ») – mais plutôt à un participe actif *jifil* de *alākum*, une solution déjà envisagée, avant von Soden, TLZ 61, p. 46, par Chabot (*apud* Alquier *et* Alquier, mais de façon trop hésitante: « il ne semble guère possible de le faire venir de הלך ») : "*carry*, *bring*: *c.* obj. helpless, or inanimate" (BDB, p. 236), nominalisé „Darbringung" (Müller, BZ 41, p. 242).

6 – 𐤀𐤌𐤓 continue d'être rapprochée à *immerum* « mouton », à cause de *agnum* sur les stèles I, III, IV et VI et de la variante 𐤀𐤆𐤓𐤌 CIS I.3781+ (dont la vocalisation et le sens demeurent toutefois disputés : Février, JA 250, p. 7 pensait à *'azrmu* qui désigne « aussi bien l'agneau que l'enfant » ; pour Roschinski, TUAT II/4, p. 609, le mot „könnte ... zu berberisch *izimer*, ‚Lamm', gehören" ; Müller, BZ 41, p. 242 compare *uzr* en ougaritique et selon lui, il s'agit „am ehesten [um] die Bezeichnung eines Opfers", *i.e.* d'une *façon* de sacrifier) ; mais si l'on veut respecter la vocalisation en *omor*[10], il vaut mieux le faire venir de *amārum*, peut-être de nouveau comme un participe (ainsi Lipiński, *Dieux et déesses*, p. 479 et n. 369) qui – s'il ne garde pas son premier sens de « voire » (*cf. ex uiso cap-* III, IV) – signifie probablement « *faire* voire > déclarer, dire » au sens de « promettre » comme en

---

9 Après les photographies plus nettes publiées par Eissfeldt et Leglay, la proposition alternative de Carcopino *ibid.* d'enlever le *et* est devenue obsolète : le T ne peut être « une éraflure de la pierre ».

10 Müller, BZ 41, p. 242 n. 31 essaie toutefois de garder sa lecture „Lamm" en se demandant : „Beruht /o/ in der 1. Silbe bereits auf Assimilation an molch-?"

hébreu (BDB, p. 56), ce qui expliquerait la référence à la « promesse » *ex uoto* sur les stèles I-III.

6 à 8 – Vers la fin des stèles, et souvent immédiatement après *morchomor* (III, IV), on trouve les noms des parents de l'enfant, comme *Felix et Diodora* (III), *M(arcus) Cossutius* (VI) ou de la mère seule (*Faustina*, sur la stèle IV).

8 – La reconstruction de *con(iux)* par comparaison avec *Aqui*[*li*]*us Victor et (A)elia Rufina* [*co*]*n(iux) eius* sur la stèle I.

# Bibliographie

## A. Sources primaires

Jeanne *et* Prosper ALQUIER, « Stèles votives à Saturne découvertes à N'gaous (Algérie) », *Comptes Rendus de l'Académie des Inscriptions et des Belles Lettres*, 1931, 21-29.

Bendt ALSTER, *Wisdom of ancient Sumer*, Bethesda (Md.), CDL Press, 2005.

Immanuel BEKKER, *ARISTOTELIS Opera*, Berlin, Academia Regia Borussica, 1831.

Eugen BERGMANN, *Codex Ḫammurabi: textus primigenius*, Roma, Pontifico Istituto Biblico, [3]1953.

André BERTHIER *et* René CHARLIER, *Le Sanctuaire punique d'El Hofra à Constantine*, Paris, Arts & Métiers Graphiques, 1955.

Maria Valentina BISCOTTINI, "L'archivio di Tryphon tessitore di Oxyrhynchos", *Aegyptus* 46 (1966), 186-296.

Karl Georg BRUNS, *Fontes Iuris Romani Antiqui*, Tübingen, Mohr, [7]1909.

Luigi CAGNI, *L'epopea di Erra*, Roma, Istituto di studi del Vicino Oriente, 1969 (= Studi Semitici 34).

Miguel CIVIL, "New Sumerian Law Fragments", *in* : *Studies in honor of Benno Landsberger on his seventy fifth birthday*, Chicago, University of Chicago Press, 1965, 1-12 (= Assyriological Studies 16).

Martine CHASSIGNET, *CATON : Les origines*, Paris, Belles Lettres, 1986.

Albert T. CLARK, *Miscellaneous Inscriptions in the Yale Babylonian Collection*, New Haven (Conn.), Yale University Press (= Yale Oriental Series 1).

Leopold COHN, *PHILONIS ALEXANDRINI Opera quae supersunt V*, Berlin, G. Reimer, 1906.

Michael CRAWFORD, *Roman Statutes II*, London, Institute for Classical Studies, 1996.

Mervin DILTS, *DEMOSTHENIS Orationes I*, Oxford, 2002 (= Oxford Classical Texts).

Franz DIRLMEIER, *ARISTOTELES Werke VIII: Magna Moralia*, Berlin, Akademie-Verlag, [2]1966.

Godfrey R. DRIVER *et* John C. MILES, *The Assyrian laws*, Oxford, Clarendon Press, 1935.

— *et* John C. MILES, *The Babylonian laws*, Oxford, Clarendon Press, 1952 (I), 1955 (II).

Hans EHELOLF, *Ein altassyrisches Rechtsbuch*, mit einer Einleitung von Paul Koschaker, Berlin, K. Curtius, 1922.

Georg EISSER *et* Julius LEWY, *Die altassyrischen Rechtsurkunden vom Kültepe*, Leipzig, J.C. Hinrichs, 1930 (= Mitteilungen der Vorderasiatisch-Aegyptischen Gesellschaft 33).

Karl ELLIGER *et* Wilhelm RUDOLPH, *Biblia Hebraica Stuttgartensia*, Deutsche Bibelgesellschaft, $^{5}$1997.

Jacob J. FINKELSTEIN, "The Laws of Ur-Nammu", *Journal of Cuneiform Studies* 22 (1969), 66-84.

Kurt FLACH, *Das Zwölftafelgesetz*, Darmstadt, Wissenschaftliche Buchgesellschaft, 2004.

Johannes FRIEDRICH, *Die Hethitischen Gesetze*, Leiden, E.J. Brill, 1959 (= Documenta et Monumenta Orientis Antiqui 7).

Albrecht GOETZE, "The laws of Eshnunna", *Sumer* 4 (1948), 63-102.

—, *The laws of Eshnunna*, New Haven (Conn.), 1951-1952, publié 1956 (= Annual of the American Schools of Oriental Research 31).

GRAECA HALENSIS, *Dikaiomata: Auszüge aus alexandrinischen Gesetzen und Verordnungen in einem Papyrus des philologischen Seminars der Universität Halle (Pap. Hal. 1)*, Berlin, Weidmann, 1913.

Oliver R. GURNEY *et* Samuel N. Kramer, "Two Fragments of Sumerian Law", *in* : *Studies in honor of Benno Landsberger on his seventy fifth birthday*, Chicago, 1965, 13-19 (= Assyriological Studies 16).

Michael HAYDUCK, *Commentaria in Aristotelem graeca*, t. 22-3, G. Reimer, Berlin 1901.

Otto HENSE, *JOANNIS STOBAEI Anthologium III*, Berlin, Weidmann, 1894.

Gustav HEYLBUT, *Commentaria in Aristotelem graeca*, t. 20, G. Reimer, Berlin 1892.

Harry A. HOFFNER, *The laws of the Hittites*, Leiden, Brill, 1997 (= Documenta et Monumenta Orientis Antiqui 23).

Elinor M. HUSSELMAN *et al.*, *Papyri from Tebtunis Part II*, Ann Arbor (Mich.), University of Michigan Press, 1944 (= Michigan Papyri V).

Moses HYAMSON, *Mosaicarum et romanarum legum collatio*, Oxford University Press, 1913.

Yvette JULIEN, *AULU-GELLE : Les Nuits attiques IV. Livres* XIV-XX, Paris, Belles Lettres, 1998.

Jörg KLINGER, „Aus der sogenannten Palastchronik", *in* : M. Dietrich *et al.* (Hrsg.), *Texte aus der Umwelt des Alten Testaments. Ergänzungslieferung*, Gütersloh 2001, 61-64.

Samuel N. KRAMER, "Ur-Nammu Law Code", with notes by Adam Falkenstein, *Orientalia* 23 (1954), 40-48.

—, *Sumer edebî tablet ve parçalari II = Sumerian literary tablets and fragments*, Ankara, Türk Tarih Kurumu Basımevı, 1976 (= Türk Tarih Kurumu Yayınları VI/13).

Jean-Pierre LAPORTE, « N'gaous (Numidie) : deux inscriptions nouvelles », *in* : S. Demougin *et al.* (éd.), *H.-G. Pflaum : un historien du XX$^{e}$ siècle*, Genève, Droz, 2006, 89-110 (= Hautes Études du Monde Gréco-Romain 37).

Julius Georg LAUTNER, *Altbabylonische Personenmiete u. Erntearbeiterverträge*, Leiden, E.J. Brill, 1936 (= Studia et documenta ad iura orientis antiqui pertinentia 1).

Marcel LEGLAY, *Saturne africain : Monuments*, t. 2, Paris, Centre national de la recherche scientifique, 1966.

Wallace M. LINDSAY, *ISIDORI HISPALENSIS EPISCOPI Etymologiarum sive Originum libri XX*, t. 1, Oxford, 1911 (= Oxford Classical Texts).

—, *SEXTI POMPEI FESTI De verborum significatu* quae supersunt, Leipzig, B.G. Teubner, 1913.

Henry F. LUTZ, *Selected Sumerian and Babylonian Texts*, Philadelphia, Publications of the Babylonian Section of the University of Pennsylvania Museum, 1919.

Georges MATHIEU, *ISOCRATE : Discours* III, Paris, Belles Lettres, 1960.

William L. MORAN, *Les Lettres d'El-Amarna. Correspondance diplomatique du pharaon*, Paris, Éd. du Cerf, 1987 (= Littératures Anciennes du Proche-Orient 13).

—, *The Amarna letters*, Baltimore (Md.), Johns Hopkins University Press, 1992.

August NAUCK, *Tragicorum graecarum fragmenta*, Leipzig, B.G. Teubner, $^{2}$1889.

Hein L.W. NELSON *et* Ulrich MANTHE, *GAI Institutiones III.182-225: Die Deliktsobligationen*, Berlin, Duncker & Humblot, 2007 (= Freiburger rechtsgeschichtliche Abhandlungen N.F. 55).

Eberhard NESTLE *et* Kurt ALAND, *Novum Testamentum Graece*, Stuttgart, Deutsche Bibelgesellschaft, $^{27}$1993.

Pierre NOAILLES *et* Alphonse DAIN, *Les Novelles de Léon VI le Sage*, Paris, Belles Lettres, 1944.

Étienne NODET, *FLAVIUS JOSEPHE : Les Antiquités Juives*, t. II, Paris, Éditions du Cerf, 1995.

Charles H. OLDFATHER, *DIODORUS OF SICILY IV: Books* IX-XII.40, Cambridge (Mass.), Harvard University Press, 1970 (= Loeb Classical Library).

Alfred RAHLFS, *Septuaginta*, Deutsche Bibelgesellschaft, Stuttgart, 1935.

Farouk N.H. AL-RAWI, "Assault and Battery", *Sumer* 38 (1982), 117-121.

Peter J. RHODES *et* Robin OSBORNE, *Greek Historical Inscriptions 404-323 BC*, Oxford, University Press, 2003.

Willem P. RÖMER, *Das sumerische Kurzepos 'Bilgameš und Akka'*, Kevelaer, Butzon & Bercker, 1980 (= Alter Orient und Altes Testament 209/1).

Martha T. ROTH, *Law collections from Mesopotamia and Asia minor*, Atlanta (Ga.), Scholars Press, 1995 (= Society of Biblical Literature – Writings from the Ancient World 6).

J. Vincent SCHEIL, *Textes élamites-sémitiques, deuxième série*, Paris, Ernest Leroux, 1902 (= Délégation en Perse. Mémoires 4).

Otto SCHROEDER, *Keilschrifttexte aus Assur verschiedenen Inhalts*, Leipzig, J.C. Hinrichs, 1920 (= Wissenschaftliche Veröffentlichungen der Deutschen Orient-Gesellschaft 35).

Francis R. STEELE, "The Codex Lipit-Ištar", *American Journal of Archaeology* 52 (1948), 425-450.

Adin STEINSALTZ, תלמוד בבלי, t. 24, Jerusalem, Israel Institute for Talmudic Publications, 1996.

Franz SUSEMIHL, *ARISTOTELIS quae feruntur Magna Moralia*, Leipzig, Teubner, 1883.

Émile SZLECHTER, *Les Lois sumériennes*, Roma, Pontificia Università lateranense, 1983 (= Pontificum Institutum utriusque iuris. Studia et documenta 6).

Ernst F. WEIDNER, „Über das Alter der mittelassyrischen Gesetze", *Archiv für Orientforschung* 12 (1939), 46-54.

Martin L. WEST, *Aeschyli Tragoediae cum incerti poetae Prometheo*, Stuttgart, Teubner, 1990.

Claus WILCKE, „Der Kodex Urnamma (CU): Versuch einer Rekonstruktion", *in* : Tzi Abusch (ed.), *Riches hidden in secret places: Ancient Near Eastern studies in memory of Thorkild Jakobson,* Winona Lake (Ind.), Eisenbrauns, 2002, 291-333.

Ronald F. WILLETTS, *The law code of Gortyn*, Berlin, W. de Gruyter, 1967 (= Kadmos Supplement 1).

Hugo WINCKLER, *Der Thontafelfund von El Amarna I*, Berlin, W. Spemann, 1889 (= Königliche Museen Berlin. Mittheilungen aus den Orientalischen Sammlungen 1).

Reuven YARON, *The laws of Eshnunna*, Jerusalem, Magnes Press, $^{2}$1988.

Fatma YILDIZ, "A tablet of Codex Ur-Nammu from Sippar", *Orientalia* 50 (1981), 87-97.

## B. Littérature secondaire

Kjell AARTUN, *Die Partikeln des Ugaritischen*, Kevelaer, Butzon & Bercker, 1978 (= Alter Orient und Altes Testament 21).

Sophie ADAM, « La femme enceinte dans les Papyrus », *Anagennesis* 3 (1983), 9-19.

Schafik ALLAM, „Recht im pharaonischen Ägypten", *in* : U. Manthe (Hrsg.), *Die Rechtskulturen der Antike: vom Alten Orient bis zum Römischen Reich*, München, Beck, 2003, 15-54.

Albrecht ALT, „Zur Talionsformel", *Zeitschrift für die Alttestamentliche Wissenschaft* 52 (1934), 303-305.

Barbara ANAGNOSTOU-CANAS, « La réparation du préjudice dans les papyrus grecs d'Égypte », *in* : E. Cantarella (Hrsg.), *Symposion 2005*, Wien, Österreichische Akademie der Wissenschaften, 2007, 307-326 (avec une réponse par Andrea Jördens *ibid.* p. 327-334) (= Akten der Gesellschaft für Griechische und Hellenistische Rechtsgeschichte 19).

Claude BAURAIN, *Les Grecs et la Méditerranée orientale : des siècles obscurs à la fin de l'époque archaïque*, Paris, Presses universitaires de France, 1997 (= Nouvelle Clio).

Gary BECKMAN, *Hittite birth rituals*, Wiesbaden, Harrassowitz, $^{2}$1983 (= Studien zu den Boğazköy-Texten 29).

Heinrich BRUNNER, Rez. „L. Günther: Die Idee der Wiedervergeltung in der Geschichte und Philosophie des Strafrechts", *Zeitschrift der Savigny-Stiftung für Rechtsgeschichte – Germanistische Abtheilung* 11 (1890), 235*sq.*

William W. BUCKLAND, *The Roman law of slavery: the condition of the slave in private law from Augustus to Justinian*, Cambridge, University Press, 1908.

Karl BUDDE, „Bemerkungen zum Bundesbuch", *Zeitschrift für die Alttestamentliche Wissenschaft* 11 (1891), 99-114.

Jérôme CARCOPINO, « Survivances par substitution des sacrifices d'enfants dans l'Afrique romaine », *Revue de l'histoire des religions*, 1932, 592-599.

Guillaume CARDASCIA, « La place du talion dans l'histoire du droit pénal à la lumière des droits du Proche-Orient ancien », *in* : *Mélanges offerts à Jean Dauvillier*, Toulouse, Centre d'histoire juridique méridionale, 1979, 169-179.

—, « Le caractère volontaire et involontaire des atteintes corporelles dans les droits cunéiformes », *in* : *Studi in onore di Cesare Sanfilippo VI*, Milan, Giuffrè, 1985, 163-207.

Calum CARMICHAEL, "An Eye for an Eye, and a Tooth for a Tooth", *in* : *id.*, *The spirit of biblical law*, Athens (Ga.), University of Georgia Press, 1996, 105-123.

Henri CAZELLES, *Études sur le Code de l'alliance,* Paris, Letouzey & Ané, 1946.

Dominique CHARPIN, « *Lies natürlich* ... À propos des erreurs de scribes dans les lettres de Mari », *in* : M. Dietrich *et al.* (Hrsg.), *Vom Alten Orient zum Alten Testament. Festschrift für Wolfram Freiherrn von Soden zum 85. Geburtstag*, Kevelaer, Butzon & Bercker, 1995, 43-55.

Emmanuelle CHEVREAU, « *Liberum corpus nullam recipit aestimationem* : une insuffisance de la procédure romaine ? », *in* : *Procéder. Pas d'action, pas de droit ou pas de droit, pas d'action ?*, Limoges, Presses universitaires, 2006, 23-34 (= Cahier de l'Institut d'Anthropologie Juridique 13).

Robert G. COLEMAN, "Conditional Clauses in the Twelve Tables", *in* : H. Rosén (ed.), *Aspects of Latin. Proceedings of the Seventh International Colloquium on Latin Linguistics*, Innsbruck, Institut für Sprachwissenschaft, 1996, 403-421 (= Innsbrucker Beiträge zur Sprachwissenschaft 86).

Frank CRÜSEMANN, „ 'Auge um Auge ...' (Ex. 21, 24f.): Zum sozialgeschichtlichen Sinn des Talionsgesetzes", *Evangelische Theologie* 47 (1987), 411-426.

David DAUBE, Lex talionis, *in* : *id.*, *Studies in Biblical law*, Cambridge, University Press, 1947, 102-153.

—, *Forms of Roman Legislation*, Oxford, Clarendon Press, 1956.

Arthur S. DIAMOND, "An eye for an eye", *Iraq* 19 (1957), 151-154.

Pinchas DORON, "A new look at an old lex", *Journal of the Ancient Near Eastern Society of Columbia University* 1 (1969), 21-27.

Godfrey R. DRIVER, *Semitic writing: from pictograph to alphabet*, London, Oxford University Press, $^{3}$1976.

Barry L. EICHLER, "Exodus 21:22-25 revisited. Methodological considerations", *in* : *Birkat Shalom. Studies ... presented to Shalom M. Paul on the occasion of his seventieth birthday*, Winona Lake (Ind.), Eisenbrauns, 2008, 11-29.

Otto EISSFELDT, *Molk als Opferbegriff im Punischen und Hebräischen und das Ende des Gottes Moloch*, Halle, M. Niemeyer, 1935 (= Beiträge zur Religionsgeschichte des Altertums 3).

Gertrud FARBER, "sag̃ as *pars pro toto* for 'person' and 'dead body'", *in* : Y. Sefati *et al.* (eds.), *"An experienced scribe who neglects nothing": Ancient Near Eastern studies in honor of Jacob Klein*, Bethesda (Md.), CDL Press, 2005, 108-115.

Vincy FON *et* Francesco PARISI, "The Behavioral Foundations of Retaliatory Justice", *Journal of Bioeconomics* 7 (2005), 45-72.

Helmut FREYDANK, „Fernhandel und Warenpreise nach einer mittelassyrischen Urkunde des 12. Jh. v. u. Z.“, *in* : *Societies and Languages in the Ancient Near East. Studies in honour of I.M. Diakonoff*, Warminster, Aris & Phillips, 1982, 64-75.

Tikva FRYMER-KENSKI, “Tit for tat: the principle of equal retribution in ancient Near Eastern and Biblical law”, *The Biblical Archaeologist* 43 (1980), 230-234.

Ignace J. GELB, “Ebla and the Kish civilization” *in* : *La lingua di Ebla. Atti del convegno internazionale Napoli 1980*, a cura di L. Cagni, Napoli, Istituto Universitario Orientale, 1981, 9-73.

Albrecht GOETZE, „Das Recht“, *in* : *id.*, *Kleinasien*, München, C.H. Beck, $^{2}$1957, 109-117 (= Handbuch der Altertumsgeschichte III.1 – Kulturgeschichte des Alten Orients 3-1).

Richard HAASE, „Körperliche Strafen in den altorientalischen Rechtscorpora“, *Revue Internationale des Droits de l'Antiquité* 10 (1963), 55-75.

—, „Gedanken zur Formel *parnaššeia šuuaizzi* in den hethitischen Gesetzen“, *Welt des Orients* 11 (1980), 93-98.

—, „Talion und spiegelnde Strafe in den keilschriftlichen Rechtscorpora“, *Zeitschrift für Altorientalische und Biblische Rechtsgeschichte* 3 (1997), 195-201.

Rebecca HASSELBACH, *Sargonic Akkadian: a historical and comparative study of the syllabic texts*, Wiesbaden, Harrassowitz, 2005.

—, Rev. of “Pratique de la grammaire akkadienne. Exercices et corrigés (Florence Malbran-Labat)”, *Maarav* 13 (2006), 261-268.

Johannes HEHN, *Die Siebenzahl und Sabbat bei den Babyloniern und im Alten Testament,* Leipzig, J.C. Hinrichs, 1907 (= Leipziger Semitische Studien 2/5).

Harry A. HOFFNER, “Birth and name-giving in Hittite texts”, *Journal of Near Eastern Studies* 27 (1968), 198-203.

—, Alimenta Hethaeorum. *Food production in Hittite Asia minor*, New Haven (Conn.), 1974 (= American Oriental Society Series 55).

Paul HUVELIN, *La notion de l'*iniuria *dans le très ancien droit romain*, Lyon, A. Rey, 1913.

Bernard S. JACKSON, “The Problem of Exod. XXI 22-5 (*Ius talionis*)”, *Vetus Testamentum* 23 (1973), 273-304.

—, “Literal Meaning and Rabbinic Hermeneutics: A Response to Claudio Luzzati and Jan Broekman”, *International Journal for the Semiotics of Law* 14 (2001), 129-141.

—, *Wisdom-laws: a study of the Mishpatim of Exodus* 21:1-22:16, Oxford, University Press, 2006.

Ernst JENNI, *Das hebräische Pi'el: syntaktisch-semasiologische Untersuchungen einer Verbalform im Alten Testament*, Zürich, EVZ Verlag, 1968.

Josef KLÍMA, “Intorno al principio del taglione nelle leggi pre-hammurapiche”, *Studi in onore di Pietro de Francisci III*, Prague, 1956, 1-13.

Sophie LAFONT, « L'avortement », *in* : *ead.*, *Femmes, Droit et Justice dans l'Antiquité orientale. Contribution à l'étude du droit pénal au Proche-Orient ancien*, Fribourg (Suisse), Éd. universitaires, 1999, 345-382 (= Orbis Biblicus et Orientalis 165).

Wilfred G. LAMBERT, "A new look at the Babylonian background of Genesis", *Journal of Theological Studies* 16 (1965), 287-300.

Marcel LEGLAY, *Saturne Africain : Histoire*, Paris, de Boccard, 1966.

Edward LIPINSKI, *Dieux et déesses de l'univers phénicien et punique*, Louvain, Peeters, 1995 (= Orientalia Lovaniensia Analecta 64).

Samuel E. LOEWENSTAMM, Rev. of "Goetze, The Laws of Eshnunna", *Israel Exploration Journal* 7 (1955), 177.

—, "Exodus xxi 22-25", *Vetus Testamentum* 27 (1977), 352-360.

Elena MANGO *et al.*, *Könige am Tigris: Medien assyrischer Herrschaft*, Zürich, Verlag Neue Zürcher Zeitung, 2008.

Lorenzo MASCHERONI, "I paragrafi a struttura diacronica delle leggi etee. Potere e strumenti di persuasione nel II millennio", *Oriens Antiquus* 18 (1979), 29-39.

Walter MAYER, *Untersuchungen zur Grammatik des Mittelassyrischen,* Kevelaer, Butzon & Bercker, 1971 (= Alter Orient und Altes Testament. Sonderreihe 2).

Isaac MENDELSOHN, *Slavery in the ancient Near East: a comparative study of slavery in Babylonia, Assyria, Syria, and Palestine from the middle of the third millennium to the end of the first millennium*, New York, Oxford University Press, 1949.

Piotr MICHALOWSKI *et* Christopher B.F. WALKER, "A new Sumerian law code", *in* : H. Behrens *et al.* (eds.), DUMU-$E_2$-DUB-BA-A: *Studies in honor of Åke W. Sjöberg*, Philadelphia, 1999, 383-396 (= Occasional Publications of the Samuel Noah Kramer Fund 11).

Catherine MITTERMAYER, *Die Entwicklung der Tierkopfzeichen: eine Studie zur syro-mesopotamischen Keilschriftpaläographie des 3. und frühen 2. Jahrtausends v. Chr.*, Münster, Ugarit-Verlag, 2005 (= Alter Orient und Altes Testament 319).

Theodor MOMMSEN, *Römisches Strafrecht*, Leipzig, Duncker, 1899 (= Systematisches Handbuch der deutschen Rechtswissenschaft).

Max MÜHL, „Das Prinzip der Talion bei Orientalen und Hellenen“, *in* : *id.*, *Untersuchungen zur altorientalischen und althellenischen Gesetzgebung*, Leipzig, Dieterich, 1933, 45-51 (= Klio Beihefte 29).

Manfred MÜLLER, „Gold, Silber, Blei als Wertmesser in Mesopotamien in der zweiten Hälfte des zweiten Jahrtausends v. u. Z.“, *in* : *Societies and Languages in the Ancient Near East. Studies in honour of I.M. Diakonoff*, Warminster, Aris & Phillips, 1982, 270-278.

Eckart OTTO, „Körperverletzung im hethitischen und israelitischen Recht: rechts- und religionsgeschichtliche Aspekte“, *in* : B. Jankowski (Hrsg.), *Religionsgeschichtliche Beziehungen zwischen Kleinasien, Nordsyrien und dem Alten Testament*, Fribourg (Suisse), Universitätsverlag, 1993, 391-425.

—, „Die Geschichte der Talion“, *in* : *id.*, *Kontinuum und Proprium*, Wiesbaden, Harrassowitz, 1996, 224-245.

Simo PARPOLA, Rez. „Soden, Wolfram von: Akkadisches Handwörterbuch“, *Orientalistische Literaturzeitung* 74 (1979), 23-35.

Josef PARTSCH, „Die alexandrinischen Dikaiomata“, *Archiv für Papyrusforschung* 6 (1920), 34-76.

Shalom M. PAUL, *Studies in the Book of the Covenant in the light of cuneiform and biblical law*, Leiden, E.J. Brill, 1970 (= Vetus Testamentum Supplements 18).

—, "Biblical analogies for Middle Assyrian law", *in* : E.D. Firmege (ed.), *Religion and law*, Winona Lake (Ind.), Eisenbrauns, 1990, 333-350.

Herbert PETSCHOW, „Altorientalische Parallelen zur spätrömischen *calumnia*", *Zeitschrift der Savigny-Stiftung für Rechtsgeschichte – Romanistische Abteilung* 90 (1973), 14-35.

Daniela PIATELLI, "Zedaqà: pursuit of justice and the instrument of *ius talionis*", *Israel Law Review* 29 (1995), 65-78.

Alfred POHL, „Forschungen und Funde", *Orientalia* 22 (1953), 290-294.

Marcel PREVOST, « À propos du talion », *in* : *Mélanges dédiés à la mémoire de Jacques Teneur*, t. 2, Lille, Université du droit et de la santé, 1976, 619-629.

Gerhard RIES, „Calumnia und Talion: Einfluß altorientalischen Rechts auf das Syrisch-römische Rechtsbuch", *in* : G. Thür (Hrsg.), *Antike Rechtsgeschichte. Einheit und Vielfalt*, Wien, Österreichische Akademie der Wissenschaften, 2005, 1-10 (= Sitzungsberichte der Philosophisch-Historischen Klasse 726).

Eleanor ROBSON, *Mathematics in Ancient Iraq. A social history*, Princeton (N.J.), University Press, 2008.

Mariano SAN NICOLÒ, „Rechtsgeschichtliches zum Gesetz des Bilalama von Ešnunna", *Orientalia* 18 (1949), 258-262.

Nikolaus SCHNEIDER, „Nichtidentifizierte Keilschriftzeichen aus Ur III", *in* : *Miscellanea Orientalia dedicata Antonio Deimel*, Roma, 1935, 288-301 (= Analecta Orientalia 12).

Eltjo J.H. SCHRAGE, « La date de la *Collatio Legum Mosaicarum et Romanarum* étudiée d'après les citations bibliques », *in* : *Mélanges Felix Wubbe, offerts ... à l'occasion de son soixante-dixième anniversaire*, Fribourg, Éditions universitaires, 1993, 401-417.

Ludger SCHWIENHORST-SCHÖNBERGER, „Die schwangere Frau und die Talionsformel: Ex 21,22-25", *in* : *id.*, *Das Bundesbuch (Ex 20,22-23,33): Studien zu seiner Entstehung und Theologie*, Berlin, de Gruyter, 1990, 79-128 (= Beihefte zur Zeitschrift für die Alttestamentliche Wissenschaft 188).

Joe M. SPRINKLE, "Excursus: On the impersonal style of Exodus 21.28-22.16", *in* : *id.*, *'The Book of the Covenant'. A literary approach*, Sheffield, Academic Press, 1994, 98*sq.* (= Journal for the Study of the Old Testament Supplement Series 174).

Frank STARKE, *Untersuchungen zur Stammbildung des keilschrift-luwischen Nomens*, Wiesbaden, Harrassowitz, 1990 (= Studien zu den Boýazköy-Texten 31).

Marten STOL, *Birth in Babylonia and the Bible. Its Mediterranean setting*, with a chapter by Frans A.M. Wiggermann, Groningen, Styx, 2002 (= Cuneiform Monographs 14).

Raphael TAUBENSCHLAG, *The law of Greco-Roman Egypt in the light of the Papyri*, Warszawa, Pağstwowe Wydawnictwo Naukowe, ²1955.

Spyros N. TROIANUS, „Ταυτοπαθεία, spiegelnde Strafen und Nasenabschneiden", *in* : *Summa. Dieter Simon zum 70. Geburtstag*, Frankfurt am Main, V. Klostermann, 2005, 569-578 (= Studien zur europäischen Rechtsgeschichte 193).

Frans VAN KOPPEN *et* Denis LACAMBRE, "Sippar and the frontier between Ešnunna and Babylon", *Jaarbericht* Ex Oriente Lux 41 (2009), 151-177.

Artur VÖLKL, *Die Verfolgung der Körperverletzung im frühen römischen Recht: Studien zum Verhältnis von Tötungsverbrechen und Injuriendelikt*, Wien, H. Böhlau Nachf., 1984.

Ernst F. WEIDNER, „Über das Alter der mittelassyrischen Gesetze", *Archiv für Orientforschung* 12 (1939), 46-54.

Jakob WEISMANN, „Talion und öffentliche Strafe im mosaischen Rechte (1913)", *in* : K. Koch (Hrsg.), *Um das Prinzip der Vergeltung in Religion und Recht des Alten Testaments*, Darmstadt, Wissenschaftliche Buchgesellschaft, 1972, 325-406.

Raymond WESTBROOK, "Exodus 21 22-25", *Revue biblique* 93 (1986), 52-69.

—, "The nature and origins of the Twelve Tables", *Zeitschrift der Savigny-Stiftung für Rechtsgeschichte – Romanistische Abteilung* 105 (1988), 74-121.

—, "Evidentiary Procedure in the Middle Assyrian laws", *Journal of Cuneiform Studies* 55 (2003), 87-97.

Claus WILCKE, *Early ancient Near Eastern law*, München, C.H. Beck in Kommission, 2003 (= Sitzungsberichte der Bayerischen Akademie der Wissenschaften 2003, Heft 2).

Hans J. WOLFF, *Das Justizwesen der Ptolemäer*, München, C.H. Beck, $^{2}$1970 (= Münchner Beiträge zur Papyrusforschung und Antiken Rechtsgeschichte 44).

Christopher WOODS, *The Grammar of Perspective: the Sumerian conjugation prefixes as a system of voice*, Leiden, Brill, 2008 (= Cuneiform Monographs 32).

Reuven YARON, "On section II 57 (= 172) of the Hittite laws", *Revue Internationale des Droits de l'Antiquité* 10 (1963), 137-148.

# Index locorum


Antiphon, *Tétralogies*
II: 21 n. 58

*Aquilia, lex*
3 n. 5, 4 n. 7, 72, 87 n. 15, 90 l. 21, 116 n. 8

Aristophane
*Nuées* 440*sq.*: 113 l. 9
*Oiseaux* 342: 113 l. 8

Aristote
*Éthique à Nicomaque* 1132b21-33: 74, 76 n. 49, 77, 79, 117 l. 28 et 29
1132b23: 75 n. 41
1132b29*sq.*: 79 n. 57
*Magna Moralia* 1194a28-b3: 74-77, 117
*Politiques* 1274a22-31: 64 n. 2
*Rhétorique* 1365b17-19: 66 n. 8, 113 l. 12
1377a21: 117 l. 33

Aulu-Gelle, *Noctes Atticae*
XX.i.4: 70 n. 18, 71 n. 28
XX.i.12: 69, 115 l. 13 et 13*bis*
XX.i.14: 69, 116 l. 14*bis* et 15*quater*
XX.i.31: 116 l. 15*quater*

Bible de Jérusalem
Exode 21 26*sq.*: 60 n. 44

BIN
IV.190: 98*sq.* l. 3*bis*

Caton, *Origines*
IV.4: 71*sq.*, 86*sq.* n. 13

César, *De Bello Gallico*
VI.xvi.1-3: 81 n. 65

Cicéron
*De Divinatione* I.102: 118 l. 1
*De Legibus* II.14*sq.*: 64 n. 2
II.18: 70 n. 18
II.22: 115 l. 13, 116 l. 14*bis*
II.23: 70 n. 18
*De Re Publica* III.13: 115 l. 13

CIL
I².584: 115 l. 13*bis*
I².1617: 119 l. 6
I².1596: 115 l. 13*bis*
VIII.4468: *voir* Niciuibus, stèle IV
VIII.18630: 81 n. 62

CIS
I.123ª: 80 n. 61
I.3781: 119 l. 6*ter*

*Collatio Romanorum cum Moysis legibus*
p. 9 (éd. Hyamson): 69, 71, 116 l. 15 et 15*quater*

Commentateurs à l'*Éthique à Nicomaque*
Anonymus (CAG 20): 74, 75 n. 42, 76 n. 49, 77 n. 53, 117 l. 30 et 30*bis* et 32*bis*
Michel d'Éphèse (CAG 22-3): 74, 75 n. 41 et 46, 76 n. 49, 77 n. 53, 117 l. 32*bis*

CT
VI.19: 95 l. 5
XVIII.18b: 105 l. 87

Cyrène, Lois sacrées de
§ 17: 36 n. 44, 106 l. 22*quater*

Démosthène, *orat.*
18.67: 65 n. 4
21.147: 75
21.173: 113 l. 17
24.140*sq.*: 64-66, 113
24.140: 116 l. 16*bis*

Deutéronome
**19** 16-21: XX, 4
**19** 19: 68 n. 15
**19** 21: 61
**21** 1-9: 40 n. 56
**23** 2: 112 l. 25*bis*
**25** 11*sq.*: XVII n. 31, 29 n. 24
**32** 3: 107 l. *22*

Diodore de Sicile
XII.17.3-5: 64, 66, 113 l. 10*bis* et 15

Diogène Laërce
I.57: 64 n. 2

Douze Tables (Crawford)
I.6: 115 l. 13*quater*
I.13-15: 69-73, 114-116
I.13: 7 n. 18
VIII.5: 115 l. 13*quinquies*
VIII.9: 115 l. 13*quinquies*
VIII.13: 21 n. 58
XII.3: 115 l. 13*quinquies*

El Amarna, Correspondance d'
3: 86

El Hofra, Sanctuaire punique d'
38: 80 n. 61
40: 80 n. 61

Erra, Épopée d'
IV.131-135: XIV n. 16

Eschyle, *Choéphores*
309-313: 72 n. 32, 76 n. 51
314*sq.*: 68 n. 15
frg. 465 Nauck: 75 n. 41

Ešnunna, Lois d'
§ 3*sq.*: 94 n. 1
12*sq.*: 61 n. 42
19: 17 n. 42
22-24: 93 l. 20
22: 93 l. 19
23: 11*sq.*, 14, 93*sq.*
24: XXI n. 50
28: 94 l. 4
34: 14, 15 n. 37, 37 n. 46
35: 14-16, 82, 95
42-45: XI n. 1, 46-49, 107*sq.*
42: 53, 56 n. 28, 70, 73 n. 38
42*b*: 47 n. 7
44*sq.*: 57, 114 l. 20
46: 65 n. 4
47: 47 n. 7
49: 12-14, 94*sq.*
50: 3 n. 5, 94 l. 20
fragment de Ḥaddad: XII n. 3, 29 n. 21, 46, 65 n. 4, 108 l. 36

Exode
**21** 12: 43 n. 73
**21** 13: 21 n. 58
**21** 18*sq.*: 48 n. 10, 59 n. 38, 76 n. 51
**21** 22*sq.*: 39-44, 106*sq.*, 118 l. 3
**21** *22*: 35, 65*sq.* n. 6
**21** 23: 69, 84
**21** 24-27: 58-61, 112
**21** 24: 47, 78, 84*sq.*
**21** 24*sq.*: 65
**21** 25: XIV n. 17, 66, 70, 72 n. 32
**21** 26: 10 n. 27, 114 l. 17*bis*
**21** 26*sq.*: 79
**21** 36*sq.*: 43 n. 69
**21** 36: 43 n. 70
**21** 37: 43 n. 71

Festus, *De verborum significatu* (éd. Lindsay)
p. 496: XXIII, 69, 115 l. 13-13*quater*
p. 508: 116 l. 15*quater*

Flavius Josèphe, *Antiquités Juives*
IV.280: 65*sq.* n. 6

Gaius, *Inst.*
I.122: 116 l. 15*quater*
III.220: 73 n. 36, 115 l. 13 et 14, 116 l. 14 et 15*bis*
III.223: 69, 70 n. 23, 73 n. 34

Genèse
**4** 23: 112 l. 25*bis*
**4** 24: 61 n. 49
**22** 2: 119 l. 6*bis*
**32** 25*sq.*: 51 n. 13
**42** 4: 106 l. 22*quater*
**42** 38: 106 l. 22*quater*
**44** 29: 106 l. 22*quater*

Gortyne
Grand Code col. vii, l. 12*sq.*: 3 n. 5
IC IV.41: 3 n. 5

Hammourabi, Code de
§ 7: 8 n. 22, 10 n. 26
17: 3 n. 3 et 4, 94 l. 5*bis*
19: 94 l. 20
26: 17 n. 47
33: 17 n. 47
114: 11, 93 l. 19*bis* et 20, 93*sq.* l. 20*bis*
116: XVII, 30 n. 27
178-181: 93 l. 42
188*sq.*: 14*sq.* n. 36
192: 93 l. 42, 107 l. 32*ter*

(Hammourabi, Code de)
194: 107 l. 32*ter*
195: XIX*sq.*, 107 l. 32*ter*
196-205: 49-53, 75*sq.*, 108-110
196: XXIII, 65, 83*sq.*
196*sq.*: 78
197: XXIII, 57, 71 n. 25, 108 l. 37*bis*, 114 l. 20
198: 108 l. 37*bis*, 114 l. 20
199: 108 l. 37*bis*, 114 l. 20
200: 29 n. 22, 39
202: 32 n. 31
202*sq.*: XIII n. 13
203: 78 n. 56
205: 53*sq.* n. 23, 60 n. 43, 79
206-208: 48 n. 10
206: 29, 39
209-214: 27-31, 101*sq.*, 102 l. 99
209: 29 n. 22, 32 n. 30, 35, 39, 81, 100 l. 3', 102 l. 99*bis*
210: XVII n. 32, 42, 43 n. 73, 86
213*sq.*: 27, 38
215-217: 91 l. 85
218: XIX*sq.*, 91 l. 85, 107 l. 32*ter*, 108 l. 37
219: 6*sq.*, 10, 91*sq.*, 93 l. 40*sq.*, 103 l. 103
226: 107 l. 32*ter*
229: 4
230: XVII, 5*sq.*, 30 n. 27
231: 4-6, 7 n. 15, 10, 72 n. 29, 82, 90*sq.*, 101 l. 27*bis*
233: 108 l. 37
245: 8*sq.*, 10, 92, 93 l. 40*sq.*, 101 l. 27*bis*
247: 108 l. 47
253: XIX*sq.*
261: 92 l. 37
262: 92 l. 37 et 37*bis*
263: 9-11, 83 n. 1, 85, 92*sq.*, 101 l. 27*bis*, 104 l. 72
264: 92 l. 38
265: 92 l. 37 et 38
278: 3 n. 5
282: 53*sq.* n. 22 et 23, 107 l. 32*ter*
lacune « s »: 2 n. 2

Hésiode
fragment (?): 75 n. 42

Hittites, Lois
§ 1-4: XXI n. 53, 12 n. 30, 20-22, 36, 85, 97-99, 100 n. 4
5: 21 n. 59
7-16: XIV n. 16
7*sq.*: 54-58, 78, 110
8: 59, 60 n. 43, 85 n. 7
9*sq.*: 48 n. 10, 55 n. 26
11-16: 54-58, 110*sq.*
11: 111 l. 30
11*sq.*: 71, 78
13*sq.*: 47
15*sq.*: 79
17*sq.*: 85 n. 7
17: 23 n. 1, 25 n. 8, 41 n. 59
22*sq.*: 3 n. 3*sq.*
24: 3 n. 5
27: 98 l. 3
31*sq.*: 97 l. 31*bis*
42: 19
57*sq.*: 61 n. 47
64: 61 n. 47
77: 85 n. 7
92: XIX n. 38
121: XIX n. 38
147: 20 n. 57
148: 19 n. 54
149: 19*sq.*, 21, 98 l. 3
172: 16-18, 82, 96, 97 l. 31*bis*
174: 21 n. 59
176*b*: 17, 97 l. 30*bis*
200*b*: 18*sq.*, 97
v-vii: 54, 110*sq.* l. 29
x-xv: 54, 110*sq.* l. 29
xiv*sq.*: 111 l. 37*bis*
xvi*sq.*: 25 n. 8

Homère, *Iliade*
9.633: 116 l. 14
18.498: 116 l. 14

Isaïe
**43** 4: 43 n. 72
**61** 3: 43 n. 63

Isidore de Séville, *Orig.*
V.xxvii.24: XXIII n. 61, 86 n. 13

Isocrate, *orat.*
15.83: XXII*sq.* n. 58

Jean Damascène, *Contre les Manichéens*
68: 117 l. 12

Juges
**1** 6*sq.*: XIII n. 15, 84 n. 6

KUB
III.112: 105 l. 87

Léon VI le Sage, Novelles de
92: XX n. 43

Lévitique
**18** 21: 119 l. 6*bis*
**21** 17: 114 l. 19*bis*
**21** 19: 67*sq.* n. 13
**24** 14-23: 68 n. 14
**24** 17-21: 67-69, 78, 114
**24** 17: 115 l. 14
**24** 19: 70, 74*sq.*, 104 l. 67, 115 l. 14
**24** 20: 78, 84

Lipit-Ištar, Code de
§ 12*sq.*: 2-4, 89*sq.*
12: 10, 13, 32, 42, 82, 84
13: 22
d, e: *voir* Code d'Ur-Nammu § 23*sq.*

Luc
**6** 29: 77, 118 l. 14*sq.*, 118 l. 16*bis*

Mari, Archives royales de
XIII.145: 35 n. 42

Matthieu
**5** 38*sq.*: 77-79, 117*sq.*
**20** 2: 79 n. 59

Médio-assyriennes, Lois
§ 4 (A): 35 n. 39
8: XVII n. 31
9: XIX n. 39, 102 l. 100
15*sq.*: 102 l. 100
18: 103 l. 104
19: 103 l. 104
20: 102 l. 100
21: 31-33, 35, 37, 39, 102*sq.*, 103 l. 63*sq.*
23: 105 l. 85
24: 35 n. 39
26: 105 l. 90
28: 37 n. 46, 105 l. 90
32: 105 l. 85
40: 38, 102 l. 100, 103 l. 104
50-52: 102 n. 6
50: 26 n. 12, 33-36, 38, 41 n. 58, 68 n. 15, 84*sq.*, 103*sq.*, 107 l. *22*
51: 32 n. 230, 35, 36*sq.*, 38 n. 50, 103 l. 63*sq.*, 104*sq.*, 106 l. *22*
52: 34 n. 34, 38*sq.*, 42, 84*sq.*, 103 l. 64, 104 l. 72, 105, 118 l. 3
53: 38 n. 50, 102 l. 100
54: 38
2 (C): 17 n. 42
fragment M: 35 n. 39

Niciuibus (N'gaous), Stèles de
I: 118 l. 1, 119 l. 5 et 5*bis* et 6*ter*, 120 l. 8
II: 80-82, 85, 118-120
III: 81, 82, 118 l. 1-3, 118*sq.* l. 4, 119 l. 5 et 5*bis* et 6*ter*, 120 l. 6
IV: 81, 82, 118 l. 1, 118*sq.* l. 4, 119 l. 5 et 5*bis* et 6*ter*
V: 118 l. 1
VI: 81, 82 n. 67, 118 l. 1-3, 118*sq.* l. 4, 119 l. 5 et 5*bis* et 6*ter*, 120 l. 6

Papyri
CPJ 133: XIV n. 19, 23 n. 1
*Halle* 1: 65 n. 5, 76 n. 50
*Michigan* 228: XIV n. 19, 23 n. 1*sq.*, 32 n. 31
*Oxyrhynchus* 315: 32 n. 31, 60 n. 45
*Rylands* 68: XIV n. 19, 23 n. 1*sq.*, 32 n. 31, 41 n. 61

Philon d'Alexandrie, *De specialibus legibus*
III.182: 65*sq.* n. 6

Platon
*Gorgias* 486C: 118 l. 14
*Lois* 872E: 68 n. 15, 75 n. 41
*Minos* 318D: 75 n. 45

Plaute
*Poenulus* 659: 115 l. 14

Proverbes
**24** 29: 68 n. 15

Rashi *ad*
Exode 21 22: 106 l. 22*quater*
Exode 21 25: 112 l. 25*ter*

*Rhetorica ad Herennium*
IV.35: 73 n. 36

Rois I
**20** 39: 43 n. 72
**20** 42: 43 n. 72
**21** 2: 42, 43 n. 68 et 72
**21** 6: 43 n. 68
**22** 24: 112 l. 26

Samuel I
**14** 19-22: 30 n. 25

Septante
Exode 21 22: 106 l. 22*ter* et 22*quater*
Exode 21 *22*: 107 l. *22*
Exode 21 23: 106 l. 22*quater*, 118 l. 3
Exode 21 24-27: 61 n. 51, 112
Lévitique 24 19: 75 n. 41

Servius, *Commentaire à l'*Énéide
II.116: 82 n. 70

Suétone
*Néron* 5: 115 l. 13

Sophocle
frg. 209 Nauck: 75 n. 41

Stobée, *Anthologie* (éd. Hense)
t. III, p. 733: 64 n. 2

Talmud babylonien
בבא קמא 90a: 79 n. 59

Ugarit, Palais royal d'
IV pl. xxviii: 36 n. 43
IV pl. xxxiii: 36 n. 43

Ulpien
D. 9.2.5.1: 72 n. 33
D. 9.2.13 pr.: 72 n. 32
D. 9.2.17.5: 116 n. 8

Ur-Nammu, Code d'
§ 1: 26, 29 n. 21
17: 3 n. 3 et 4 et 6
18-20: 48 n. 8
19: 48, 57 n. 33, 67*sq.* n. 13, 99 n. 3
20: 47, 48 n. 8
23*sq.*: 24-26, 102 l. 99
23: 42, 102 n. 33
23*b*: 30, 34, 102 l. 32
24: 38, 105 l. 85
fragment U. 7740: 26*sq.*

Vulgate
Exode 21 24: 71
Lévitique 24 18: 118 l. 3
Deutéronome 19 21: 71 n. 24

Yale Oriental Series
I.28: XIV n. 19, 24, 40, 99 l. 2', 100 l. 4' et n. 4

# PLANCHES

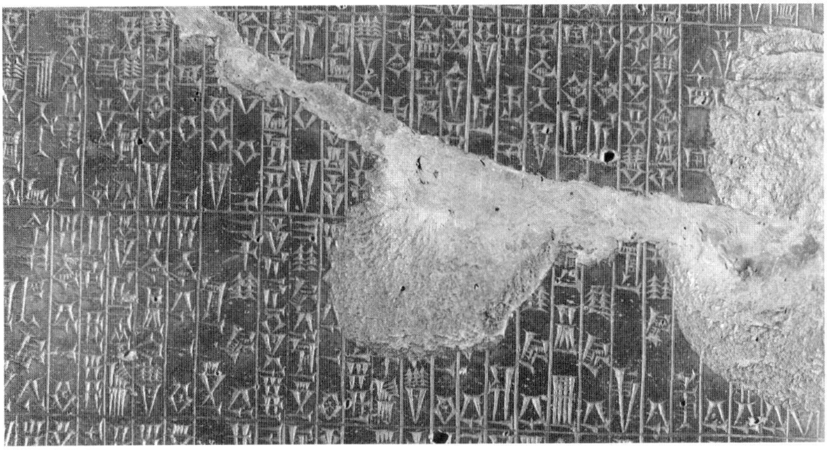

I. Code de Hammourabi, *verso*, partie gauche des col. xxii*sq*. – *Détail en bas* : le § 263 sur la col. xxii dans le sens de la lecture (*v.* 1.2.4). 

II. Partie inférieure de VAT 10000 (Lois médio-assyriennes A), *verso*. – *Détail en bas* : le début du § 50, col. iii (*v.* 2.3.1). 

III. Stèle votive de *Niciuibus* (*v.* 4.6) 